# 西藏的文明

# LA CIVILISATION TIBETAINE

[法] 石泰安 著
耿昇 译
王尧 审订

中国藏学出版社

# 译 者 的 话

承蒙中国藏学出版社的美意，在学术界诸多同仁的慷慨帮助下，法国藏学界泰斗石泰安先生的藏学传世名著《西藏的文明》一书的汉译本终于在中国正式出版发行了。值此欣慰之际，译者还想再赘言几句，以对本书内容及其作者，以及汉译本的翻译过程略作交代。译者也不敢掠他人之美，贪天功为己有，特向那些为此译著出版做了大量工作的各位领导、师长与同仁表示真诚的谢意；向中国学术界的老朋友石泰安表示发自内心的敬意。

石泰安(R. A. Stein)是当代法国最有权威的藏学家，也是法国少有的几个能同时熟练地运用汉藏两种文字史料的藏学家。石泰安1911年6月13日诞生于德国施韦茨。他在柏林大学获得汉语文凭后，为逃避德国法西斯对犹太人的迫害，于1933年迁居法国，次年就获得国立东方现代语言学院的汉语文凭。第二次世界大战期间，他在印度支那参加抗日战争，先后任山炮炮兵和法军司令部翻译，曾一度被日本侵略军俘虏。他于1946～1947年间被法兰西远东学院派往中国昆明、成都、北京和内蒙古等地区考察，曾任法国驻上海领事馆的文化专员，后又在巴黎大学北京汉学研究所工作。他1951年任高等研究实验学院第四系教授，1954年和1966年两次对包括锡金在内的喜马拉雅山麓进行考察。1966年后，石泰安任法兰西学院教授，主持西藏社会文明讲座，1981年10月退休并任该院名誉教授。1981年6月，石泰安教授在70岁高龄时，于退休前几个月再次来华访问，与我国学者进行学术交流。

石泰安教授非常注重于研究汉藏走廊地区的文化、民族、历史、地理、宗教、习俗等诸领域。他于1957年在《高等研究实验学院年鉴》中发表了《汉藏走廊的羌族》一文，介绍了羌族的历史、宗教信仰以及与汉藏两族的历史渊源关系。他于1951年在《法兰西远东学院通报》中发表了《弭药与西夏》，1966年又在《戴密微祝寿汉学文集》第1卷中发表了《有关弭药与西夏的新资料》。他主要是根据汉藏两种文字资料说明古代弭药就位于今天的西康地区、康定（打箭炉）西北，后来是西夏王国的辖地。当西夏王室后裔与成吉思汗断绝关系时，吐蕃人允许弭药人定居羌塘一带。他把西夏和弭药的传说与白哈尔的资料作了比较，发现了它们在题材、人名和地名上的传统关系。他在1957年将作为《汉学研究所文库》第15卷出版的《汉藏走廊的古部族》（此书有耿昇译本，西藏人民出版社1993年版），作为《汉学研究所文库》第13卷出版。他认为西藏格萨尔史诗并非起源于佛教，而是来自某些外国神话英雄的名字。罗马的“恺撒”成了西藏史诗中的格萨尔，甚至与“沙皇”一名也有关系。这些论点很难为中国学者接受。他就格萨尔史诗问题曾写过一系列论著，如《西藏民间史诗》（1941）、《岭地喇嘛教文本的西藏格萨尔史诗》（1956）、《格萨尔史诗的西藏壁画》（1957）、《西藏史诗的古文献——〈朗氏家族史·灵犀宝卷〉》（1962）、《论格萨尔》（1976）和《格萨尔史诗导论》（1981）等。

石泰安先生有关西藏历史的主要著作还有：《桑耶寺古史〈拔协〉》（1961）、《有关吐蕃古代史的两条注释》（1963）、《圣神赞普名号考》（1981）、《敦煌藏文写本综述》（1984）等。他有关西藏宗教的著作有：《西藏占卜中的33根签》（1934）、《喇嘛教》（1959～1960）、《喇嘛教跳神中的身相信仰》（1957）、《顿悟》（1977）、《敦煌藏文写本中有关苯教仪轨的记述》（1971）、《有关吐蕃苯教殡葬仪轨的一卷古文献》（1970）、《未诠释过的摩羯罗嘴》（1977）、《有关金刚橛的古文献》（1978）、《吐蕃赞普墀松德赞在选择佛教为国教时有关摩尼教记载》（1980）、《对古代吐蕃和于阗密教阐述的一种特殊方式》（1987）、《唐蕃会盟时的盟誓仪式》（1988）、《印度和西藏的神话》（1985）。他有关西藏语言书目学的主要著作有：《藏文辞源考》（1980）、《西藏学近作》（1952）、《苯教象雄语》（1971）、《珠巴衮雷传中的藏文辞汇》（1942）、《藏语语义》（1973）等。

石泰安近来正在撰写系列文章《吐蕃古代文献汇编》。到目前为止，他已于《法兰西远东学院通报》中发表了5篇。第1篇于1983年发表，标题是《敦煌写本中印度文—藏文和汉文—藏文翻译的两种辞书》，主要是论述了运用于梵文—藏文翻译的《翻译名义大集》以及在敦煌写本中发现的汉—藏词汇辞书。第2篇于1984年发表，主要是论述《吐蕃赞普时代的诰身中使用譬喻的习惯》。第3篇《论祖拉及吐蕃巫教》于1985年发表。第4篇《有关吐蕃早期佛教的传说》于1986年发表。第5篇《两卷敦煌写本中的儒教格言》发表于1992年。其中特别有意义的是第3篇。它是石泰安教授与麦克唐纳夫人论战的一篇文章，主要是对下文提到的麦克唐纳夫人的《敦煌吐蕃历史文书》一文提出了不同观点。特点是有关“祖拉”（gcug—lag）的辞义问题。麦克唐纳夫人认为“祖”或“祖拉”是吐蕃佛教之前的宗教的专用名词。它“如同神仙教法，犹如天际一般辽阔。它包括一种全面的世界观和时空观”，其特点是“一种系统的和肯定是在佛教传入之前形成的宗教体系”，被松赞干布于7世纪时定为“王家宗教”。石泰安则认为“祖拉系指一种智慧、一种艺术、一种科学和手段”，对于松赞干布来说则明显是一种“治国术”，绝不会是指“天命”。此外，他们在对一大批敦煌吐蕃历史文书的断代、具体诠释方面都有很大的分歧。他们二人的这场争论形成了法国有关敦煌吐蕃文书的第4次大论战。挪威克瓦尔内、英国黎吉生和匈牙利乌瑞等国藏学家也介入过这场争论。这次论战涉及到了吐蕃社会的内部文明，对于揭示松赞干布时代之前的吐蕃社会文明史具有重要意义。

上世纪80年代，比利时鲁汶大学出版了一套《献给石泰安先生的论文集》，共有5卷，其中包括大批藏学论著，尤其是《道教和密教》一卷更重要，大都出于石泰安的弟子及同事之手，作为鲁汶大学《汉学与佛教论丛》专刊号出版。

石泰安先生有关西藏文化史的其他论著还有：《西藏的戏剧》（1961）、《西藏的一位上师诗人》（1964）、《西藏的说唱艺人》（1969）、《珠巴衮雷的生平与道歌》（1972）、《珠巴衮雷的藏文著作》（1973）、《远东和高地亚洲的住宅、社会和人类集团》（1957）等。

石泰安先生长期从事西藏文化史的研究，其代表作就是这部世界藏学名著《西藏的文明》。此书于1962年在巴黎刊行第1版，立即在国际藏学界引起了极大反响。日本山口瑞凤和定方晟于1971年在东京出版了本书的日译本，英国德赖弗的英译本也于1972年在伦敦出版，1982年又于巴黎出版了修订第2版，1992年又于英国出版了法文修订第2版的英译本，西藏社会科学院于1985年曾内部印制了译者的汉译本。读者从此书的诸多译本中，便可以窥见其价值之大及其在国际藏学界的地位之高。

译者需要特别指出的是，《西藏的文明》一书是在当时中国国内和国际上的特殊背景下写成的。1959年，达赖流亡国外之后，国内外的敌对势力反华气焰甚嚣尘上，甚至连拒绝恢复我国合法席位的联合国，一连数年都在讨论所谓西藏问题。中国国内天灾人祸，中苏论战，中美冷战，台湾海峡两岸炮战，年轻的人民共和国面临着严峻考验。英国前驻藏领事处官员黎吉生（E · Richardson）趁火打劫，以西藏学的“权威”、“西藏问题专家”自居，跑到联合国的讲坛上大放厥词，对中国进行恶毒攻击。他为了虚张声势，为他那本来就内心恐惧的行为壮胆，欺骗和拉拢了当时国际上的不少知名藏学家，狐假虎威地进行反华活动。当时世界上的不少知名藏学家，都在黎吉生之流的诱骗下，有意无意地在不同程度上参与了这场反华大合唱。石泰安先生当时已是法国藏学界的带头人，在国际藏学界和汉学界的知名度都很高，平时与黎吉生又交往甚多，关系甚笃，故黎氏也绞尽脑汁地拖石泰安先生下水。石泰安先生义正辞严地拒绝了黎吉生的游说，潜心从事学术研究，著书立说。《西藏的文明》一书正是在这种形势下和在此期间写成的。自从石泰安先生着手写作该书及其第1版的问世，藏学研究取得了突飞猛进的发展，但此书至今仍未失去其学术价值。石泰安先生当时的许多观点、结论和预言，在今日看来仍是公允的，甚至还可以说是正确的。我们可以想像，在20世纪50年代末和60年代初那样恶劣的国际形势下，石泰安先生能写出这样一部其影响和名望经久不衰的藏学传世名著，实为难能可贵。今天，当年联合国那颠倒黑白的愚决、黎吉生之流的胡言乱语，早已被抛入历史的垃圾堆中，被人遗忘了，石泰安先生的这部著作却一直在反复再版、翻译和被人们征引，其中的是非曲直便不言而喻了。当然，石泰安先生毕竟是一位典型的西方藏学家，他当时在藏学研究中的观点、方法和结论不一定能完全为今天的中国学者所接受，有些也显得陈旧过时了。但这些学术方面的问题完全可以争鸣，在有关国家内政和主权的政治问题上，我们绝对是寸步不让、字句必争的。

1981年6月，石泰安先生在临退休之前再度来华访问，译者曾到他在北京下榻的和平宾馆拜访他，并提出了将《西藏的文明》一书译成汉文在中国出版的愿望。石泰安先生当时就非常高兴，鼓励译者尽早地译出来。1986年译者访法时，曾到他在默东的寓所拜访他，将内部印制的拙译奉上几册作纪念，他更为高兴。他一直将拙译珍藏于其书宅中，经常向前去拜访他的法国或其他国家的学者（甚至包括中国学者）出示此书，因为这是他的法文著作首次被译成汉文。后来，译者又陆续在中国翻译出版了他的《川甘青藏古部族》（四川民族出版社1992年版）和《西藏史诗和说唱艺人的研究》（西藏人民出版社1993年版），同时还翻译出版了他的大批藏学论文。

每当译者访法时，总要前去拜访这位对中国人民充满友好感情的老学者，他每次都盛情接待。译者与石泰安先生也可以说是通过"以文会友"而成了老朋友，始终有书信往来并互赠书籍文章。

本书是译者于1982年译好的。当时，译者刚从外事口调到社科院工作，翻译石泰安先生这样的藏学名著，困难很大。中央民族大学的王尧教授审订了译稿，解决了许多专业与藏文名词的翻译问题。原四川大学的张毅先生与中国社会科学院民族研究所的王森教授，也不厌其烦地拨冗从专业上帮了译者许多忙。但是，当这部译著于今天正式出版的时候，张毅和王森先生已经作古，这就使译者今天格外地怀念他们。

当译者于1982年译完此书时，苦于找不到正式出版单位，西藏社会科学院西藏学汉文文献编辑室慷慨地答应内部印刷此书的汉译本。陈家琎与季垣垣先生甘愿充当人梯，为他人作嫁衣裳。他们花费了很多心血，仔细审阅和精心地编校译稿。此书内部印制后的十多年来，学术界不断有人鼓励译者将此书正式刊印出版，以飨我国藏学界。此时，译者已从中年变成老年，不敢回首重温自己的旧译了。幸运再次落到了译者头上，中国藏学出版社的领导与编辑，表示愿意投入大量人力和物力正式出版拙译稿。译者又对清样作了修订。今天，总算功德圆满了。值此译著正式出版之际，译者特向15年来无私地从各方面帮助过自己的师长和同仁们表示衷心的感谢！

原书附有很长的索引，这次正式出版时全部删除。原书中的许多图版，都是本世纪初或上个世纪末由西方旅行家们拍摄的。由于时间较长，照片的质量已不太好，故我们只择其中一些较清楚的加以翻拍，余者只好割爱了。

藏传佛教的名词甚为难译。石泰安先生为了照顾西方读者的理解能力，将许多藏传佛教的名词，都采用西方宗教与哲学的名词来翻译,故而很难复原。译者在翻译过程中,凡有固定译法和约定俗成者,均尽量采纳。有些无法查对的,只好从法文直接翻译。

本书是一位大藏学家写成的名著,以大手笔写成的文化通史。其中涉及到的知识面很广,文种很多,故而翻译难度很大。尽管有那样多的前辈专家帮忙,但译者孤陋寡闻,学识疏浅,译文中欠妥和错误之处在所难免。欢迎广大读者批评指正,不胜感激!

**耿　昇**

1997 年 4 月 1 日于

中国社会科学院历史研究所

# 1962 年第一版序言

在我们今天的情况下,企图撰写一部有关西藏文明的著作,似乎显得有些过分雄心勃勃了,甚至显得有点不可思议。其原因首先是因为我们对西藏的了解还非常肤浅。真正的西藏学研究才刚刚有100多年的历史,而且只有少数学者投身于这项事业。他们之中的大部分人都未曾有缘亲自步履西藏,而所搜集到的书本史料又颇为稀少,甚至许多文献常常难以到手。此外,西藏千年来的文明随着日月的流逝当然也有所变迁,它根据各个不同时期的宗教和社会背景又表现得斑驳陆离,千姿百态。再则,一种文明应该是包罗万象的一个统一整体,这种文明的特征是由组成它的全部因素所决定的,无论它们属于哪个领域。这就是说在阐述时必须面面俱到,从食物到宗教,从住宅到封建制度,从服饰到节日等等。本文的宗旨并不在于做如此全面的概述。这首先是由于本书篇幅有限,尤其是因为如若系统地罗列所有的事实,面面俱到地列举各个地区各方面的变化,其结果只会使本书成为一部教科书或某种辞典。这样一来固然是非常适用的,但却会缺乏条理,杂乱无章,干巴巴地罗列,其结果也是十分讨人嫌的。本书的目的更不是意欲在概括前几十部著作的基础上再写一部新作,再重复一次从其他名家大作中涉猎到的内容。窃以为,最为实用的还是在力所能及的范围内使用藏文和汉文文献,同时也不要因此而忽略旅行家们已经介绍过的主要事实,尤其是不要无视那些对了解西藏文明已做出了巨大贡献的精湛学术著作。本人对内容、资料和事实的选择,都在综述我觉得最为有意义的问题。我的指导思想是希望本书既能满足那些学识渊博,但并非本领域专家的读者们的需要,同时也能满足那些非常关心这一内容的学生们的渴望。

为了做得更好一些,也可能应该按照各个不同时代和地区而分门别类地论述,将来总有一天能出现分别论述各个问题的专著,但现在的条件尚不成熟。现在尚难以想像我们能够为各个时代编制一套完整的资料书目,或者是就某项文明内容沿时代的线索而追述。因此,我选择了一种既是同时性而又是惯时性的办法,使我们的视线从一个时代游移到另一个时代。而且,如果说这种选择是受我们掌握资料的情况所主宰,我也觉得还必须使人们凭印象而承认,虽然存在着千变万化,但西藏文明仍具有它自己的明显特点和充分的统一性,从而能使人们对它进行全面考虑。我认为非专家的读者们所追求的也正是这样一种全面的观点。另外,每当情况允许时,我也要坚持说明西藏人自己是如何看待他们文明的各个不同方面的。

由于巧缘,本人得以请教藏族人洛桑·丹增(Lobsan Tendzin)并按照他的办法来为本书作插图。我认为他所画的插图既寓意深刻又美观悦目。这些图案既是有关各项内容的简单扼要的资料,又可以使人很好地了解西藏的传统风格,我非常愉快地对这种合作表示感谢。正如对所有那些愿意向我提供西藏照片的人表示感谢一样,我同时还要对一些藏族朋友表示谢意,他们所提供的那些未公开刊布过的资料往往会填补我自己知识面的空白。

我长期以来一直对采纳一种适宜的方法来转写藏文的必要性犹豫不决。最理想的办法莫过于逐个字母地转写藏文书写法。但在大多数情况下,这样一种转写法会使那些不太内行的读者失望,有碍他们记得住这些词汇。同时也不可能为这种拼写法的发音确定一些明确易懂的规则。这两者之间的差别是巨大的。因此,我便决定对藏文词汇进行简单转写,后者仅基本相当于通常的发音。毋庸置疑,这仅是一种出于万不得已而采取的权宜之计,但它与某些地图和报纸中的用法相似,因为后者对一批地名作了通俗化处理。尽管如此,对于法国读者们来说,还需作出一番小小的努力,因为这种转写法中的字母的含义是它们在英文、德文或意大利文中的字母的意义。需要牢记的几条规则如下:

e 的发音如同 é 或 è(德文或意大利文中的 e)的一种。

u 的发音如 ou(德文或意大利文中的 u)一样。

ö 和 ü 按照德文读音(法文中为 eu 和 u)。

j 的发音如同其在英文 Journey 中一样。

ch 的发音如同其在英文 church 中一样。

g 始终读作硬音,甚至在 e 和 i 之前也一样(甚似在德文中的发音）。

m 和 n 处在词尾时不发生鼻音化。

ph 是经严重嘘音化的 p（而不读 f）。

sh 的发音如法文中的 ch，或者是如同在英文 shilling 中一样。

zh 如同法文字母 j 在 journal 中的读音一样。

但是，为了使专家们毫不犹豫地就能识别出其中的藏文，我在索引中按照本人所采纳的转写法而表列书中出现的所有名词，并且同藏文的拼写法做了比较。* 同样，我还在注释中特意为这些读者指出了所参阅的藏文和汉文史料，在特殊情况下还提到了引用这些史料的近代著作。因此，非专家的读者就无需再劳神去查阅这些古籍了。至于本人在书中所使用的藏文近代著作，我没有每次都一一指出，以避免注释过于冗长，因而仅限于在《参考书目》中列的一张表。我还利用同一机会向那些希望得到更多史料的读者推荐了一定数量的补充著作。



* 本译著中删去了原文冗长的索引。——译者

# 1981 年第二版序言

自从本书写成以来已有 15 年之久了。在此期间,当时尚未能得到的,甚至是尚不为人所知的大量藏文著作已由西藏人在印度刊布。全世界的学者们都得以请教那些居住印度、尼泊尔、锡金、不丹、欧洲、美国和日本的西藏大学问家和其他许多提供资料的藏族人。由于这一事实,西藏学研究取得了相当大的进展,许多名著也频频问世。

现在可能应该撰写另外一部巨作,甚至是许多部,以囊括所有这一切。对于这样一项事业,本人觉得是心有余而力不足的。

然而,我根据我的同事们对本书所提出的指正和批评,并且利用了一些新的文献和著作,来修订和增补本人原来的论述。

笔者并不抱那种对各个领域和各个时代都求全的奢望,此书仅在于为现今我们所了解的西藏文明提供一个梗概。

# 《西藏的文明》汉译第三版赘言

法国已故藏学家石泰安(R·A·Stein,1911～1999年)先生的藏学名著《西藏的文明》汉译本,第三版又于冬去春来之际问世了。这首先要感谢中国藏学出版社的领导与编辑,特别是马丽华先生。译著更要感谢多年的老朋友——学术著作出版事业的热心赞助人文群先生。他们不仅投入了大量资金,也泼洒了许多心血来编辑校对译稿。此书的汉译本首次出版于1985年,至今已有近20个年头的漫长岁月了。过去每次出版,译者总会首先送给作者石泰安教授,我们也总会有些学术交流。但这次再版,却事过境迁,译者的心头不由自主地升起一片悲伤的浮云。石泰安教授于1999年底,与世长辞了,享年88岁,恰享中国人的"米"寿这个吉祥的高龄。译者近20年来,共在中国翻译出版了石泰安先生的藏学名著3部(《西藏的文明》、《西藏史诗与说唱艺人的研究》、《汉藏走廊古部族》)和十多篇藏学论文。

译者在多次赴法访问期间,曾多次赴石泰安教授府上拜访共同切磋学术。在他的小洋楼或公寓房间中,促膝长谈,承蒙他热心接待。在中国学术界,译者也堪称与石泰安先生"交往甚笃"者了。1999年11月,当译者在法国作学术访问时,几次与他联系,其助手都说他身体欠安,待康复后再谋会面。但不久就惊悉石泰安先生溘然辞世。译者匆匆忙忙,夹混在一大批法国的中国学家队伍中,参加了他的葬礼,以送他最后一程。这也算"有缘"与"功德圆满"吧!根据先生生前遗嘱,他被安葬在巴黎著名的风景墓地拉雪兹神父(Pèng de La chaize)公墓中了。先生的遗体也依据佛教仪轨而被火化。我们由此可以看出,先生终生念念不忘他辛勤研读一生的藏族文化。先生对中国的炽热情感,至死不衰。

译者深信,如果确有"在天之灵",那么石泰安先生看到此书的汉译本再次与中国读者见面,也一定会于长空笑逐颜开的。我们衷心祝愿先生仙路常游,常来常往,喜看中华大地的人间春色,纵情欣赏西藏的山河巨变、文化璀璨。

耿昇　识

2004年10月15日

# 目　录

# 藏文转写字母对照表

| | | | |
|---|---|---|---|
| ཀ་<br>ka | ཁ་<br>kha | ག་<br>ga | ང་<br>nga |
| ཅ་<br>ca | ཆ་<br>cha | ཇ་<br>ja | ཉ་<br>nya |
| ཏ་<br>ta | ཐ་<br>tha | ད་<br>da | ན་<br>na |
| པ་<br>pa | ཕ་<br>pha | བ་<br>ba | མ་<br>ma |
| ཙ་<br>tsa | ཚ་<br>tsha | ཛ་<br>dza | ཝ་<br>wa |
| ཞ་<br>zha | ཟ་<br>za | འ་<br>'a | ཡ་<br>ya |
| ར་<br>ra | ལ་<br>la | ཤ་<br>sha | ས་<br>sa |
| ཧ་<br>ha | ཨ་<br>a | | |

# 第一章　地域与居民

桑耶寺、石堆、树、布条和“风马”

作为一种非常明确、文明的持有者，西藏地域的旧址基本划分如下[①]：南部是喜马拉雅山麓弯曲的弧形地带，这一地带自西向东依次由尼泊尔、锡金和不丹所占据，最后与阿萨姆（印度）、上缅甸和云南的交界处接壤。在西部，这一弧形地带一直延伸到克什米尔和巴尔蒂斯坦；再偏北，便蜿蜒到吉尔吉特以及喀喇昆仑山。在北部，喀喇昆仑山和昆仑山把西藏与新疆分隔开了，而后者除了一些有人栖身的绿洲之外，便是戈壁大碛。最后是东部，西藏与甘肃走廊接壤，那里是从中国中原到新疆的必经之地，它还包括青海湖地区。再向南紧傍中国西部的山区和汉藏走廊地带，其中大部分地区都居住着土著人，其语言与藏语相似。所有的东段地区很久以来就形成了中国的省区（青海和新疆）。从政治角度来讲，西藏也早就纳入了中国的版图。

## 一、地区与风土

西藏的中部地区过去习惯上被称为“蕃”（bod），“吐蕃”一名即由此而来。中藏位于以源远流长的雅鲁藏布江为中心的地区。此江源头在冈底斯山（其印度名称为 kailasa，藏文名称为 Tise）山麓和玛法木措湖（其印度名称为 Manasarowara，藏文名称为 Mapham），此两地均位于该地区的西端。雅鲁藏布江自西向东奔腾，在迂回了一个大弯之后便流出了西藏界外，朝南向阿萨姆地区咆哮而去，在那里又改称布拉马普特拉河。此江沿途有两个非常重要的地区：“西部首先是该河两岸的藏地，其主要城市是日喀则和江孜；接着就是首府拉萨所在的卫地。拉萨城屹立在几曲河辽阔肥沃的河谷地，几曲河于南部注入雅鲁藏布江。再向东，到雅鲁藏布江河套一带，又有三个地区，西藏人始终把它们与其他地区区别开来，而一致将之称作达布、工布和娘；因为在雅鲁藏布江南部还有另外两个地区：雅砻和洛札，第一个吐蕃政权就是在那里形成的。这三个地区特别适合于农业生产，并以其丰富的森林资源而区别于其他地

① 石泰安先生所述始终是指历史上的西藏，而与我国西藏自治区的现行管辖范围和行政区划不同。——译者

图 1　雅鲁藏布江与年楚河的汇合处工布

区。本地人与安多、上缅甸和云南的土著居民们有所交往。

雅鲁藏布江发源地附近，又是其他两条著名大河的源头，它们与雅鲁藏布江反向而流，即先由东向西奔腾，最后又折向南方。这两条河就是印度河和象泉河（苏特里杰河）。它们流经了由阿里三围或“阿里三县”（古格、玛域和普兰）形成的“西藏”和拉达克。拉达克与克什米尔接壤，并且通过巴尔蒂斯坦与吉尔吉特相毗邻。

西藏地区的整个北疆是“北方大平原”（羌塘），这是一个辽阔的高原，界内山脉横亘，尤其在西部还分布着许多咸水湖。这里的大部分地区都非常荒凉，有一些贫瘠程度不同的牧场。它在东北部首先向柴达木盆地（辽阔的草原和沼泽地）开放，然后又通向安多。安多的这一地区包括西藏的整个东北部，甚至还包括占地辽阔的库库诺尔湖（青海）和黄河（西藏人称之为玛曲河）的上游，其南部以巴颜喀拉山为界。在此山脉以南便是康地，它包括西藏的整个东部，并且与四川、云南省相连接。远东地区的一些大江大河从那里并行自北向南而流，而且以高山峻岭相隔，这些江河在上游、中游和下游都有不同的汉语和藏语名称：萨尔温江、湄公河、金沙江（即流到下游之后的长江）及其最大的支流雅砻江。这片地带分成了许多行政区域，大多数都具有民族自治区域的地位。我们还必须提到其中的德格和波域或波密。前者是一个重要的文化中心；后者基本上为一块未知地区，被一片原始森林所覆盖，并与工布相毗邻。包括康地东部的汉藏走廊有数目众多的土著民族栖身，其中许多民族至少从语言方面来讲与藏族人相似。如羌、嘉戎、罗罗和纳西（或摩些），我们所提到的仅是其中最重要者。藏区面积非常辽阔，共有380万平方公里，基本相当于法国领土的7倍。但在这片辽阔无垠的土地上却仅居住着350万到400万人口。众所周知，这里是地球表面上的最高点，号称世界屋脊。住宅经常是修建在海拔3000到4000米处，通道中所穿过的一些山口位于5000米高的地方，而最高的山峰则可达7000至8000米。所以，一般人都认为那里似乎是一个天寒地冻、荒无人烟和难以居住的地区，这种印象必须立即改变。西藏的纬度与阿尔及利亚相同，所以整个地区远不是到处都冰天雪地和荒芜不堪。西藏寒冷和荒凉的名声源出那些探险家们的故事，他们为了对未知地区进行地理测量或者是由于他们未被官方正式批准而进入西藏，所以才取道那些远离居住区的地方。当然，西藏北部的羌塘大部分地区是寂无人烟的荒漠草原，由于横亘千里的高山峻岭而使可居住区的面积大大地减少了，所以商队的羊肠小道被迫穿过那些艰难的山口。有的山脉是东—西走向，它们大都位于雅鲁藏布江以北或拉萨的东北，如念青唐古拉山即属此例。其余的山脉呈成南—北走向，一般都位于西藏东部地区。

但在平原和那些宽窄不同的河谷里，我们会发现一些农田、高山牧场和森林。森林地带过去可能非常辽阔，甚至存在于我们今天看到的那些光秃秃的和由于风蚀作用已经变圆的山峰上。例如，在拉萨以北的热振，至今还存在有一些树丛和小片森林。在西藏东南，尤其是在波密，人们甚至还能发现一些真正的原始森林，其年代非常古老，树干异常粗大。

在山区，隆冬既漫长而又艰难，但白天奇妙的阳光又使平原河谷让人完全可以忍受。东部那些纵向山谷还受到阿萨姆和云南南部季风的影响,在南部的某些山谷,季风也可以通过喜马拉雅山山口而得以进入。除此之外,其他地区的降雨量较稀少,但那里的农业可以依靠冰雪融水和自冰川流来的小溪。当然,春风威胁着耕地,可能会通过风蚀作用而迅速毁坏它,因为春风会吹走可耕地中最为肥沃的薄土层。农民们通过秋灌来对付这种现象,因为这样一来湿地就会变坚固,尤其是结上冰之后更如此。最后,带有冰雹的暴雨也在威胁着农作物,但村中的巫师们却在那里驱雹。

简单说来,对一切都不要推而广之。由于山谷的走向和条条山脉的重叠,同时也是由于纬度和相对海拔高度,所有这一切就使西藏地区产生了一系列的小气候和悬殊甚大的地域环境。这种现象并不仅仅表现在自然界中,同时也表现于在那里休养生息的各民族集团的行为方面。18 世纪一位汉族旅行家曾记载了当地一句俗话:“十里不同天”,从而又导致了当地的一句谚语:“一个地区一种音,一个喇嘛一口磬”[①]。值得注意的是,在这一句谚语中如同在民间传说和口语中一样,“山谷”即“lung”也具有“地域”之意。

所以,我们基本上到处均可发现各种不同环境的并存,它赋予了西藏社会一种共同特点:一种双重的形态学既影响了这一社会的不同民族集团,又影响了他们的生活方式。如果要划定西藏界内一些相同的大地区,那对于居住在那里的民族集团也并非是没有任何意义。我只能提出两种类型:有人居住区和无人居住区,后者系指沙漠和群山的峰巅。我们最多不过是在西藏北部(即荒凉高原的边缘)和安多地区发现一条由西至东走向的狭长地带,那里最适宜建立牧场和供游牧民安身。同样,如果我们考虑到另一点,那也并不完全是令人乏味的,即那里的居民既有外来者(尤其是蒙古族人),还有一些现在还可以看出外来血统的藏族人(如霍尔人)。但在其他所有地方,我们都可以看到各种不同自然环境并列存在的现象,这些环境既是对立的,同时又是相辅相成的。那里存在有双重形态学,可以简单概括为两句话:高山牧场和田园,牧业和农业。尤其令人注意的是,同一个居民集团,则根据季节规律而轮番从事这两种职业。有时候以这两种居住条件为生的又是两个对立居民集团,他们不仅在生活方式方面格格不入,而且在所属的民族方面

① 按藏语谚语原文是:“一个地区一种方言,一个喇嘛一种教派。”——译者

也截然不同。我将于下文再来阐述这一问题。

在这样迅速地确立了我的研究方向之后，现在我们再来欣赏藏区部分典型的地区和风景吧。

首先是那些与其他居住区不同和如同大斑点一样分散的草原。牧人们就生活在那里,他们居住在毡房中,在一定的范围内反复迁移。尤其是在北部和东北部没有任何树木,只有野草和动物：野牦牛、野驴或野马。驯养牦牛(野牦牛和奶牛的杂交品种)、山羊、绵羊和蒙古小马,以上就是西藏人的全部家庭饲养牲畜。这些动物的分布区主要在萨噶以北,向西一直到库库诺尔湖,向东一直到安多一带。另一片这样的草原地主要位于日乌齐和拉日山地区。这些草原上的惟一植物食物是委陵菜（西藏人叫做蕨麻或人参果),它实际上是一种含淀粉的草根,旱獭在它们的洞穴中大量囤积。猎狩旱獭以食其肉及人参果的现象在诗中曾有长篇记载，其意是隐喻过着一种悲惨的流亡生活。

除此之外,人们还提到少数几个地区的相反情况,那里不从事任何饲养业,而仅以农业为生。这就是位于工布地区的江达、几曲河平原,当然还包括其他一些孤立的小平原。

这就是说，几乎所有地区的部落都自上而下地分散在河谷山

图 2　堆垅河谷的德庆

图 3 距雅鲁藏布江与几曲河汇合处有 12 公里的康巴帕西

麓：牧场位于上部，农田主要位于谷底，森林常常位于山腰，人们在那里从事采摘业。

曾有人介绍说，吐蕃王朝于 9 世纪时曾派遣一位使节前往安多(道孚和若尔盖地区)征敛赋税，但他却在那里割据了一块封地。人们指出了该地区的十大特征，有两大特征是指野草的：其一对附近的草场很有利，其二对远处的牧场也有益；有两大特征系指土地：适应建造房舍的土地和作耕田的土地；两种指水的特征：作为饮用水和灌溉水而使用；两种指石头的特征：适合建造房舍的石料和可以作磨石的石块；两种树木的特征：即分别供建筑用和供柴薪用的树木。这是既适宜从事农业又可以饲养家畜的地区[1]。又过了很久，直到 1582 年，若尔盖地区的藏人首领前往朝见万历皇帝，在接受册封时，万历皇帝授权他治理居住在该地区森林中的“番民(指土著)[2]。

在古代编年史和史诗中，又声称安多这一地区居住有“山民”(ri—pa)和“平原民”(thang—pa)[3]，而在稍靠北部的木雅(弭药)地区的特点是由“草人”(rtsa—mi)和“森林人”(shing—mi)所占据[4]。

这些“草人”一般是指整个安多地区的居民，长期以来便以他们饲养的良驹宝马而享有盛誉。此外，也曾提到过在波密和工布地

图 4　冈底斯山

区的另一良马品种。在西藏东南的一些地区，养马业与对一种个头很小的名猪饲养同时发展[5]，这种猪也是达布地区的一种名产。在北部地区，从未发现过养猪业，安多农民非常讨厌猪肉。而在南方却与此形成了鲜明对照，养猪业占有很大比重，人们在达布的森林还曾发现过大群地饲养。我所掌握的最为古老的编年史著作就已经向我们指明，早在 6 世纪期间，那些反对赞普的谋反者们都藏身于“猪树丛”(phag—tshal)的林间空地之间，紧傍赞普设在秦噶尔附近的城堡，也就是说位于雅砻地区[6]。在赞普与其大相们互换的誓词中，他们互相发誓，如同猪和鸡一样永不分离。当地的鸡身腰很小，一般都饲养在日乌齐、俄达、波密和拉萨一带，而且始终是与猪共养，而安多人既不养鸡也不吃鸡蛋。西藏的家神和灶神也都长有猪头，但在北方大草原中的大牲畜饲养者中，却未能形成这种形象。然而，这一因素肯定具有悠久的历史：在古代汉籍中就已经记载，吐蕃人及其具有亲缘关系的近邻羌族人都养猪。同样，指出另一事实也并非是风马牛不相及的：按照古文献的说法，藏族人的主要粮食——青稞的穗“长有六角”(或称“六行青稞”)，它也是起源于西藏东南部和东部的同一地区[7]。

青稞显然适应了藏族人的需要，因为它可以生长在海拔 4500 米高的地方，也就是说几乎各地均可种植。除了青稞之外，西藏还有其他许多农作物：小麦、荞麦、大麦、豆（即豌豆）、芥菜和多种蔬菜。在某些地区，甚至可以一年两收（吉隆、札什伦布西南地区的青稞、黑麦和小麦；热曲江和拉喀藏布江流域的青稞和谷子；工布地区的水稻和青稞）[8]。另外，其豪华的食品也首先说明了当地气候变化万千的地域。

在 18 世纪时，藏区已经开始培植白葡萄，如在巴塘（同时还有石榴、桃子、李子和西瓜）、札雅和俄达（同时还有核桃）、琼结（拉萨以南，在那里还可以发现核桃和竹子）[9]。18 世纪初居住在拉萨的耶稣会士们就已经使用达布的葡萄来酿造他们用来作弥撒的酒。早在 1374 年，在康地的雀日县内，共有 350 户长期以来从事葡萄酒酿制业[10]。在现代，藏族人仅仅把葡萄干当作糖果一样食用，他们最佳的酒精饮料是青稞酒。但在古代写本（9—10 世纪）向我们描述的苯教仪礼中，人们所使用的酒类饮料第一是小麦酒，第二是葡萄酒，第三是米酒，第四是蜜酒[11]。据相当古老的一部史料记载[12]，在墀松德赞赞普（挲悉笼腊赞，8 世纪）的宝库中，不但保存有来自门巴人（喜马拉雅山一带）地区的大米酒，而且还贮藏有擦瓦绒地区的葡萄酒。在现代，西藏西部的情形依然如此：拉达克的小麦啤酒、拉胡尔（Lahul）的“啤酒”或米酒、衮那瓦尔的“米酒”或葡萄汁。

东南林区的特产是蜂蜜，我们在波密、俄达到曲宗之间的辽阔地带以及工布都可以发现。在工布地区，杂日山之王曾于 15 世纪时向唐东杰布奉献过蜜酒和小麦酒[13]。这些地区同时还出产小麦和大米。在昌都、工布的江达、曲宗的俄达和杂日山也出产大米。杂日山同时还以其红枣和黄杏而出名，泽当（雅砻）则以其苹果和梨而闻名于世[14]。

如果说达布以其盛产葡萄、核桃、桃子、海棠而出名，它同时也以其优良的牧场和马匹而引起了人们的注意。那里是一个物产丰富的地区，诸如瑞香灌木林，其纤维可以用来制造纸张，此外还有刺柏和松树，优质松脂可以制成一种著名的胶。工布地区出产竹子（竹笋可以吃，而竹竿则可以制造弓弩、箭竿和长矛柄）和很厚的桂皮。波密地区也以盛产竹子和香料而受人称赞，那里如同在汉藏走廊的山林中一样,采掘药草在经济活动中占据重要地位。

我们从这几个例子就可以看到藏族整个地区千变万化的形态。各种风景轮番变化和交相辉映，各种不同的生活方式并行存在,各种民族集团(有时区别很大)和平共处,所有这一切均使西藏文明具有一种双重的形态,有时还特别错综复杂。

## 二、居　　民

西藏的文明包括许多因素。我已经通过其地的小气候、植物外貌和居住地域的多样性而了解了西藏的面貌，它的方言和习俗也参差纷繁。西藏在民族组成方面的情况也基本如此。各种具有不同特征的人和睦相处或者是杂居。首先,西藏的绝大多数居民确实都是蒙古人种,但使许多旅行家们感到惊奇的是,在那里经常发现一些被称为"赭色"的人(如在工布、打箭炉的霍尔游牧民)。其他人还指出过一种欧洲人种,"希腊人"或高加索人,这种类型的人有时似乎与前者相同(工布人,身材高大和强健的人),有时似乎又与之截

图 5　牧民在羌塘的湖泊中采盐,右边是牦牛圈和盐包。帐篷前面是挂在桩子上的枪。

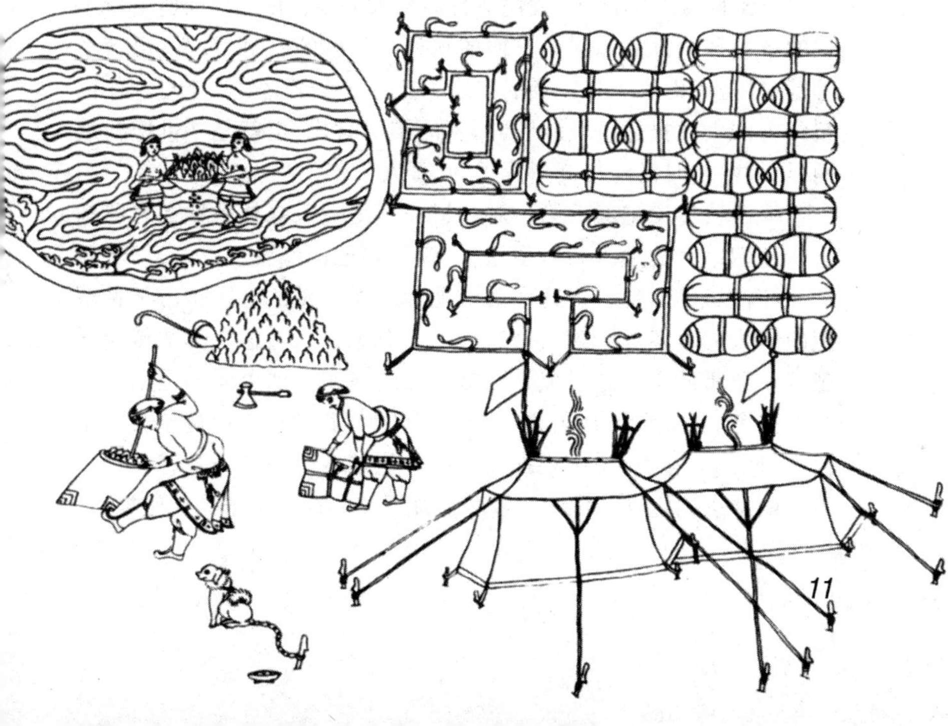

然不同(尤其是在西藏的东北部)。在康地的折多山区,还发现过一种侏儒小人。上述各例仅仅是人们的一些印象,但西藏人种的多样化也确有其事。据一些并非学术专家的旅行家们记载,在雅鲁藏布江(布拉马普特拉河)流域、西藏东南部和拉达克的农业人口中,占优势的是一些短头型的人。在拉达克地区,他们可能与长头型的人(肯定系指达尔德人)混合杂居在一起。北部人(羌塘湖区人、霍尔人和果洛人)则都是短头型人。但人种学专家们仅仅能区别出了两个类型:其一分布在整个西藏地区,明显属于蒙古人种,身材较为短小;其二是以康地人为代表的,身材比较魁梧。人们在东北部还发现一种蓝眼睛的"金黄肤色"人种。

在历史的发展过程中,各个不同的民族至今仍部分地残存下来了。我们曾遇到过安多森林的"蒙昧人"。此外还可以增补工布的洛族人,他们在15世纪时曾控制了从杂日山到该地区铁矿的道路,即在他们被圣人唐东"调服"之前。居住在草原的牧民经常是属于别于其他种族的人种类型,人们对他们的称呼"牧民"(Dok-pa,'brog-pa)常常与"藏族人"(Pö—pa,Bod—pa)相对立,如同是指一些外来人一般。这一事实已经引起了1531年访问拉达克的伊斯兰旅行家米尔咱·海答儿(Mirza Haidar)的浓厚兴趣[15]。在这一地区,Dokpa一词确实是指达尔德人(Dardes)。

对于西藏人的起源,我们现在尚不太清楚。在这一问题上所出现的各种理论都是以对各方面的观察为基础的,如民族学、语言学等等,并且考虑到了各民族的多次大迁移。我于此仅限于对它作以粗线条的大致描述,即在吐蕃历史的黎明时代,也就是7世纪初或稍早一些,当时已经最终形成了"吐蕃人"。

据西藏传说记载,第一对先祖夫妇是一只森林猕猴和岩罗刹女。他们结合的地方叫做索塘,一般人都把该地置于雅砻,即雅鲁藏布江流域的南部。但这样确定地理位置的做法可能是出于希望把吐蕃人的起源置于第一个君权政体诞生处之考虑。其他传说又把这一故事的发生地说成是更靠东部的波密,那里同样也以其森林而出名。8世纪上半叶的中原人则认为,此地似乎应位于大大偏北的方位。西藏传说中还把吐蕃第一位神话国王聂墀赞普自天界下凡的地点确定在东南部。聂墀赞普下凡的这一圣址是一座神山。

在此山问题上也众说纷纭，一般都将此山置于雅砻江流域的北端。但在一个更为古老的时代，人们又把这座“神仙下凡山”确定在更靠北部的地方，即娘地与工布之间。那里矗立着另一座神山，同样也与这一神话故事有关，叫做俄带贡杰山[16]。

稍后不久，在支贡赞普薨逝之后，吐蕃赞普的天神世系断绝了，整个神话故事都发生在东南三围地区。赞普的尸体被抛入了尼洋河，随波逐流又漂浮到了工布。赞普的三个儿子在篡权者的淫威面前只好逃到工布、波密和娘三地。当篡权者被杀死时，他的一个儿子被从波密请回来，重新继承了王统世系。

总而言之，西藏的传统试图诱使人们到吐蕃的东南寻找最早期吐蕃人的踪迹，那里是一片被森林覆盖的山区，丛林中有猕猴出没，气候相对比较温暖，适宜农业生产。吐蕃最早期的一块耕地就位于索塘。我通过其他史料也获悉，雅砻是吐蕃最肥沃的地区，吐蕃的王家政权就是在那里形成的。

藏族的其他地方，尤其是安多的传说则认为，猕猴与岩罗刹的故事也发生于安多。森林区实际上是沿吐蕃东部一线延伸的。另外，对于猕猴和岩罗刹女这对先祖的最早后裔，即6个“原始部族”，大致上都可以把他们确定在吐蕃东部。尽管吐蕃人认为他们是自己的先祖，却始终都把他们看作是非吐蕃人种的“蒙昧人”或土著居民[17]。古代汉族史学家们的观点也正是如此。他们认为真正的吐蕃人就是在其历史黎明时代统一了整个地区的那些人，而且吐蕃人还是羌族人的一支。在汉文史籍中，从公元前14世纪一直到今天，始终都有对于这些羌人的记载。羌族人最早是汉人的西部近邻(商代和周代居于中国西北部)。从公元初左右开始，他们又繁衍至整个汉藏走廊地区，从库库诺尔湖一直到四川。当在雅砻地区出现了吐蕃藏族君权的时候，羌族居民所建立的两个重要小邦占据了今之康地，位于吐蕃东部，这就是“东女国”(因为在西部同样还存在有一个西女国)和附国(在古代可能是Biu的对音)。这些羌族人与吐蕃东北部的另一个居民集团有关，即吐蕃人所说的松巴人(Sumpa)，汉人称之为苏毗人[18]。在更偏北的地方，即在今之安多地区，吐蕃人又与一个从满洲迁来的突厥—蒙古居民联系密切，即汉人所说的吐谷浑人，或者是吐蕃人所说的阿夏人(Azha)，他们也

图 6　戴雅砻牧民帽的骡夫，每个骡队有两匹头骡。

在那里建立了一个王朝。吐蕃人称这一混合民族集团的地区叫木雅，他们居住在库库诺尔地区和汉地的西北，并且还于 1032—1226 年间在那里建立了西夏王朝。在更为古老的时代，甚至是在这些突厥—蒙古种居民到来之前，羌人也在同一地区吞并了一个印欧语言的民族的残余势力，即月氏人。后者在公元初被迫西迁。吐火罗人或者是印度—斯基泰人也占领了大片领土，他们在吐蕃的西部边界留下了自己的足迹。到了今天，一些羌族集团还生活在汉藏走廊的山区。他们的语言、信仰和风俗习惯确实都与西藏人近似。早在公元 7 世纪时，他们也如同吐蕃人一样而自称出自于猴祖。羌族人有关先祖和天的观念中的一项重要内容也完全与吐蕃人相同，而白绵羊和猕猴则在这种观念中扮演了重要角色。最后，汉族史学家们从 7 世纪起就提到了羌族人的一些巨大的石块建筑物，这都是一些牢固的塔式建筑房舍，这类建筑至今在羌人住地中仍很常见，但在工布和洛札(西藏东南部)也可以见到，我们从中可以看到西藏通用建筑术的雏形。

这样看来，我们对古代吐蕃人的看法应稍有所异，即与人们在一般情况下，都对北部高原草地中生活的游牧部族和饲养牦牛及马匹的居民的看法表现出不同。人们一般都认为那里是在茂密森林之上的高山牧场和经常与这二者往来的人，而并不是认为北方的大牲畜饲养业很快就成了西藏文明必不可缺的组成部分。从雅砻地区的吐蕃王权刚刚开始发祥的时候起，其政权便迅速向东北方向扩张。苏毗和吐谷浑人被征服，并且很快就被同化了(6—7 世纪),他们后来仅仅成了吐蕃的一些氏族或县。从此之后,我们在稍为晚期的文献中便会读到有关马匹与牦牛互相仇恨的长篇民间故事。

对于我们所说的"西藏"("吐蕃")一名,至今尚未能解释,也可能是由于南部的藏族人与东北部突厥—蒙古居民的混合而产生的混淆。藏族人自称他们的地区为Bod(即"蕃"之对音,在中部方言中读作Po),他们南部的邻居印度人非常正确地转写并保存了这一名称,称作Bhota、Bhauta或Bauta。人们甚至认为此地名曾出现在托勒密的地理著作和《厄立特里亚海航行记》中,后者是公元1世纪时代的希腊文著作,其中提到了Bautai民族和Bautisos河,并且是在论述西域一个地区时提到的。但是,我们丝毫不知道在这个时代就已经有吐蕃人存在了。

然而,从7世纪起就对吐蕃人了如指掌的汉人,却把Bod一词译作"蕃"。这可能是由于当时在吐蕃有时用Bon来代替Bod的原因,或者是由于汉字"蕃"①是汉人一般用来指"蕃族人"的原因?我对此一无所知。但是,根据一位藏族使节的介绍,汉人很快采纳了"吐蕃"一名,并且将之与一个突厥—蒙古民族的名称"秃发"混为一谈了,后者的原名可能是诸如Tuppat之类[19]。在同一时代,突厥文和粟特文文献都谈到了一个Tü-Püt民族,我们基本可以将之确定在今西藏的东北地区。伊斯兰作者们从9世纪起就翻译了这种写法(Tübbet,Tibbat等)。到了中世纪,欧洲旅行家们,如柏朗嘉宾(Plande Carpin)、鲁布鲁克(Rubruk)、马可·波罗(Marco Polo)和德拉·伯纳(Francesco della Penna)等人的著作中,也出现了对吐蕃的同样称呼。

所以,各民族的杂居肯定就是我们今天复杂的民族学形态的基础。为了理解这种形态,则必须考虑各民族的流动性。作者于本书中所发表的西藏地图仅仅能提供一个大致的方位。为了表示各个民族在历史上居住地的变迁,可能需要绘制几十幅地图。在各个不同民族中,经常存在联姻关系。羌族人(属于藏缅族)和吐谷浑人(突厥—蒙古族)经常互相通婚(当时在他们之中就已经出现"拓跋"之名,即古代的Tubbat)。在苏毗人和东女国的羌族中也出现了

①石泰安先生始终拼写作"Fan",读作"番"。——译者

类似的情况。但苏毗人或松巴人甚至一直到于阗等中国西域各地活动,他们也可能与我将于下文谈到的西女国保持着关系。

政治和行政的原因也引起了许多民族的大迁移。自从苏毗人归降雅砻王朝的吐蕃人时代起,他们便被派遣戍守于东部边界,即木雅地区和今之安多,与汉地相对峙。在9世纪时,出师进攻甘州巴达霍尔人(回鹘人)的吐蕃军队的残余势力建立了一些游牧部落。汉人把他们看作是北起甘州南到松潘地区的民族集团。时至当代,还有一些操同一方言(wa—shul,wa—skad)的小部族仍相当于这一民族集团。他们并不是以统一的方式集中在一块领土上,而是四处分散和与其他集团杂居,并且还分布在一片面积非常辽阔的地区。

在由东北到西南方面也发生了一些迁移运动。西夏王朝的奠基者、木雅的掌权家族在王朝覆灭和被成吉思汗征服该地(1227年)之时,曾迁移到了藏地以北和昂木仁一带。该家族还把其国名("北",羌)以及与此有关的宗教民间故事也带到了那里。吐蕃中部和西部的其他贵族家庭也可能是沿着一条相似的路线前进,因为他们也把自己那种多少有点神话色彩的起源追溯到东北的一些外来民族[20]。一些民族名称又助长了这种混乱形势。霍尔一名首先是指在公元800年左右居住在甘州地区的回鹘人。当代西部(罗布淖尔地区)霍尔游牧部族可能就是因此而获名的。但此名后来却是指成吉思汗时代的蒙古人,康地(甘孜和白利地区)霍尔五地的人都声称是他们的后裔。然而,除了几个蒙古文之外,如尊号达干(Tarkhan)等,这些霍尔人的语言则更接近于金川土著人的语言。反之,起源于蒙古和现今居住在库库诺尔地区的游牧部族最近还操蒙古语;Sog人(原指粟特人)的名称在晚期藏文史料中也指蒙古人,但很可能是起源于古粟特人(在古藏文中称之为Sog—Dag)[21]。一个民族的人种属性和所操的语言并不一定要与他们保留下来的所有文明因素结合在一起。霍尔人今天还占据着西藏的东部(德格、甘孜)和中部(罗布淖尔)地区,他们的标志是传播了表面上看来并不是属于"藏族人"的两大特点。其一就是他们的糙石石柱与用石块砌成圆圈的坟墓(尤其是在羌塘南部边界的湖水地区);其二是他们的金属用具(刀、马镫、带扣等)上动物图案的雕刻风格,这些都是在德格和安多发展起来的,它们明显与鄂尔多斯的铜器雕刻术和草原地区的“斯基泰”艺术相似。

现在我们再回头论述吐蕃王权初期(6—7世纪)居民的分布情况。我们已经看到,东部是附国和东女国,东北部是苏毗人和吐谷

图7　霍尔巴牧民,腰带上佩带着火镰与刀剑

浑人。南部居民没有形成统一的邦国,人们便把他们一概统称为门族人。这后一个名称系指喜马拉雅山山林地带(米斯米和阿波尔)所有的土著部族,它可能与汉籍中“蛮”字具有某种相似性,一般泛指中国南疆所有的“蛮”族人。但从古文献开始,就已经提到了吐蕃东部的门族人,他们散居在汉藏走廊一带。在西部的拉达克地区,此名又指其他一些所谓低贱种姓的居民。最后,这同一个名词有时也指锡金和不丹。

在雅砻的藏族人以西,首先是藏博地区,即雅鲁藏布江上游流域。藏地和位于那里的娘地在9世纪初叶均属于雅砻的吐蕃王朝,

图 8　在温泉地区的打谷场

图 9  在绒羌巴(羊卓地区)用牦牛碾小麦

) 江孜城堡前的田地

图 11 江孜城堡和被水淹掉的市场

即继达布和彭域(拉萨地区)之后而归顺于王权政体。吐蕃人后来在更靠西部的地方发现一个显然是由异族人居住的地区,即象雄,其首府就是琼垄。象雄国包括冈底斯山和玛法木措湖。我们通过一些古文献而获悉了当时的象雄语。这种语言现在尚不为人们所熟识,但它肯定属于缅藏语系(见书末所附参考书目中的第224a和275条)。象雄国曾起过重要作用,因为西藏传说把那里说成是吐蕃苯教的发源地,吐蕃人在接受佛教之前曾信仰过此教。由于其地理位置的原因,象雄肯定是向印度开放的,或是通过尼泊尔,或是通过克什米尔和拉达克。印度人认为冈底斯山是一座神山,所以经常前往那里朝圣进香。我无法考证他们是从什么时候起开始崇仰这一圣山的,但似乎可以追溯到象雄尚未成为吐蕃疆土组成部分的时候。

至于琼垄地分别向西、北、东等方向所延伸到的地方,我尚不清楚。它似乎与唐代汉族史学家们曾记载过的两个地区相接壤,这就是被分别称为大小羊同国的地区。我们很难想像出这些史学家们向我们所勾勒出的那种形象,大小羊同都是组织严密的国家,而且他们的描述又迫使我将其地理方位确定在羌塘那多少有点荒凉的高原地带。大小羊同肯定充当了吐蕃东西两部的连接枢纽。

在西部和西北部,这些地区又与于阗、吉尔吉特和罕萨(吐蕃人称之为勃律,此名与罕萨所讲的勃律语有关)接壤。它们在那里同样还紧傍一个神秘的地区,汉文和印度文史料都向我们介绍过此地,这就是印度史料中所说的苏伐否剌瞿罗(又称"金氏国",即梵文 Suvanagotra 的音译或意译)和汉文史料中的"西女国"(Strirajya)。有关蚂蚁黄金和女骑士的古老传说所涉及的正是这些地区,亚历山大大帝也未能征服过它们。由于西女国黄金蕴藏量丰富和女人执掌政权,所以人们经常在不同程度上把它与东女国混为一谈,后者也具有同样的特点。然而,在这两端之间也完全可能存在有真正的关系。

西部地区对西藏文明的形成曾起过重大作用。那里既与犍陀罗和乌苌国(斯瓦特)接壤,又与该地区的小国毗邻,希腊、伊朗和印度诸文明中的古老成分都经由那里传至吐蕃。

在拉达克的卡拉泽发掘出了贵霜大帝国(印度斯基泰人种,公元 1~2 世纪）皇帝阎膏珍（Vima Kadphises）的碑文，在更靠东部的地方，即在班公湖附近的昌孜还有一些用藏文、龟兹文和粟特文所写的景教碑文，其时间肯定为 9 世纪。勃律地区和勃律语如同象雄地区和大食语（伊朗，阿拉伯）一样，它们在有关苯教和莲花生上师的传说中扮演过极为重要的角色，莲花生是来自乌苌国地区的喇嘛教大祖师。

此外，南部的尼婆罗和北部的于阗很早就同吐蕃建立了关系，并且都以其古老的佛教文明在吐蕃的艺术和宗教中留下了深刻的影响。

最后，在雅砻吐蕃王权政府与云南和缅甸边界之间也存在有交往关系，虽然不太为人所知，但都相当重要。在 9 世纪中叶，吐蕃人经常购买中缅边界地区的土产，如大型葫芦科植物。据汉人史学家们在这一问题上向我们提供的资料证明，吐蕃赞普的拂庐（噶厦所在地）距那里不远。虽然在其他地方又把吐蕃边界确定在永昌（湄公河与萨温江之间）西北 60 日行程的地方[22]。南诏王国当时占领着云南，那里也是一个信仰佛教的地区，它在这个时代与吐蕃保持着经常性的联系。

所以，西藏地区表面上看来很偏僻，但是它从相当古老的时候起就向四邻开放。只是我们的古代地图中，那里尚为一个空白点。在我们的历史教科书中，那里也似乎是个置身于世界史之外的地区。

## 三、西藏人自己的地域观

如果前文所述是总结了我们自己有关这一地区的知识，那么介绍一下西藏人自己是如何看待其地域的情况也并非无益。对于他们的大部分观点，我只能通过一些比较晚期的文献才得以了解，而这些文献又都是属于佛教已在那里牢固扎根的时代，所以其中有许多观念是来自印度的。

正如在尼泊尔、锡金和于阗一样，人们认为在史前时代，吐蕃中部被一片汪洋大海或一片湖泊所覆盖，现今所有的大部分湖泊都是那时的残存。这就是16世纪一位史学家所叙述的情况[23]。

我们在《文殊师利根本仪轨》中还读到,在他死后100年的时候,雪国的湖泊可能会缩小,在那里将出现一片杉木森林。根据这一预言,在那位佛教大师圆寂(成佛)百年之际,过去占据着雪国的湖泊彻底干涸。他关于杉木森林即将生长的预言与西藏人的传说是相吻合的,即他们也认为该地区从前完全被一片刺柏森林所覆盖。在该地区以这种方式形成之后不久,观世音菩萨和度母变作了猕猴和岩罗刹女,首先生下了一些猴孩。猴孩逐渐变成了人类。他们所创立的第一个村落在格言中很有名,叫做哲那(Presna,意为"最早的猴子"),位于工布地区,那里就形成了有人居住的第一个村庄。

1748年,一位伟大的多题材作家松巴堪布曾对此作过概述:

"根据许多人的说法,当丹巴桑结(印度上师,圆寂1117年)可能7次到达吐蕃领土。第一次到时,吐蕃的所有地区还可能充满积水;但第二次到时,水位可能下降了。人们在这一问题上谈到了措那(Tsona,意为'最早的湖'),并且通过此名而意指南部和北部的'绿玉湖'(可能系指羊卓雍湖和纳木措湖或腾格里湖,即天湖)过去曾是连成一片的"。作为一位伟大的学者,这位作家然后又引用了我刚才读到的密教经典中的一段文字,但却以一位唯理主义者的口吻作出了解释:

"这卷经文的意思是说,在吐蕃,南方和北方的'绿玉湖'比我们今天所见到的要大,而'措那'的意思是说那里过去还有过许多小湖,后来稍有缩小。尤其是在几雪(拉萨平原和几曲河流域),过去曾有奶平原(翁塘)的一小泊,它也缩小了。在这些干涸的湖址上,又形成了一些'寺院'等(注:指树木)。应该认为,这一切均发生在宗教传播的时代。但不要由此而得出结论认为吐蕃到处充满了水,完全没有人类"(Ⅱ,第47和168页)。

这位半唯理主义者作家论据的基础是另外一种在《嘛呢宝训集》(Ⅰ,第169和213页)中已经介绍过的传说,其时间可以追溯到12世纪。向吐蕃传入佛教的第一位赞普松赞干布(逝世于649年或650年)是观音菩萨的化身,他的寺院拉萨大昭寺(觉康)就可能是建立在一个湖泊表面。时至今日,我们还可以在寺中发现一块石头，它通过一个地洞而与地下湖泊连接。如果把耳朵俯贴在那里，还可以听到如同贝壳类动物叫声般的响动。

吐蕃的政治中心变迁了。从第一代吐蕃人的神话时代到传说中的赞普临朝时代，吐蕃的政治中心一直位于东南部（工布，雅砻），而此后则迁到了拉萨。第一位佛教赞普的寺院建立在平原奶湖之上，该湖代表着仰天躺在那里的一女魔的心脏，该女魔就是吐蕃的大地，为了使那里可以居住和变得文明起来，所以才调服了她。其身躯和吐蕃处于军事鼎盛时代(8~9世纪)的面积一样大，其分开的四肢与西藏有人居住区的现有边界相接。建立在吐蕃中心地带的第一位赞普的统治和文明行为似乎完全是按照汉人的观念行事的：通过一个圆心的四方地带，逐个吞并，而且离中心越来越远。可以这样说，钉在四肢上的各种钉子以在三块大地四角建立起寺庙的形式，使这一女魔遭受折磨，并且可以把地固定起来，这样就便于在上面居住了。

1373年的一部古史[24]，在列举所建立起来的2~4座寺庙之前，

图12　屋脊上的树枝、布条和风马

也曾指出："为了使仰天躺在地上的女魔四肢受到控制，人们在她身上钉了12根用以固定的钉子。"

另外一种方形图代表着吐蕃与其近邻的关系。吐蕃人将之归于传说赞普时代，但其中所包括的地名可能属于吐蕃军事鼎盛时代。这一图式来自一种古老的佛教传说，到了9~10世纪时，又由一些伊斯兰作家们重复和重新传播了这一理论。这一图式认为吐蕃四面被围和受到威胁：东部是汉地，南部是印度，西部是伊朗（大食）和拜占庭（Phrom，Khrom）或安纳托利亚的佛（Rum），北部是突厥人（Drugu）和回鹘人（Hor）或冲木的某一位格萨尔（罗马的恺撒被挪用到了这里）。在东部是一个从事占卜术的地区，南部是一个信仰宗教的地区，西部是一个富饶、遍地是宝石和进行贸易的地区，北部是一个养马、制造兵器和进行战争的地区。

人们把这一图式归于使吐蕃大放异彩的那位赞普执政的时代。他"使世界三分之二的地区归顺了吐蕃政权"，因为另外的三分之一就是已经受他统治的吐蕃（9世纪初叶）。当时在这一图式中又增加了另一种通过四个方向而进行的安排。四个部族已归顺的居民变成了吐蕃四大贵族家族（许布、蔡邦、贝农、那囊），后来被编入军中。这就是东部的"鹰面人"，南部的"驴脚人"，西部的"猫尾人"和北部的"兔（或驴）耳人"。这同一种分成四个部落的方法曾多次反复使用。在墀松德赞组织其国家行政机构的时候（约为公元800年左右），吐蕃的附属国王计有：南族国王、即"香料国王"（？）；尼泊尔国王，即"黄铜国王"；苏毗国王，即"钢铁国王"；门族国王，即"竹子国王"（？）[26]。不久，人们又把位于藏布的娘地说成是"四门"地区，相当于四条大路：东部是"佛法之路"，南部是森林之路，北部是钢铁之路，西部是青稞之路[27]。我们将会看到，人们也是以同样方式看待第一块圣地之特点的。

军队行军路线也是沿四个方向进行的，这一点是颇有意义的。这种行军路线与古代史料中就已经记载过的军事组织是相一致的，即分成四"角"、翼或旗，它与降伏女魔时的第一个方阵是一致的。这一方阵被称为"角的征服"（Runon），可以制服吐蕃的四"省"。时隔很久，噶玛巴的法主们居住在军营中，神圣的君主一动不动地站在中央，而众人则又看不见他，由一些帐篷方阵在各侧形成了同一城堡的同心城墙。

如同在汉地所常见的那样，吐蕃人也自认为处于由各国组成的一个四方形的中央，正如他们所说的那样，是“地的肚脐”。然而，吐蕃人也与汉地不同，他们同时还维持了一种奇怪的谦卑态度，这是由于受佛教观念支配的结果。他们从来没有停止自认为是一些居住在世界北部的蒙昧人。这种态度所引起的后果是使原来印度北部的一些印度地理名词被移用到了吐蕃。因此，人们谈到所谓“蒙昧吐蕃之混沌地区”[28]。完全如同霍尔“蒙昧人”一样，吐蕃人也自称“赭面食肉魔”[29]，多次自认为是愚笨、蒙昧和迟钝的，所有这一切当然是同开化佛教相比较的。《嘛呢宝训集》(Ⅰ，第160页)一一列举了吐蕃人的善德和瑕疵。最原始的吐蕃人从他们的猴祖那里继承了长满汗毛的赭面，而同时又从其罗刹女母亲那里继承了不长尾巴和贪肉食的特征。一部分人从其父那里承袭了笃诚、热情、智慧和善良等品质；另一部分人则从其母身上沿袭了爱好杀生、身体强壮和富有勇气的秉性。

所以，吐蕃人栖身于世界的北部边缘地带，他们有时也把自己粗野的习性同那些统治自己国土以北的人，那些粗鲁而又暴虐的东方人相混淆，如廓族(Gog)人和马廓族(Magog)人(指突厥人和鞑靼人)。吐蕃人自己的疆域当时却处于一种奇怪的地区和程度不同的粗野行为的交错之中。“无论是在北部冲木格萨尔地区，在饿魔(Preta)地和普雷达普里(Pretapuri)，还是在吐蕃，达布、工布和娘(吐蕃东南部)三地为害最大”。有时也用其他词句作以记载：“雪国吐蕃是不顺从的，具有危害性和情绪激动的特点。正如一卷经文指出的那样，北部冲木格萨尔之地和吐蕃边界上食人肉者的地方，那里的人以人肉为食”[30]。

印度人却相反，他们把天神和具有才能，尤其是具有巫术的一种超人——持明(梵文为 Vidyadhara，藏文为 rig-’dzin)的居住地确定在印度以北的喜马拉雅山雪地。似乎正是由于这种观念，所以才派生出了行秘术者们的传说和在欧洲流传得很广的一种对西藏的看法，即认为那里是掌握有最高秘诀的神仙圣人之地。吐蕃人自己也经常把他们这种复杂的地理和宗教形式运用到他们自己的栖身地以北，如于阗，同时也含糊不清地运用到了突厥。神话中的香巴拉(Shambhala)国就位于那里,最早是一些真正的,后来又成了一些虚构的路线都通向那里。

形成一个世界之缩影的有限住宅区有时是设计在一块方地上,有时又是设计在一块八边形或圆形地带。在第二种情况下,上天就成了一个有八辐的车轮,大地成了一朵具有八瓣的莲花,车辐和莲花都是佛教象征中的形象。另外,垂直平面是由三者组成的:天、地和人间。这两种画面又常常互相交错和互为补充。这种分层是从中段开始的,因为只有那里才可以由人居住。人们认为那里可以沟通另外两层木梯, 这一木梯中的每一个阶梯都代表一种植物或动物的外貌。

在吐蕃第一位赞普传奇式下凡的时候, 我们也发现了这类居住点的一典型例证。根据一种受印度影响的说法,一位印度王子鲁巴蒂(Rupati)被驱逐出来并逃到了吐蕃。而据当地土著说法,他却是一位天神。在这两种情况下,他从一座神山上下来,而人们又把这座山看作是联系天地之间的木梯,这是一架吐蕃式的木梯,即用带有槽口的树干架成的梯子。至于那座山,人们有时认为它是工布的(拉日)江脱山,有时则又将之考定成雅砻的雅拉香波山。这位天神下山的地点叫做赞唐高希(意为“赞普的四门平原”)。因此,此地非常理想地按照加强工事或曼陀罗的方式而成为四方形。正在祭神山的12位土著人都欢迎这位自山上下来的人物,并将之奉为赞普。这12位土著头人被称为祭司、猎人、当地居民、12位小国王或苯教祭司、圣人或氏族头人。他们的数目与这一矩形地盘的方位是相一致的。

我们所掌握的最古老的一部史著(肯定为9世纪时的作品)曾就此问题而写道:

“天为中心,地为中央,国为心脏。冰川地犹如一孕妇,所有江河如同头颅。高山特高,大地特净。在这样一个地方,人生来即为圣贤者,风俗尤淳,马匹也会奔驰如飞”[31]。

在一种无稽之谈的蒙古人的说法中,高山被称为“九阶梯”,这是由于山与天本身共有的一个特点。这些阶梯每层各自相当于大自然中一个不同的界,而每一界又都以一种典型的动物为代表。

天的7层或9层都与吐蕃第一位赞普下凡降临人间之前的先

祖们有关。我们只知道其中的几层:天层、云层、雨层。另一方面,高山的阶梯或层是根据对第一位赞普的神话后裔们的分类情况而一一列举的,每一层都是某一特定时代修造坟墓的地方,人们就可以这样逐级自上而下地下山。

吐蕃最早的7位赞普原为天界的七王。他们王后的名字都是意味深长的,这些名字各自以"天"(Nam)、"地"(Sa)、"场所"(So?)、"土地"(Dog? )、"山上的阳坡"(Dags)和"山上的阴坡"(Srib)而开始。最后两个名词完全相当于汉人分类中的"阳"和"阴"二极。当人们穿过自汉地西部(四川)而到达打箭炉的山口时,那就可以理解西藏的地貌了:面向汉人一侧既冷又潮湿,被一团云雾所环绕;而在面向西藏一侧则既干燥又向阳。这两种地貌分得特别清楚,如同被一堵无形的墙隔开一般。在一篇有关殡葬仪礼的文书中[32],使用一系列的隐喻而非常准确地描述了有关这些具有天壤之别的风景之联想。在这两篇文书中,天地之间的对立就如同君民一般;高山的阳面与背阴面的对立如同夫妻一般 (汉人也认为阴阳系指对立的两种性别); 右与左就如同舅甥一般; 头和体如同父子一般;最后,一条河谷的上下就犹如师徒一般。

上天七王的坟墓位于天上。他们后代世系的坟墓建造得越来越低,其基本图式如下:1.岩板和黏土地;2.岩板与牧场的分界处;3.江河;4.阙;5.平原;6.山谷低部[33]。这种对墓地的分类法有时也稍有不同,但始终用来确定自然环境特点,而自然环境在各地也确实有一定程度的重叠,并且可以决定其社会形态。首先,在上部是冰川,那里是带有绿玉色(蓝绿色)之鬃和白色身躯的母狮之居住地,它后来成了吐蕃的象征;然后就是山岩区,那里是雄鹰的居住地;黏土地中生活有野牦牛,牧场或草原中放牧鹿,河流或湖泊中生活有"金眼鱼"。最后,在森林里则是猛虎逞凶(见本书第5章)[34]。人们有时也会遇到平原,但很少见,并且还是野驴的栖身地;从地理角度来讲,那里是北部惟一一个特殊的地区,而并不是沿一条河谷各阶梯的不可分割的组成部分。

文献中始终都用一些特指藏文词 Phu 和 mda' 来仔细地区分一条河谷的上下部分。但西藏人还从这种观点中产生了对他们地区的综合看法。"上"和"下"两词还适用于一些大地区,其义又为

“西”(上)和“东”(下)。他们不但到处用这些词来指某一地区的上部(西部)和下部(东部),而且还认为上部是阿里,而下部则是康地;或者认为上部是印度,下部是汉地。在这种观念中还应该加入以另外一种观念为基础的看法,而这种观念在汉地也是无人不晓,这就是君主面向南坐在中央。所以左翼指东部(如雅砻),而右翼则指西部(如藏地)。

以上就是西藏文明在空间方面的表现。我们现在再来看一下它在时间方面是如何表现的。

# 第二章　西藏历史概况

西藏文明肯定具有某些固定的特点，体现这种文明的社会在数世纪的历史中当然也有所变迁。由于我下文将依次研究它在不同时代的表现形式,所以现在必须对西藏历史有一种梗概性认识。

对于公元6世纪末之前的阶段，不可能确定吐蕃任何能推论出年代的历史。但西藏人在这一问题上却有他们自己口头流传下来的历史:神话和传奇故事。由于它接受一种关于社会发展的合理观点,所以更值得我们对它有所了解。人们认为西藏的社会发展也经过了一些循序渐进的发展阶段。我们可以举出其中的一些因素来。但是,如果我们希望确定它们各自的时代,那也不会犯什么错误。因为那些搞繁琐哲学的历史学家们都以不同程度的粗暴性而将之归于各个不同时代，我已经掌握了他们于晚期所写的一些古史著作。



## 一、西藏人的历史观

正如对待一切有人居住地区的历史一样，西藏人在对待人类历史的分期问题上也采纳了印度人的佛教观点；某些有关古代最早圣贤国王的概念也与汉人相同[35]。

西藏人从佛教中借鉴了历史循序发展的思想和人类逐渐退化的概念。他们认为人类最早都是一些光明灿烂的天神,而随着大地的形成却逐渐变得暗淡无光和迟钝愚笨起来了。其原因正是由于他们最早吃的是一种地脂,即大地的前身,而后来则摄取其他食物了。吐蕃人是通过佛经(《甘珠尔》和《丹珠尔》)的译文而熟悉了这些佛教传说，其中认为恰恰是由于在食物问题上纠纷才出现了人类社会的不平等现象,如在国王与臣民、富贵者和贫穷者之间的不平等。西藏人正是根据这种进化论的思想来看待自己的民族起源的。

我们已经知道,吐蕃人的先祖是一只猕猴与一位岩罗刹女,这对夫妻的后裔为半猴半人者。他们虽然已经能直立走路了,但浑身却长满了毛,面部呈赭色和扁平状,某些说法中还认为他们拖着一条尾巴(也有一些人认为他们的尾巴已经脱落)。猴祖为他们指定的居住区为南部的林地，他们在那里又同母猴巧配姻缘，所以其数目越来越多。“仲夏，他们备受雨淋日晒之苦厄；隆冬，又为大雪和寒风所折磨；他们一无食物，二无服装”。他们的先祖是观音菩萨的化身，此佛出于一片大慈大悲之心，为他们带来了“七种粮食”(荞麦、粗青稞、芥菜等；但在此前，同一篇文书中还提到过五种：青稞、小麦、大米、芝麻、豌豆)[36]。这样一来，他们才在雅砻地区的索塘一带开垦了第一批农田，那些猴人才逐渐获得了人形。

吐蕃人把最早的部族称为迷吾，其现在的词义是“矮人”或“小人”，但实际上可能是自一个汉文词“猕猴”而派生的，古代羌族人也自称为它的后裔。这类部族共达 6 个之多，均自猕猴和岩罗刹女最早的 6 位儿子繁衍而来。这 6 个部族又细分为四个“长兄”部和两个“幼弟”部。人们在一般情况下还在这一名表中再加入第 7 个部族，即“舅父”部。后者与天上光辉的神或最早的一枚蛋有关，其他传说还认为人类系由此蛋起源。藏族作者们还在这一分类图式中加入了另外两类居民。其一仅包括一些外邦之地：象雄、苏毗、吐谷浑和弭药；其二是一些在有史记载以来的时代中才为人所知的民族，而藏族人自己却把他们看作是非藏族人。确实，某些人对他们特点的分析可以允许将之与汉藏走廊的土著人联系起来，尤其是同羌族人加以比较。在唐代汉人的记载中(公元 600~800 年的一些评论)，羌族人和吐蕃人具有大量共同的文明特点。某些(并不是全体）羌族部落被描述成了比吐蕃人更蒙昧的游牧民或从事饲养者。

早在第一位神话赞普到达之前，吐蕃人就已经把自己的历史区别成了 7 个或 10 个时代。每个时代都是以一种特殊的鬼怪或小神的统治为特点，或者是以对某地的特殊称呼、某些发明物及机构体制的首次出现为标志。在最通行的名表中[37]，第一个统治时代的特点是“强大的亲属”；第二个统治时代的标志是“赭面，食人肉者”；第三个统治时代的标志是“在水中做成的侏儒白人”；第四个统治时代的特点是军械、箭支和长矛；第五个统治时代的特点是用作坐骑的马和耳环；第六个统治时代的标志是其礼貌形式。到了这后一个时代，统治权是由“12 位小国王”行使的，他们肯定就相当于前往迎接第一位天神赞普入主吐蕃的 12 位圣贤、祭司或头人。第 7

个统治时代实际上是第一位赞普掌权的时代。

除了这12位小国王之外，人们还常常补充以另外25位或40位。这些数字的选择完全是一种习惯或常规。根据这种情况，我们完全可以理解晚期古史中对史料的概括情况。史著中向我们提供的12位小国王的名字均取自于一份很长的名表，现保存于在敦煌发现的一些原写本中(8—9世纪)。我们从中可以读到12位小邦王(另加一位，共13名)、24位大相(另加一位，共25位)和12座堡寨(另加一座，共13座)、12个地区(另加一个，共13个)的名字。这些古史并非是由史学家们严格地写成的。除了其中一部分是按照汉文断代史的楷模而严格按年代编写之外，其余都已经具有了一种史诗的风度。

有关小邦王及其城堡的传说肯定是指6世纪时代的，但传说中却将其置于第一位天神赞普的神秘时代。在这个时代，"君民之间尚无任何差异"。也可能是为了拥有一位赞普，这12人便前往祭祀神山并迎接自山上而下者。把这一君权政体置于吐蕃中部是完全必要的，因为据说在四方有四大文明古国所统治，我已经提到了：汉地、印度、伊朗、霍尔或格萨尔(冲木)。

在这个"时代，四方的国王各向他们一方扩张自己的疆域。当时，吐蕃人尚无君主，在所有的山岭和所有的陡峭山崖间都建有大型宫殿。他们的服装、食物和财宝都存放在一些可靠的城堡中。当时，任何人都不能在争执中获胜，军队的数量也微乎其微。由于此时本人尚无权力，也不可能利用结盟的方法而谋取他们的支持(？)"[38]。

所以应拥有一位首领。"必须为那些无国君的黑头人指定一位首领"。根据敦煌写本的记载，这就是那些派向天上的使节们的观点。在公元823年的一篇文献中也隐喻到了这一先例，在提到墀祖德赞（汉籍中的可黎可足）的时候记载道："大蕃圣神赞普自天而降，入主人间，成为黑头人的君主"[39]。

我上文已经讲过，由于7君中的第一个世系通过王后们而与居住区的面貌联系起来。这些国王们的特点是他们的名字都是从其母名中派生而来的。所以也可能应该把他们归于第7个部族，一般被称为"舅氏部族"。其原因肯定是由于他与前去迎接第一位赞普的12圣贤不同,他们被称为"父系居民6部"[40]。

这7位最早的赞普完全是一些遣往人世间的神仙。他们白天留在凡间,而在夜间却重新登天。等到"死亡"时,他们也会最终登上天界。自从儿子会驾驭马匹(一般来说是16岁)时起,这种"死亡"的可能性始终是存在的。这种登天要通过攀天光绳来实现,这根光绳的名称与天及在那居住的母系家庭相同,被称为"木神"(dmu)之绳。它实际上是一种彩虹,从人的头上一直通向天,死人的身体也会融合在其中。所以,这一时代的特点是在人世间绝对没有坟墓,或者是像人们有时所说的那样,只有一些具有神秘性的特点,人们还是把位于雅砻江上游的雍布拉冈宫归于这个时代。此外还有一些苯教祭司、许多吐蕃部族,甚至还包括一些认为是其他民族的地盘,如苏毗和象雄等。这里实际上是武断地对历史上的一些往事进行追述。

随着第一个王统世系悲惨地中断,又开创了两位国王的新时代。7君主中最后一位的儿子支贡当时还是一个以人形出现的神。由于他充满着浮夸和藐视的傲慢情绪,所以希望与其臣民们,即9个父系氏族和3个母系氏族进行决斗。但除了一位叫做罗阿木的"牧马人"之外,任何人都不敢接受这场决斗的挑战。罗阿木肯定是一个外来人。一部严肃的史著有时把他说成是一位"臣子",有时又说是"小邦王",而且还是在论述到吐蕃在利用他战胜个失密(Kháche,克什米尔)的机会而举行马上比武体育表演时提到此人的。罗阿木对手的名字在各种史料中都是统一的。在墀松德赞的政权组织中,我们在文职工作人员中发现了7位牧人,其中就包括罗阿木马匹的放牧人。嘉戎的7位马鞍匠人、汉地的5位茶叶商人。罗阿木似乎是居住在藏地的娘地。这次决斗发生在冈底斯山附近,故事的下文发生在娘地牧场雅拉香波山。

在这次神奇的决斗中,支贡赞普出于一时的疏忽而斩断了他与上天联系的木神之绳。这样一来,这位赞普才第一个把凡胎肉体留在了人间,并且首次为他在秦瓦达孜修造了坟墓。

赞普的三位儿子:夏墀、聂墀和葭墀逃到了达布、工布和波密三地。王后由于同以牦牛形状而出现的雅拉香波神山之神发生了两性关系,所以又生了一个奇迹般的儿子,此人就是茹拉杰。他怒杀了窃国大臣罗阿木，从波密请回了夏墀王子(又叫做布带贡甲)并辅佐他即位，自己位居7位贤相行列之首。然而，在敦煌吐蕃王统世系牒和古老的工布石刻(约为公元800年左右)中，却仅仅提到了两位儿子：夏墀和聂墀。

晚期传说(从14世纪起之后)就把苯教的发展确定在这一时代，并且还经常把苯教与一些异族地区相联系，如大食人(伊朗人)和吐谷浑人，象雄人和勃律(吉尔吉特)人；或者是将之与一个叫做古那瓦特拉的地方联系在一起，并且将其置于印度和伊朗的边界。

据传说记载，在苯教传播仅局限于雅砻吐蕃王朝的同时，另外两种宗教修持也可能得到了发展，即讲解神话故事者与谱系学者、谜歌的表演者们的做法[40]。同时，由于7位大相中的前两位，即茹拉杰(又叫库族的拉布孟雄)及其儿子拉布高噶的推动，物质文明也获得了巨大发展。在这一问题上，我们很容易看到根本不应该确定这些新发明方法的时间，因为传说中随心所欲的将之分散在各个不同时代。不仅文献中互相矛盾，而且“七”这个数字也仅仅是由于进行数字分类中的繁琐哲学倾向造成的结果。在敦煌写本中，我们在相当多的大相表中，也反复发现过他们的名字。无论如何，他们所发明的办法对于研究吐蕃文明史是意义重大的。

“茹拉杰使牲畜归顺了教法（他为了确定价格肯定进行过统计)，并且准备了一些过冬的草束(肯定是稻草或其他干牧草)。他翻耕了草原上的土地使之成为农田，并且还占据了山峦峰顶，正如我们在下文将要看到那样，建造了一些房舍。在他之前，吐蕃既不刈草，也不收获粮食”[42]。据其他史料记载，茹拉杰“烧树制炭，并且利用木炭冶炼矿石，从中提取黄金、白银、铜和铁。”他用在木中钻洞的办法来制造犁和牛轭。他掘地并用水渠排泄自山谷上部流来的水。他套两头耕牛(但在比较古老的文献中却将这一创造归于后期的一位国王，其中写道：“他套了一对牛——一只杂交牛和一只黄牛”)把草原耕耘成农田。在那些无法涉水而过的河流处，他又修筑了一些桥梁。

继这位令人难以忘怀的统治者之后，就是由6位来族(leg)赞普组成的一个世系。在第一位赞普伊肖来执政年间，第二位圣人拉布高噶可能“以一对牛为单位来计算其耕地(两头牛套在同一个轭上，这是西方的一种方法，至今尚在西藏沿用），用畜皮来计算草场（肯定是为了确定其价格）”。他可能还“用水渠排泄自山谷上部流下来的水，在山谷的底部修筑了灌渠，因而使耕种大有进步”[43]。根据最古老的一部史著记载，这第二位圣人可能是晚期掌权的墀年松赞普的大相：“他使湖水改道以在渠道中排泄其中的水。他搜集了从山谷上部流来的水，并在夜间计算（搜集）其水量，在白天受到管理（肯定是指分流夜间在积水池中的积蓄水完全如同现代拉达克的情况一样）……”

下一个是岱族8位赞普世系，他们并没有以发明创作而著称，但人们却把一种政治制度的重要特点的发明权归于他们。一直到这一世系的末期，所有的王后可能都是一些神，她们仙逝时也不会在人间留下尸体。她们的儿子（即王储们）也都由于这一原因而被称为“神子”或“天子”。从由5位赞普组成的下一个世系起，这些王储们可能是在其臣民中择妻而娶，后者就变成了王储们的亲属，古史学家们称这种形式为“混合”，肯定是一种与社会地位低下人缔结的婚约。

在这一世系的第四位赞普（托杰托赞）执政年间，人们可能制造或导入了“神的乐器，即潘族人的长笛”。一直到这一时代的末期，也就是说在第27代传说赞普的执政年间，可能是由于仪轨的作用，政权受到过神话故事解说者、谜歌演唱者和苯教徒们在家教方面的“保护”、运用和接受。在晚期传说中，人们把佛教在吐蕃的前弘期确定在最后一位赞王，即脱脱日年赞“神”的时代。从天降下了一只箱子，落到了雍布拉冈宫殿，箱子中盛有《佛说大乘庄严宝王经》（奉献给吐蕃的保护神观世音菩萨之物）、另外一本书和金刚经。但人们没有明白上天赐予这些礼物的意义，可能是只把它们当作宝贝而收藏起来了。

再经过4位人们略有所知的赞普之后，我们就进入了由值得信赖的藏文和汉文文书所证实的历史时代了。史籍中所介绍的某些发明也都归入了这几位赞普的执政期间。第2位圣贤可能是在脱脱日年赞的儿子墀年松赞执政年间发明了灌溉术；在脱脱日年赞的孙子达日年色在位年间，第3位圣贤可能发明了制造木炭等技术。但据其他人认为，发明计算粮食容量办法的也正是此人。许多编年史著作都把吐蕃军事开拓的开始及从汉地引入科学的事也归于达日年色的儿子囊日松赞。但更为古老的一些史料却都把这些事件归于其儿子松赞干布时代。松赞干布是吐蕃历史时代第一位①赞普。他很快也被吐蕃人当作是观世音菩萨的化身。根据有关此人的传奇神话，他薨逝时与观世音这一保护神的塑像融合在一起了，因而也就成了矗立在吐蕃中央的护国圣像。

西藏史学家巴俄·祖拉陈瓦认为，从聂墀赞普到脱脱日年赞（不包括在内）之间，这27代吐蕃赞普的执政时间共达660年之久；然后再从脱脱日到囊日松赞，这5代赞普又相继执政150年。很明显，他认为每一代赞普执政的时间都在25年到30年之间。但我们也要避免试图由此就可以得出有关吐蕃原始时期年代的结论。一部苯教史著又认为，从天王到朗达玛（薨于742年）之间仅有800年的历史。相反，一部没有标明时间的小史却大大地延长了这一历史。此书认为，聂墀可能是于公元前599年降临到吐蕃的，脱脱日年赞可能诞生于965年之后（即公元367年），也就是松赞干布诞生日的190年前，后者诞生于公元557年[44]。

松赞干布赞普是我们知道一个具体时间的第一位赞普，即他卒于649或650年。从此之后，吐蕃的年代学就比较具体了，但在某几个主要时间问题上还存在一些犹豫不决。藏文史料之间从来都不太相吻合，与汉籍记载也并不太相符。

虽然我已经论述到吐蕃历史了，但仍要使用梗概介绍的办法，继续把一系列的发明创造归于各位赞普执政期间。吐蕃最伟大的赞普是松赞干布和墀松德赞（742–797或804年在位），他们给人们留下了难以忘怀的记忆，以至使他们很快成为典型的英雄，许多重大事件也可以从他们中的一人身上挪用到另一人身上。在对吐蕃初步划分历史阶段时，人们认为松赞干布曾向四邻的四大国借鉴了许多技术。“他从东部的汉地和木雅人中引入了一些有关技术和占卜计算的著作（也有人认为是医书和五行计算著作）；从南部的印度翻译了圣教经典；在西部的粟特和尼婆罗，他打开了食品、财富和产业的大门；在北部的霍尔人和回鹘人中，他又得到了一些教法著作”。另外，如果印度始终是宗教之国的话，那么汉地就始终是

① 与神话时代相比较。——译者

一个世俗法的国家。这种说法来自四天子的理论,我们发现也已经有人将之追溯到原始时代了。松赞干布临朝年间,当在女魔身体上建造12座寺庙的时候,四天子的理论又改头换面地出现了。建造于吐蕃最遥远边陲的4座寺庙的木匠或"工长"全都是异乡的外来人。他们分别来自于东部的木雅人、南部的吐火罗人、北部的霍尔人和西部的尼婆罗人。在同一位赞普执政年间,七贤中的第4位,即吞米桑布札发明了字母。在一篇敦煌吐蕃大事年表(而且还是史诗著作)中就已经提到:"吐蕃从前根本没有文字,但在这位赞普执政年间却出现了。从此之后,在墀松赞(又叫松赞干布)掌权时代,出现了有关吐蕃宗教(或习俗)的全部精辟著作,即有关吐蕃的传说、各大教法、大相等级、大人或小人(或长兄和幼弟)和各自权力、对于善行的犒赏和对恶劣行迹及舞弊的惩处、为了牧场而对牲畜[①]的统计和为耕地而对牛[②]的统计、使用(?)江河流水的平均性、根据容积和重量而交纳固定税等。"

我们已经看到,人们把那些高度开化的英雄们的某些善行归于另外一些更为古老的赞普,也有一些归于晚期的赞普。在梅阿充(墀德祖赞)执政年间,第5位圣贤可能发明了计算容积和重量的办法,同时还发明了贸易规则及签署协定的做法。在下一任赞普墀松德赞时代,第6位圣贤"把山上的住房迁到江河流域。这样一来,收割和住宿都在山麓中的田地旁进行。大平原被耕耘成了良田,河水被引入田中灌溉。在这之前,宫殿和住宅都位于山峦的峰巅(?)"

在下一任赞普主持朝政的时代,第7位圣贤可能为赞普效劳,他还可能把军人组成了"千户",在边防戍边。在王国内部,他通过法律迫使"懦弱的"奴隶们向赞普提供生活必需品,并且也把他们组织成"千户"。

有关吐蕃发明创造的情况就到此为止。但是,五世达赖喇嘛的史著[③]却向我们提供了在分期问题上最后一条有意义的资料,它可以确定9世纪吐蕃君权政体末期的特点。当时的政权已经四分五裂,聂墀世系不再统治吐蕃全境了。一直到最后一位赞普微松(乞

① 直译为"毛皮"。——译者

② 直译为"牛轭"。——译者

③ 指《西藏王臣记》。——译者

离胡)时代,史著中都指出每位赞普的名字及其陵墓的位置,可是在微松时建造陵墓的习惯已失传[48]。

这样一来,我们就进入了吐蕃有案可查的历史时代,史著中向我们提供了各种具体的时间。对于古代来说,这类时间是由一卷按照汉人方式所写的敦煌大事年表(650—747 年)和汉籍所提供的。此外还有晚期的藏文编年史,最后是其他汉文史料、藏文记叙和近代某些欧洲人的见闻录。

我于此之外还可以补充一些标明时间的碑铭和某些其他原件文书。我还掌握有某些可靠的作为里程碑的事件。但是,正如普天下一样,各种记载均根据其不同来源而各持其说,互不吻合。其作者们也可能或是出于一时之糊涂,或是以其某种主观的、带有偏见的方式介绍了那里的事件。我们所熟悉的那些史学家们都是在其事件发生之后很久才记载下来的。现代从语言文献学和史学角度进行的考证已经取得了很大进展,但诸家学者在时代问题和对那晦涩难懂文献的注释方面尚远不一致。

我基本是按照西藏人的传统进行解释。所以我还应该在西藏人对待他们自己历史的观念问题上再费一点笔墨。因为这种观念对他们介绍历史事件的方式,甚至有时对其时间的确定都施加了影响。我必须立即提醒大家注意,西藏人的观念从此之后就已经是佛教观念了。

古典史著中把西藏人的历史共分成了 4 个阶段。第一个阶段的特点是没有王家政权和佛教尚未传入。当时的吐番人是"愚昧的蒙昧人",该地区不见光明,处于一片混沌之中。吐蕃圣主观世音的化身松赞干布赞普"调伏"了这一地区,并且以传入佛教的方式而使之开化,随后在地处吐蕃中部的逻些(拉萨)建立了王权政治。他开创了吐蕃历史的第二个阶段,即佛教"前弘期"的时代。这一时代结束于 9 世纪中叶从事毁佛的暴君朗达玛时代。朗达玛是一位如同人们在汉地经常见到的那种国王,一般都是某个王朝末代的象征或代表。

紧接着是另一个新时代,即佛教"后弘期"的时代。在朗达玛与这一新时代的开始之间,又插入了一个在政治和宗教方面非常混乱的时期,任何藏文史著都从未确定其确切的持续时间,也没有任何能使我们进行确切研究的独立史料。各种史书中都对其中的干地支周期(甲子纪年)的数目众说不一,一个、两个、或者是三个甲子。

实际上,确定吐蕃历史时代的一项重要事件也恰恰出现在这一时期。在古代编年史中,只使用一种12年(属相)的小周期,而且每年都以一种动物来表示(鼠、牛、虎、兔、龙、蛇、马、羊、猴、鸡、狗、猪,即12属或地支)。这种方法是由汉地发明的,后来也由突厥人所采纳。但是为了避免过多的混乱,汉人又将这一周期同另外一种由10个符号①组成的周期结合在一起。这种结合可以称呼各个年代,而且每60年才重复一次。吐蕃人后来也采用了这种办法,但仅仅把其中的10个符号用五行②来代替,而且在五行中又各自分为阴阳两种。为了避免混乱,他们同时还要对所有的周期进行编号,但令人遗憾的是他们几乎始终都要忘记记载其编号。

然而,为期60年的第一个周期是从1027年(火兔年)开始的。人们习惯上都认为某种被称为"时轮"(Kalacakra)的哲学体系是在这一年传入吐蕃的(或者是译成了藏文)。这一哲学体系至今尚很少有人进行研究。无论如何,传说中总是认为它起源于北部(香巴拉)的一个神秘地区,并且将之与一些卜卦作法联系起来了,而伊斯兰教徒则在这类预言中起了重要作用。有人自信从中发现了摩尼教的要素[49]。然而,借助于60年的"天干"、"地支"周期,晚期史学家们曾试图具体确定截止那时借助于12属周期而未能确定时间的事件,他们这样做时很可能会有不一致的计算,或者是在混乱中摸索时表现了犹豫不决。尤为使晚期史学家们感到茫然不知所措的是:时隔不久,从13世纪开始,他们通过译文而接触到了汉文断代史中的一些断代明确的史料,而汉文史料从来也不曾与西藏人自己的传说相吻合。

另外一种思辨又暴露了在年代问题上的新争执。佛经中包含有许多预言,它们都预料到人类的衰退,尤其是佛法的没落。他们把这一蜕化时代(snyig's—ma'idus'——"污浊时代"或"恶世")分为从佛陀进入涅槃算起各为500年的5个、6个或10个阶段。对于吐蕃人来说,在最后一个阶段内,"蒙昧人"、外族居民(有时是伊斯

① 天干:甲、乙、丙、丁、戊、己、庚、辛、壬、癸。——译者

② 金、木、水、火、土。——译者

兰教徒,有时是蒙古人或汉人)将毁灭佛教。这是一个需要避难于被称为"隐域"(sbas—yul)的极乐世界的时代。那里始终是一些郁郁苍苍的茂密森林，完全如同雅鲁藏布江大河套处白马观的森林一样。在这个时期,吐蕃人希望从北部香巴拉神秘地区请来一位国王或将军,以便平定"蒙昧的人"和不信仰宗教的人。

为了计算与500年的时代有关的西藏历史中的时间，那就必须为佛陀进入涅槃的时间断代。然而,任何人都不知道这一确切的时代。人们曾接受过各种不同的时间,但其中任何一个都与现代学者们所承认的年代(公元前480年左右)不相符合,尽管僧伽罗(斯里兰卡)传说中的时间(543年)最为接近,而且在吐蕃也有所知闻。根据在500年为一劫的数字问题上所采纳的传说以及所假设的与最后恶世到来最接近的时间,人们被迫把佛陀的时代向后推。某些作者可能了解汉族佛教的传统，它将佛陀的诞生时间断代为公元前1029年(昭王执政时代),并且是在公元前950年(穆王时代)进入涅槃的。但他们的说法也是大同小异,分别将佛陀的诞生时间断代在公元前1027、957、959或880年，而进入涅槃的时间则为80年之后。但也有人把佛陀的诞生时间断代在公元前2217、2132、2133或2073年。这是由于他们接受了10个500年为一劫的时代。据这些作家们认为,到公元1043年时,已经总共度过了3170年；或者是在公元1429年时已经度过了3562年；也可能是在公元1752年时已经度过了3825年，在公元1891年时已度过了4170年:末世(10×500=5,000)每次都是可能的。

## 二、古代王朝

这样，我们就知道了西藏人是如何看待他们自己在历史上的命运,如何看待他们传统史学中那些不太连贯的不明朗之处。我们可以试着勾勒出他们的历史轮廓。

如果年代清楚的吐蕃历史开始于松赞干布时代的公元600年左右,那也并非事出偶然。其原因是当时吐蕃与亚洲诸大国开始共命运,甚至还明显地为此做出过贡献。当吐蕃刚刚出现在世界舞台

图 13 被认为是松赞干布诞生地的嘉玛

图 14　波密的森林

上的时候,便开始以其军事、政治和领土开拓方面的成功而著称于世,这样一共持续了近3个世纪。它的大部分近邻都是庞然大物,当然也并不是没有弱点。在我于上文所研究过的历史纲要中,也曾出现过它们的名字。

在东部,汉地正建立了一个新王朝,即620~906年间的大唐帝国。此帝国曾以其艺术、科学和文化而光辉灿烂,强大到了足以使远方诸地区望风归顺其政权的程度,但却周期性地受到宫廷阴谋及反叛苦楚的折磨,因而需要经常依靠胡族的援助。他们尤为欢迎胡族人在宗教、艺术和民间文学方面的新鲜事物。

在北方,吐蕃人首先在今中国新疆地区发现了一系列的绿洲小国,其居民和语言为印欧语系,其宗教为佛教,它们可能向吐蕃人提供了强有力的文明因素。高昌(吐鲁番)、龟兹,尤其是于阗很快都归顺了唐天朝,完全不构成威胁了。向北、向东和向西,一些强大的尚武之士甚至在天朝也有发言权,如东突厥(鄂尔浑河流域,蒙古地区)和西突厥(伊犁地区,突厥斯坦北部)。稍后不久,突厥的另一分支回鹘人首先居住在塔里木以北的绿洲(吐鲁番等地),872年左右又迁移到了甘州地区。在吐蕃,他们的名称都与军队、马匹、蒙昧和强暴等观念相联系,与中世纪的廓族和马廓族人很相似。汉语中的"突厥"(古音读作 Turkut) 转写成了藏文中的 Drugu 或 Drug,而"回鹘"的名称却成了霍尔(Hor,实为 Ho-yo-hor 的简称)。

在西方突然出现的变化又在吐蕃人中留下了另一个相当含糊的地名,但却始终存在于他们的记忆之中。这就是大食,它大致系指伊朗,而常常又与"拂"(Khrom 或 Phrom,在东伊朗中作 Horm 或 From)相混淆,后者开始是指拜占庭,到了10世纪时又指安纳托利亚的塞尔柱人。在伊朗,强大的萨珊王朝于7世纪在大食人的攻击下已崩溃。这些人不久就占领了不花剌(布哈拉)和康国(萨马尔罕)、吐火罗人和粟特人的疆域。他们的汉文名称"大食"(古代发音为 Tasig)来自塔吉克(Tajik)的伊朗居民,后来又被转写成了藏文中的 Tazig。

在吐蕃与伊朗之间,又延伸有其他地区,它们的文明潮流也给西藏留下了烙印:北部的吉尔吉特或钵露(Bolor),汉籍中称之为"勃律",而藏文中则作 Brusha;然后是个失密(克什米尔)和犍陀罗及乌苌(Uddiyana,在藏文中作 Udyan 或 Urgyan)古国。一些印欧语系的民族和佛教民族都被突厥和印度人的君主们所征服。

最后,在南部出现了印度,在白匈奴人入侵之后分裂成了许多小王朝。这些小王朝引起了吐蕃人的注意,因为他们都是佛教徒,尤其是曲女城(kanauj,恒河上流,位于西北部)的戒日王(Harsa)小王朝。它们在军事上都无力与吐蕃人分庭抗礼,而只能以自己的宗教,即密宗佛教对他们进行征服。

西藏那些有关把寺院一直建筑到汉地边陲和喜马拉雅山麓的松赞干布的传说,可能仅仅是一种忠实的再现。这位赞普的势力应该是很强大的。当他在 634 年即位不久,便一举击败了库库诺尔地区的吐谷浑人,并且接待了唐朝的使节。时隔不久,因向唐朝公主求婚遭到拒绝,其大军又把吐谷浑人驱至库库诺尔以北,吞并了羌人的不少部族,将重兵驻扎在唐朝边境上。这些赫赫战功应归于赞普的大相噶尔·东赞域宋(汉籍中称之为禄东赞),其最终结果是在一定期间内于东部地区建立了一个真正的王朝。唐朝皇帝答应以其公主下嫁,这就是文成公主,吐蕃人称之为 Munshang Kong 或 Onshingjo Kongjo(文成公主)或者仅仅简称 kongjo(公主)。吐蕃人还认为她在吐蕃传播了佛教,并且在拉萨建立了小昭寺。汉人也认为,吐蕃赞普为了讨取她的欢心,曾诏令废止吐蕃人涂赭面的做法,并专门为她修建了一座宫殿和一堵城墙。文成公主也力促赞普派遣吐蕃贵族的子弟前往唐朝攻读汉文经典著作(尤其是《诗经》和《书经》)。赞普及其唐朝夫人还曾向唐朝请求蚕虫、酿酒工匠(据藏文史著记载,指米酒)、磨坊里使用的磨盘石、纸墨等文房四宝(藏文史料中还补充以玻璃)[50],并且如愿以偿,得到了唐朝的馈赠。对于一个组织健全的国家来说,文字当然是必不可缺的了。据汉文各断代史记载,吐蕃人直到那时尚不懂得运用文字,赞普可能发明了一些汉文字母以作与唐朝往来公文书写之用。松赞干布同时还迎娶了一位同样也为佛教徒的尼婆罗公主为妃[51],吐蕃人肯定也同印度进行了接触。在文成公主在世期间,一名唐朝朝圣进香者陪同一位使节从唐朝途经吐蕃赴天竺(印度)。从 650 年起,唐朝就出版了对这条道路首次描述的著作。著名的取经僧唐玄奘当时也曾在天竺长期居住,并且引起了印度人对唐朝的兴趣。迦摩缕波

(阿萨姆)的国王曾向他索求一尊老子的塑像,并要求送他一本《道德经》的译文(这卷经文已经翻译成了印度文字,但我不知道它是否被送到了阿萨姆)。摩揭陀(Magadha)国王戒日王曾遣使唐廷,唐朝也遣李义表和王玄策回访。唐朝使节团肯定曾经过吐蕃和尼婆罗,因为在王舍城(Rajagrha)和菩提伽耶(Bodhgaya)还保留有一些碑铭。王玄策第二次出使时受到了戒日王继承者的无理对待,于是就要求并且得到了吐蕃和尼婆罗(尼泊尔)军队的援助。所以,吐蕃人在647年左右就到达了印度的北部。他们还于645年征服了象雄,而且可能是通过这一渠道而了解到了印度文明的某些特点。松赞干布薨逝于649或650年。不久,吐蕃人又夺占了唐朝、西域一些信仰佛教和操印欧语民族的地区,那里在很大程度上属于印度文明范畴,如于阗、龟兹、焉耆和疏勒(665~666年)。

据西藏传说记载,松赞干布可能于632年(?)向印度派遣了吞米(Thonmi或Thumi)家族的一青年,名叫桑布札,他是阿努(Anu或Brithoreg Anu)的儿子,同去的还有其他年轻人,其目的是为了学习印度文的拼音字母。他们所模仿的范例可能是个失罗文字。无论如何,敦煌古纪年在655年中提到:"法律文书已写好"。我们还可以联想:在20多年间的时间内,不仅创立了藏文字母,而且还通过非常复杂的书写法用文字来表达语言,并用来撰写文书。吞米在稍后不久肯定还曾按照印度的蓝本而写过一部非常博学的语法著作。事实上,他可能生活在8世纪末和9世纪初,当时吐蕃赞普令人编写了一部梵—藏文大辞典(《翻译名义大集》),为译文规定了一些严格的规则[51a]。

在佛教传入之前,吐蕃人完全不像他们自己的传说中所描述的那样"蒙昧"和"愚昧"。实际上,他们既聪明、机智又勇敢。那些通过与汉人接触而培养出来的学生与那些从印度归来者一样学业杰出。663年,以其汉名仲琮而出名的吐蕃大相奉诏出使唐廷。672年,在再次出使唐朝的时候,他又以自己乖巧机智的回答而使唐朝皇帝感到震惊。他在年轻的时候曾是唐朝京师长安国立"太学"的学生,可以非常熟练地读写汉语汉字。噶尔·东赞(禄东赞)主要是以一位伟大的军事统帅或战略家而颇负盛名,当他于641年在唐朝京师商谈其赞普与唐朝公主的婚姻时,就已经表现了其巧妙的

长拉附近的曲莫拉日山脚下的游牧民帐篷（上图）

图 16　《定日河谷观察到的珠穆朗玛峰》（下图）

图17　拉萨以南100公里聂木的传统点火方式(上图)

图18　在腾格里湖附近遇到的女旅行家（下

答辩才能。唐朝皇帝龙颜大悦,甚至希望也以一位公主与他婚配。吐蕃人与其他藩属贵族一样，仍继续在唐朝的国立太学中求学。730年,根据吐蕃人的要求,唐朝把许多汉文经典著作及一部文学集(《诗经》、《左传》、《文选》)送到了吐蕃。所以,我们在敦煌写本中不仅会发现一些汉文文献的改写文或译文（《书经》、项橐的传说等),而且还有一些用藏文字母转写的汉语文书,这无疑是为学生们使用的(如学校教科书《千字文》及其他)。

汉地的道教也在吐蕃留下了踪迹。唐玄宗皇帝(712~756年临朝)奉道教为国教。金城公主下嫁吐蕃后成了其国之王后,吐蕃派向唐朝的一位使节(禅师)从那里带回来了"老子的书"[52]。某些汉文占卜著作也被译作藏文,并且把占卜这种"汉人传统"的发明归于传奇式的偶像人物孔子,人们称他为"孔子神幻之王"。

吐蕃人以印度人的文字为蓝本新创制了一种文字并且创造了一种语法，所以他们不可能对印度宗教一无所知。我们还可以看到,在象雄的苯教中也有印度教和婆罗门教湿婆派的成分。但我们尤为注意的则是佛教。戒日王所偏爱的也正是这种宗教;密教则在孟加拉得到了兴盛，那里的婆罗族国王们在755年左右可能曾向吐蕃纳贡。吐蕃人在他们于666~692年所占领的西域绿洲中所遇到的也是佛教。吐蕃人从680年起控制了云南的南诏王国,后者从703年起,尤其在750~794年间承认了吐蕃人的宗主权,他们在那里所接触到的也是佛教。在西部那些小王国中的情况肯定也是这样,如吐蕃西南部的热带王国悉立国(Serid)[53],其国王于709年被俘;或者是大小勃律(吉尔吉特)国,它们也于737年归降了吐蕃。当然,这尚且不包括尼婆罗和中国中原地区。

在开始时,他们之间肯定仅仅是一些初步接触,而并不是佛教的真正渗透,甚至在宫廷中也如此。至少汉文典籍给人们留下的印象是这样的。唐朝取经朝圣和尚慧超于729年曾断言,吐蕃的赞普和国民都对佛教一窍不通,那里没有任何寺庙。但他确实仅仅是根据一些风闻记载的。然而,西藏传说都把佛教的传入追溯到了松赞干布时代,而且这一说法还得到了赛那来(墀德松赞800~815年左右执政)碑文的证实,因为其中提到了逻些和其他地区在松赞干布时代建立的寺庙，尤其是谈到了墀都松（器弩悉弄,676~703年或

704 年执政)在一个似乎是凉州的地方建立的寺庙,此地位于唐朝西北。碑文中同时还提到由墀德祖赞(704~755 年执政)在桑耶寺附近所建立的一座寺庙。汉籍中虽然对这一切都保持沉默,但这是证明不了任何问题的, 因为它们同样也没有提到过 775 年所建立的桑耶寺和赞普主持下所进行的那次僧诤会(集结)。然而,上述事实均已由古文献所证实。在 8 世纪末或 9 世纪上半叶的一些敦煌壁画中, 也有吐蕃赞普举行佛教出行仪式的画面, 他穿有宽大的白袍,头戴一条红色头帕(见书末所附参考书目第 229 条)。

在同一时代,其他外来宗教的零乱观念也可能传到了吐蕃:通过突厥人(回鹘人)、粟特人和汉人而传来了摩尼教,通过伊朗而传来了景教,通过大食而传来了伊斯兰教。吐蕃民间文学中也表现出了这类诸宗教混合的某些特点。新年仪礼和有关狮子的民间文学也自伊朗传到了西域(康国、龟兹、高昌),然后再经那里中转而传到汉地和吐蕃。

外来影响同样也渗透到了科学之中。汉地和印度向吐蕃提供了各种占卜和星相术,尤其是医学。但有一点非常引人注目,吐蕃的医术也是以伊朗的希腊传统为代表的。事实上,根据其中有一章论述吐蕃医学史的非常严肃的古史著记载, 在松赞干布的唐朝妻子文成公主时代(公元 7 世纪),吐蕃曾邀请过一位印度医生金刚幢、一位唐朝医生 Heh-weng hang-de①、一位大食(伊朗)的拂林医生噶列俄(Gale-nos)赴藏。代表这些地区各家的著作可能也译成了藏文,但惟有“伊朗的盖仑”②噶列俄被任命为太医或医师长,而且还向其学生们讲学,同时却“不考虑他们家庭的高低贵贱”。稍后不久,当金城公主(8 世纪)重新推动印度和汉地的医学著作翻译时,她又请来了一位医师,名叫毕齐参瓦西拉哈,此名中确实含有指医师的波斯字。又是这位“伊朗的希腊人”(实际上很可能是一位伊朗人或汉人)被任命为太医(lha-rje,古史中将此术语解释为“赞普的贵人”),他拥有坐在中央一块“高级地毯”和被其他所有人崇仰为长上的特权[54]。

如果这一切在近一个世纪的时间内是可能的话, 那就是说当

① 难以考定为何人。——译者

② 本为古希腊医生。——译者

时吐蕃人拥有强大而迅猛的打击力量。敦煌吐蕃古代大事年表说明,赞普和大相经常长途跋涉从一个会场赶到另一个会晤地点去。该年代纪中还对吐蕃的良马大加褒扬。赞普的骏马可以征服吐蕃疆域之四界。正如其赞普具有神力一般,其宝马也驰骋如飞,以至于人们根本看不到马蹄的痕迹。据五世达赖喇嘛的《西藏王臣记》(第 13 页)记载,松赞干布的父亲囊日松赞赞普在一次于札松丁玛湖畔猎狩野牦牛的时候,得到一匹充满着智慧的宝马,为他发现了盐。这肯定是指北部的多湖之区。吐蕃人进行领土扩张的方法也可能并非事出偶然,在传说时代征服了西部的“牧马人”之后,雅砻吐蕃人进行扩张的锋芒所向首先指向东北,向野猫塘和库库诺尔一带挺进,然后又向东转移向安多地区,在途中征服和同化了通米人、苏毗人、吐谷浑人和羌人。所有这些地区都盛产名马。我们已经看到,他们在出发时就已经占有了工布和波密的良马。

南部的这些地区还出产铁矿,但铁器同样也是苏毗人的典型贡品。安多地区的羌族人(南木东人和董苏毗人等)[55]的特产就是皮制和铁制护身铠甲和宝刀。据上引五世达赖喇嘛的史著记载(第 11 页),铠甲是自康地传入吐蕃的,虽然书中把这项发明归于传说中的赞普支贡时代。汉文典籍的作者们也都对吐蕃武器装备的精良赞叹不已:“其铠胄精良,衣之周身,窍两目,劲弓利刃不能甚伤”;或者是:“兵器有弓、刀、甲、胄……人马俱披子甲,其制甚精”[56]。在藏文文献中,从古史直到近代崇仰战神的仪礼在表示强大力量的概念时,也使用“坚强的盔甲”或“高”等术语,如马匹、军人的甲胄和装备都附有此名。

如果这些优越性都为王家所利用的话,那就能够使王家具有权威性。但它所取得的成功很慢,其时间也有限。当吐蕃王朝于 9 世纪中叶由于内讧而瓦解时,对外的军事开拓也随之告终。我将于下文阐述吐蕃赞普与望族之间的关系。这些望族的忠诚程度常常是变化不定的,吐蕃赞普们的征服活动往往伴随着联姻关系。松赞干布共有 5 位王妃:除了唐朝和尼泊尔的两位公主以外,还有一位象雄国王的公主和嘉戎的一位女子、木雅国王的一位公主,最后是孟族的一位女子(但还存在有其他名单)。过了 5 代人之后,墀德祖赞赞普(704~755 年)也娶了 3 位妻子:唐朝金城公主可能是于 710

年抵达逻些的;第2位是南诏(Jang)女子,第3位出生于纳囊南氏。墀德祖赞的继任者墀松德赞(742~797年或804年执政)又娶了5位王妃,而且这5位全都出身于吐蕃贵族[57]。这些望族负责向吐蕃宫廷推举大相。但是,赞普家族及其联姻亲属之间的竞争、各位夫人及其家族间各为其儿子继承权的斗争,更导致了政权的极大不稳定性。

大家还曾记得,松赞干布的成功在很大程度上要归功其大相东赞域宋(禄东赞)。唐朝皇帝对他表现出了自己的宠爱,其目的是否是为了使他与其赞普相对抗呢?东赞巧妙地避开了。但在那些以他为主人翁的故事中,人们又怀疑他在把唐朝公主交给赞普之前,自己曾同她发生过两性关系。赞普把治理吐蕃固有疆土的大权委托给他,而其他大相则负责治理象雄和苏毗。在赞普薨逝的时候,东赞从边界急驰都城参加吊唁和致悼词。他本人在17年之后,即667年卒殁[58]。他的5位儿子瓜分了政权。由于当时赞普的继承权尚未能确保,所以这种分裂就更为容易了。松赞干布的儿子贡松贡赞执掌朝纲仅有5年的时间(他在18岁时早逝),他的儿子芒松芒赞当时仅有15岁。噶尔大相家族的权势又维持了30年左右。他5个儿子中最为强大的那些驻扎在唐蕃边界地区,同时控制着吐谷浑和进入安多的门户。墀都松赞普(676~703年或704年执政)决意结束这一平行政权。在他年满18岁的时候,陪同其伯父前往羊同征募兵员,势力强大的大相噶尔·钦陵曾受人游说,怂恿他匡扶赞普幼弟即位,因为后者正在他的军中服役。钦陵很识时务地拒绝了。在他的赞同下,墀都松登上了王位宝座,但嫌疑情绪依然存在。这位大相的明决也可能是由于他新近(678年)在库库诺尔被唐军大败之原因促成的。当时吐蕃的势力一直扩张到唐朝边境凉州、松州和茂州一线,在西南部一直推进到大理湖(云南,南诏)。文成公主就是在这个时候(680年)逝世的,她一共看到了4位赞普相继执政。

然而,吐蕃的强大并不是绝对的。唐军曾多次在战斗中告捷,而吐蕃人又徒劳无益地想获得一项和平条约。为了抵消和牵制吐蕃人在西域的势力,天朝曾全力以赴地试图与波斯结盟。692年,他们从吐蕃人手中恢复了西域“四镇”(龟兹、疏勒、莎车和于阗)。

不久，成年的墀都松决定粉碎噶尔家族的权力。赞普的军队向噶尔·钦陵发动了进攻，钦陵于699年自尽。他的儿子和弟弟投奔了唐朝。他们受到唐朝的热烈欢迎，并接受了册封，受命保卫边境。赞普并没有从中获取多大利益。在703年，尼婆罗和印度的喜马拉雅地区起来反叛，赞普在与他们进行的战斗中殉难（这是吐蕃人的看法，他实际上可能遇难于南诏）[59]。他的儿子们互相争夺嗣位。墀德祖赞（又称梅阿充）被拥立为赞普。他与一位南诏女子婚配，并且与她生了一个儿子。在此之前，吐蕃人可能曾多次向唐朝公主求婚。只是到了710年，这一要求才获得了唐朝的应允。这位公主①最初是许配给赞普儿子的，但由于其子夭折，最后成了公公的王妃。她也为他生了一个儿子，但赞普的另一位出生于那囊氏家族的妻子夺走这个婴儿，并声称系自己生养。这就是显赫一时的赞普墀松德赞（诞生于742年，即位于755~756年）。在其父执政年间，国内形势已不甚稳定。大食人又重新向前推进，印度和吐蕃被迫向唐朝求援。吐蕃人试图退避西方以寻求保护，维持他们对勃律人的控制，但勃律地区在接受吐蕃宗主权和联姻关系的同时，又把目光转向了唐朝。南诏也兴师侵犯吐蕃疆域。吐蕃人于730~734年使唐朝同意签订的会盟条约并没有发生多大效力。

在墀松德赞执政年间，形势有所好转。南诏在唐朝重兵压境下又重新与吐蕃结盟（750年）。鸯伽国（孟加拉）的婆罗族国王也要向吐蕃朝贡（755~756年），吐蕃人甚至还可能入侵过印度，以图到摩揭陀寻求佛陀的舍利，也可能沿恒河划分了边界，树立了铁柱子作界标，并在那里留下了一些人以建筑一座大城。但是，这一故事确实具有传奇性[60]。无论如何，吐蕃向唐朝的推进也是可能的，因为当时出现了内乱。汉人劫掠了他们的盟友回纥（鹘）人，后者曾协助汉人平息过安禄山叛乱。吐蕃人也利用这一天赐良机而兵犯唐都长安，并且扶植了另外一位皇帝登基（763年），但仅仅维持了15日。吐蕃人与回纥人的暂时结盟产生了一些预料不到的后果，尽管这尚为一种假设。回纥人当时在洛阳遇见了一些摩尼教僧侣，并改宗信仰了摩尼教。吐蕃人对这一切也有所风闻。

吐蕃部队的这种幸运一直维持了半个世纪，虽然其中也有高

---

① 指金城公主。——译者

潮和低落的时候。他们经常威胁唐朝西部边陲，甚至把汉人从西域的北庭(别失八里)驱逐了出去(789~790)。吐蕃人还必须对付南诏人，因为后者在794~808年间又重新与唐朝结盟。从791年起，他们又要对付居住在西域的和在诃论(Harun-al Rashid)统治下的大食人。

但是，当时吐蕃文明的决定性事件是赞普正式皈依了印度佛教。当然，正如我们所讲过的那样，这一决定并不是突如其来地出现的。吐蕃人曾多次有机会认识各种形式的佛教，如汉地的佛教、南诏的佛教、于阗和印度佛教。但是，孤立的接触是一回事，而赞普及部分贵族的正式皈依则是另一回事。汉文各断代史对赞普的这一皈依缄口不语、保持沉默，有关这个时代的所有年代学问题都是不确切的。但藏文史著中的记载也由敦煌的一些古文献和碑铭金石所证实。我在下文将首先按照最古老的一部著作的线索论述，因为应该追溯到那些声称自己与发生事件是同时代的资料，尽管后来曾有所修改(《拔协》，可能为12~14世纪的著作)。

该赞普的父亲梅阿充在发现向他宣布的一次预言之后，就对佛教发生了兴趣。他首先可能向印度派去了两个人，并邀请当时正在冈底斯山(象雄界内，其时正由吐蕃占领)修习禅定的和尚，但后者仅限于呈奏一些经文。此赞普甚至还修造5座寺庙。这些措施受到了某些信仰苯教的大相家族的反感。属于巴族的一位San Shi(上师？)在一定程度上是秘密地被派往唐朝，并且带回了一些经书。当他回归吐蕃之后，被迫将之掩藏了起来，因为老赞普已经薨逝，其王储墀松德赞尚很年幼，仇视佛教的家族执掌着大权。据《于阗悬记》[61]记载，金城公主当时得了溃疡病，一些大相的孩子们也相继死亡。敌对派们把这些灾难归咎于金城公主，因为她运用自己的影响而使吐蕃接受了一些于阗僧侣。后者是被一位仇视佛教的年轻君主驱逐出来的。另外，在金城公主的父王①奉道教为国教之后，许多汉僧也趋附到吐蕃避难。

根据晚期一位史学家的记载，从这位吐蕃幼主及其继任者的诏令来看，赞普本人也染疾卧床[61]。《拔协》中也记载说，人们把某些疾病和死亡的灾难都归咎于佛教，当时大权在握的苯教大相便

① 应为皇兄。——译者

颁布了禁止佛教殡葬仪轨(来源于汉地)的法令。但当墀松德赞成年之后,真正掌握了朝纲,并且获悉了过去所发生的一切时,便对佛教发生了兴趣,但也带有一定的谨慎态度,因为这是面对某些家族的仇视情绪所必需的。一些汉文和印度文的佛经可能译成了藏文。巴氏家庭的赛囊可能亲赴印度,到了摩诃菩提寺和那烂陀大学。他后来可能又从尼泊尔带去了一位佛教僧侣寂护,后者可能劝说他出家为僧,为他举行受度礼,并且取了一个法名,叫做益西旺布。他被迫藏匿于靠近尼婆罗边界的芒域。仍然是在尼泊尔,他可能会见了著名的上师莲花生,后者不久就成了吐蕃未经改革的诸宗的大祖师。由于佛教的主要反对者玛象·仲巴杰在一次伏击时丧生,因此完全可以邀请莲花生和寂护来蕃。莲花生以其巫术活动而著名,但很快就被迫离开此地,因为他受到了苯教徒们的驱撵。西藏传说中认为他出生于以巫师之众而名震遐迩的乌苌国,并且把他与密教兴旺的札合尔(Zahor)地区相联系,人们有时将札合尔确定在印度的西北,有时又考定在孟加拉。围绕着莲花生此人的问题,至今还有许多不明朗的地方,多题材作家松巴堪布甚至于1748年提出推测,认为"真正"的莲花生可能在吐蕃居留了很久,为调服妖魔和地方神而奔波操劳;"虚构"的莲花生只不过是尼婆罗的一位通灵人,可能在吐蕃只停留了很短时间。

不管如何,在12年的时间内就在桑耶建筑了一大片寺庙,但其具体时间尚难考定确切(可能为775年左右)。其所依据的模式则是印度欧丹塔普里寺(Otantapuri)和那烂陀寺[62]。吐蕃的各大相和5位王妃可能都作为施主而参加了这项工程。不久之后,也可能是779年,又在贵族中选择了七贤士,由寂护举行了受度仪式而为僧(即7位"神的选民",Sad-mi)。在不同作家的著作中,这一名单也不同,其数目肯定是由于当时追求数字分类的癖好而造成的,完全如同"七贤相"的情况一样。虽然印度弘法祖师在当时起了明显的作用,但也不要因此而忘记汉地佛教同时也对此产生过同样的影响。

当时正值中印之间保持良好关系的时代。根据吐蕃赞普的要求,唐朝皇帝于781年派遣了两位善于说法的僧侣,他们可能定期地和其他人轮换,所有的人都常驻两年。此后不久,肯定是在791

年，吐蕃赞普又降旨奉佛教为国教。这篇王诰全文雕刻在桑耶寺附近的一个柱形石碑上，现在仍保留着。据传说记载，共有两位王后和300人出家，遁入佛门，赞普也可能发布王诰，为僧侣们保留了许多特权，并且许诺将以布施的方式来向他们供应日常生活必需品。我将于下文再论述寺院产业的这种起源。这样的成功并不是一帆风顺地取得的，也不是未曾遇到过障碍。许多大相们对于太多人的出家一举提出了异议。但是，吐蕃佛教首先是在汉地修禅（日文为Zen）中取得了成就，禅宗并不太重视善行和渐悟。这一成就引起了印度祖师们的焦虑，他们首先是宣扬思想行为的简易原则和在来世中善恶行为的因果报应。已经有人把佛教的这一简单的道德教律、十善和十恶等的起源归于了松赞干布时代，墀松德赞赞普在其王诰中所指的正是佛教伦理的这一方面。

面对由印度佛教和汉传佛教信仰者们如此这般所掀起的有关教理对立的轩然大波，吐蕃赞普决定通过宗教辩论来解决这一争端。完全如同当时在印度和唐朝所实行的那种从神学观点上所进行的唇舌之战，这一舌战意味着失败者不仅要失宠和受辱，有时甚至还要被处死。汉僧摩诃衍（Mahāyāna，意为“大乘和尚”）代表唐朝一方，专程请来的莲华戒（Kamalāsila）代表印度一方，无论是在莲华戒的著作（梵文和藏文的《修习次第》），还是在一卷敦煌（此城于787年左右陷入吐蕃人之手）写本中都保留了有关这次值得纪念的僧诤的文献，在敦煌写本中主要有一卷汉文档案和汉文关于禅宗文献的译文。西藏传说中把举行这次僧诤会的地方确定在桑耶寺，其时间为792~794年，而且是在赞普主持下进行的。

汉人一般都宣扬“捷径”、“骤然之道”或同时领悟空界或色界，他们谓之“顿悟”，同时还在教理方面主张善行的无益性。印度人对于这一完全属于大乘和密教的教理当然不会熟视无睹，正如我们将于下文所看到的那样，他们在某些条件下也承认之。但他们所捍卫的则是“渐悟”之道，即主张逐渐向圣境发展，慈善行为在其中起着重要作用。汉僧败北，被迫撤离蕃地，但也没有避免发生暴力事件。吐蕃赞普宣布，只有印度人所捍卫的教理方可在吐蕃得到承认。至少晚期西藏史学家们是这样记载的。古代文献中既没有证实由官方主持的集结，也没有谈到在失宠之后所出现的暴力行为。

图 19　十三世达赖喇嘛期间使用的汇票、邮票和钱币

实际上,印度佛教的胜利也仅仅是暂时性的和不全面的。直到今天,汉族佛教的教义在某些教派和经文中也都留下了烙印。尤其是仇视佛教的贵族们的态度没有缓和下来，赞普又必须考虑他们的意见。作为苯教信徒的大相达札路恭可能被放逐到了北方。实际上,他是占领巴达霍尔人(甘州回鹘人)一所僧院的将军,并且从那里迎回了桑耶寺财宝的守护神白哈尔。我们在桑耶寺建造窣堵波(佛塔)的人中也发现过他,他的窣堵波确实是黑色的,这肯定是由于他是苯教徒之原因。在一篇金石文(其时间肯定为 762~764 年)中,曾赞扬过他为赞普所建树的功勋,并且还转录了一道王诰,其中授予他及其后裔们一些相当可观的特权。

吐蕃那位伟大赞普在僧诤之后不久,即 797 年或 804 年薨逝。有关其王位继承的年代非常混乱和难以肯定。他有两三个儿子。长子在执政近两年之后被其母毒死。据传说认为,其原因可能是由于他对贫富人祭献品的相差悬殊而感到难过，因而曾三次企图使人世间均贫富,但都失败了。其幼弟继其王位(据那些承认墀松德赞膝下有三子的人认为,其二子因为杀害一大相的儿子遭谪,后又遇难),这就是墀德松赞,又叫做赛那来。他的儿子也就是王位继承人,即墀祖德赞,又叫热巴津(即彝泰赞普可黎可足),他是最后一代佛教赞普(815~838 年执政,或者是卒于 842 年)。他与唐朝签署了 821~822 年的唐蕃会盟条约,其藏文和汉文原文至今仍保留在拉萨的一通石碑上。我们于下文将会看到,如果说佛教取得了一定的进展,那么它也没有消灭土著信仰。然而,对于印度佛教来说,赞普的行为产生了巨大影响。一直到那时为止,吐蕃一直使用以多种外来语所作的佛经,其中包括汉语[63]。到了这个时代,又选择了梵文为正式的佛教语言,尤其是因为吐蕃又把翻译词汇作了修订,并且以王诰的形式公之于世,对翻译规则也作了详细明确的规定,这样就创立了"全新"的语言。这种语言非常适用于翻译,而且可以一劳永逸地固定下来。

这位赞普虔诚到了亲自出家为僧的程度。他所赐予僧侣阶级的布施和特权引起了激烈的反响,直到对赞普行刺(至少有一种史料是这样记载的)[64]。我甚至感到惊奇的是他如何会登上王位,因为他是三兄弟中最为年幼者。先王的长子则巴或则玛没有能够掌握政权,在南方的不丹边境一带被暗杀。在热巴津薨逝之后,其子藏玛出家为僧,被放逐到了不丹,长子朗达玛被扶上了王位。传说中为他罗列了各种罪名,因为他参与了毁佛运动。而其他文献则分别认为他共执掌朝政达 6 年或 13 年之久[65]。他最后被拉垄的一位和尚贝吉多吉杀害,后者逃遁到了黄河以南的安多地区,靠近循化一带,人们后来在那里还曾发现过他(佐滕长认为是 846 年)。这位赞普之所以对佛教采取暴力行动,那是由于他受到了苯教家族的影响。但所有这些历史传说在很大程度上都具有传奇的色彩。我们感到奇怪的是在吐蕃如何会发生如此之大规模的抑佛运动,而且还是爆发在唐朝毁佛(842-846 年)之前。

吐蕃的荣耀时代和君权政治到此结束了,传说中认为其原因就在于抑佛运动。我们还可以联想到其内部的争权斗争和在外部所遭到的军事挫折,尤其是在敦煌和沙州(851 年)。在边境指挥军队的大相最后被斩首(866 年),其溃散的军队形成了分布在汉藏走廊一线上居民的核心。到了9世纪中叶，突厥人、回鹘人和葛罗禄人结束了吐蕃人在西域的存在历史。

在长达近一个半世纪的时间内，藏文史著中仅为我们保留下了一些有关王统承袭的枯燥无味的名表，其中有一部分还没有时间。此外，我们上文所提到的60年或120年的“空白”也正是指这个时代。汉文断代史曾多次提到过出使天朝的吐蕃人（907~932年），但最为有意义的一个事实始终系指库库诺尔地区的土司首领。

朗达玛膝下共有二子，与其第一位王妃所生的儿子是雍登（他可能是从其他女人那里偷来的），与其第二位王妃所生的儿子叫微松（汉籍中谓之乞离胡）。他们互相争夺王位，并且分别割据地盘，前者控制了中心地带（卫），后者控制了“左厢”。不久就爆发了一场大规模的斗争或反叛（佐藤长认为是926年或869年），其结果是对吐蕃王陵进行亵渎，至少是放弃了建筑陵墓的传统（佐藤长认为是737年或877年）[66]。

微松的儿子贝阔赞可能还曾是一位虔诚的佛教徒，并且营建了100座寺庙。他最后被其臣民所害，丢掉了卫地和藏地的中央王国。神话先祖聂墀的王朝也到此就告终了。他的两位儿子分别占领了西部藏地和阿里三围。前者的儿子或孙子在贡塘、娘、安多（宗喀）、雅砻等地建筑了一些土邦王宫；后者的儿子们又分别统治了阿里三围：玛域、普兰、象雄或古格。普兰王子后裔的一支割据了雅孜（ratse）地区（玛拉人的首府，肯定位于今尼泊尔的西北边界）。

## 三、教权的形成

当大幕再度拉起，几丝光亮照亮舞台的时候，西藏文明最终形成了它今天尚保存的那种状态。从此之后，西藏历史不再是针对赞普了，而是针对寺庙和教派。贵族家庭的领主或头人也仅仅成了某一教派势力的施主或支持者。

到了11世纪，在中国中原地区，唐帝国已经覆灭（907年），经过中间的过渡阶段残唐五代（907~960年）之后，宋王朝（960~1297

年)开国。但在该国的西北部,又形成了一个新王国,即西夏王国,而在藏文及其本族的藏缅语中叫做弭药(Minyag)。它很快就夺取了由回鹘人所占领的汉人城市(沙州、甘州等,1038 年)。在西部的西宁(汉人称作“青唐”,而在藏语中却叫做宗喀)也遇到了一个新建起来的吐(土)蕃王国,其首领就是唃厮啰(Gyalse,997~1065 年)。他是由当地的吐蕃头人们前往西部(肯定是玛域)在王家氏族的后裔中寻找到的。这一王国一直维持到 1100 年左右,完全是一个佛教国家。其中有些僧侣肯定来自于阗(从 1006 年起被伊斯兰教徒们占领),他们在该国中扮演了重要的政治角色。该国与宋王朝和回鹘人、甘州回鹘(稍后迁至稍偏南部的地方,即南山地区,他们今天还以裕固族的名称而生活在那里)和高昌回鹘人(他们都是佛教徒和摩尼教徒)都保持着关系。

面对吐蕃中部的毁佛和佛教的衰微而被迫逃出来的吐蕃僧侣们,也涌向了这些地区。有三位和尚从吐蕃中部出发,经过了拉达克和西部的葛罗禄突厥人地区, 然后又经过北部的霍尔人 (回鹘人)地区,最后抵达黄河畔的安多地区。宗喀巴的一位属于木氏家族的成员是古老苯教的信仰者,名叫格·饶赛,他也改信佛教(832~915 年)。为了受度则必须拥有 5 位和尚的法定人数。人们在偏南的康地和隆塘找到了三个吐蕃人,此外又补充了两位汉人。其他人也赶来参加这一核心。他们决定重新与吐蕃中部建立关系,并与雅砻的聂墀族赞普建立关系。桑耶寺很快就修复了,其他寺庙也相继建造起来[67]。

在此期间,由于聂墀家族赞普的努力,佛教在吐蕃西部也获得了新的发展。阔日赞普自动放弃了王位,禅让于其弟松额。他出家为僧,号为益西俄(智光)喇嘛。新赞普决定派遣年轻人前往印度进修学业。因为当时的僧侣传统已经失传,一些不正规的做法又引起了人们的怀疑。到了 10~11 世纪时,一些已经结婚的密教徒过分咬文嚼字地对待密教经典中的训言。这些 “山贼僧”(ar–tsho bande, a—ra—mo ban–dhe)不断行窃,杀害男女并食其肉,酗酒和纵欲。面对这种无法无天的放纵行为,人们都希望确保一种优良传统。因为早在墀松德赞时代, 作为国教保护人的赞普就应该以维护公众道德为目标。然而,遣往印度的吐蕃僧侣和受聘前往吐蕃传教的印度祖师都顽固地墨守密教。该宗当时在印度很兴盛,不仅是在独立的瑜伽行者中是这样,而且在一些大型寺院经堂中也如此,如那烂陀寺和毗讫罗摩尸寺(超戒寺)那样。他们仅仅坚持向那些未授以宗教奥义的人,尤其是向一般民众宣扬对仪轨举止的象征性的解释,而且是过分固执于字面意义,这样就可能会亵渎公共道德。对这种作法的改革,主要是在于根据思想加行阶段和圣心的程度而严格区别不同的品行:众百姓都应该根据公共道德而控制自己的行为。所以,对密教信徒恶习的最激烈的抨击来自强秋俄喇嘛。这并非事出偶然[68]。改革的目的在于重建寺院戒律。

当时统治吐蕃西部的是两位头面人物。仁钦桑布(958~1055年)被派往印度和克什米尔,他是一位出类拔萃的翻译家,曾在古格地区建筑了许多寺庙,尤其是托林寺,此外肯定还包括塔布寺和毕底的那果寺。阿底峡(982~1054)被邀请到了吐蕃,并且是噶当巴大教派的创始人。格鲁巴教派不久之后也与噶当巴联系在一起了,因为格鲁巴即是达赖和班禅喇嘛所属的藏传佛教格鲁派。

阿底峡又叫做燃灯吉祥智,可能是札哈尔一位国王的儿子,而札哈尔又是密教的一处圣地。他一生中曾研究了佛教各派各宗,其中也包括小乘宗,但其重点仍是密宗经典。密宗经典是由一些著名的成就者和瑜伽行者们所传授,如东木比(Dombhi)、那绕巴(Nāropa)、阿缚杜底巴(Avadhūtipa),他们都是吐蕃一些受人尊敬的大师。古格国王益西俄的外甥(或重外甥)强秋俄以重金相聘,邀请阿底陕大师赴吐蕃。他终于在1042年到达,并于1054年圆寂在那里。他在那里发现,由于来自康地僧侣们的活动,吐蕃佛教已经复兴,而康地僧侣后来也成了尊者阿底峡的弟子。这一弟子群的形成意义深远。卫地的三位主要弟子库顿、翱顿和仲敦从康地传入了有关律藏(教派戒律)的传统,而其他另外四人则全部都是瑜伽行者。

在康地,更具体地说在邓柯(玉树的东南)的隆塘,尼婆罗的一位行脚僧斯摩利底创立了阿毗达摩俱舍论宗并从那里到达凉州。他曾是仲敦的师傅。仲敦在17岁的时候便返回了卫地,并于1057年在那里建造了著名的热振寺(位于拉萨以北)。他后来成了阿底峡的主要弟子。斯摩利底曾向色尊讲授过梵文,色尊又成了阿底峡三位主要弟子的大师,并且在俄喀按隆塘寺院学校的模式创立了

图 20　手持印经版的小孩

图 21　读经的小喇嘛

图 22　拉萨手持经轮的老妇人

图23　依靠大昭寺墙壁做收新金的读

图24　在江孜的塔尔寺前

图25　根据乾隆皇帝的圣谕于1794年在大昭寺附近竖起的预防天花的敕令碑

一所大型经学院。

但是,同在康地,通过译师毗卢遮那而使莲花生的法系也维持下来了,毗卢遮那被驱逐到金川,其弟子为该地区统治者的公主。这一世系就是大圆满法教派世系,该教派属于未经改革的“古老”派(宁玛巴)。这一教派宣扬一种密教,其大部分内容均借鉴于印度大成就的做法,但也与汉人的禅很相似(甚至某些吐蕃大师也将这一切相混淆)。8 世纪末,大祖师之一无垢友可能前往汉地进行了一次旅行。无论如何,此宗的起源至今仍同形成教派的苯教一样令人摸不着头脑。由于某些神启,系统化了的苯教也创立了一个大圆满宗,其中之一的神启要追溯到 8 世纪,另外两种神启起源于 11 世纪。

我们现在涉及到的是一个复兴的和更新的时代。人们当时在康地发现一位年迈的苯教徒,即牙孜本顿,其祖师就是阿若。此人同样也居住在邓柯的隆塘,既受到过“印度七世”也受到过“汉地七世”的教诲。还有一件事实值得我们注意,这就是在当时的所有藏文著作中,惟有他的主体著作《入大乘瑜伽》才受到阿底峡大师的肯定和赞扬。所以我们对于看到以下事实就不会感到惊奇了:在热振的法嗣宝座上,董东在 1065~1078 年之间由一位大瑜伽行者所继承,此人就是强秋琼奈,1015 年诞生于宗喀[69]。

密教虽然有某些变种,但到处都有它的传播。根据祖师和具体做法的不同,各种不同的教派和一些大寺庙也都在这个时代建立起来了。“牧场人”卓米(1992~1074 年)从印度带回了有关瑜伽行者的教诲,此种作法则以“道果”而著名。对它来说,“悟”(即“果”)在“道”中就已经获得了,而“道”又是一种沉思的心身修持。他的弟子曲结布 1073 年建造了萨迦大寺院,那里未来的大法主可能曾起过非常重要的作用。

玛尔巴(1012~1066 年)也曾前往印度。他在那里学会了许多本领,特别是把识的本原(灵魂)转移到另一形体中,或者是转移到天堂中的本领(灵魂转世、迁识夺舍法)。但他所带回来的主要东西则是孟加拉密教诗人上师们神秘的歌曲和被称为“大法印”的教理,并且将之传给弟子米拉日巴。在隐士和诗人米拉日巴(1040~1123 年)的弟子们参与下,形成了噶举派,其两个分支可能产生过巨大影响。瑜伽行者琼保南交出生于苯教氏族，最早是在大圆满法中和苯教中成长起来的（卒于1139年），在藏地创立了“象地”的一个分支。在东部的达布地区，贡保巴又叫做达保拉杰（意为“达布的医生”或“达布的通灵人”，1079~1153年），创立了达布分支，与噶当巴维持着教理关系。这一教派于稍后不久发生了重大分裂，僧侣宗派与寺院曾起过重要政治作用：噶玛巴、止贡巴、蔡巴、帕木珠巴、达垅巴和珠巴所有这些名称都是由寺院名称派生而来的，其尾音“巴”（pa）系指属于某一集团或诞生在某地的人。

11世纪时那种令人难以置信的宗教和哲学动荡并没有就此而终止。我已经提到了大圆满派的传说，这一派从9世纪起一直维持在康地。现在，有人试图在掘“伏藏”时把大圆满派归于这个时代和莲花生。这些“伏藏”实际上是一些被近代史学家称为伪经（疑经）的文书（如同预言一样），但人们认为它们是在莲花生时代被伏藏起来的。另外，如果根据学者们对这些文书的描述（黄色纸卷），它们与敦煌写本的面貌很相似，所以其中有一些可能是对真正文书的修订。从这个时代起，其书写方式在以后几个世纪中曾有所发展，如在娘地领主娘日·尼玛悦色（1124~1192年）、古茹·管·旺（1212~1273年）的时代，一直到17世纪康地的米贝多吉，甚至还延续到19世纪。还必须提一下，时轮和60“干支”纪年周期也是于同一个时代（1072年）传入吐蕃的。另外两种教理和修习法也可能在吐蕃曾起过重要作用（希解派和断派），它们当时是由一位印度瑜伽行者所传播的。这位瑜伽行者就是当巴桑结（卒于1117年）。但也可能主要是由一位著名的吐蕃女子传播的，这就是勒布准玛“母系”（1055~1145年或1153年）。当巴桑结被称为“父系”，他可能多次到吐蕃旅行，也可能曾赴汉地。

在下一个世纪，这种文化活动则表现在社会或政治现实之中。我完全不知道贵族世家和一些地方小邦的情况。对于导致那些既富裕又强大的寺庙繁荣的原因，我也所知甚少。我们将于下文阐述其中之一例：在同一个贵族家庭中，僧院住持可以舅甥相传，诸兄弟中有一可以婚配，而另一个则要出家为僧。无论如何，到了12世纪时，各地的情况一概如此，甚至包括某些特别强大的寺院。一个世纪之后，又发现它们陷入了争夺寺院权力的斗争，这种内部斗争再加上土邦王族之间的竞争和在中央政权中出现空缺，所有这一切就促使吐蕃的命运从此之后与寺院的命运联系在一起了。到了13世纪时，吐蕃又采取了自我收缩的策略，它在西域历史上的参与再也不像过去那样积极，而变得消沉起来了。从此之后它只能接受外来其他民族的影响了。

我们现在再来看一下在蒙古人出现前夕的吐蕃势力。昆氏望族从墀松德赞时代起就输送高僧，其居住地是萨迦一带。完全如同其他贵族大世家一样，它也把自己的谱系起源追溯到天神。该家族与介氏联姻，后者的神仙世系起源也由此而与昆氏家族交织在一起。当时各家族之间的联姻关系是在寺院关系的范畴内进行的。如果说昆氏于1073年建立了萨迦寺，那么介氏人就是于1400年在距萨迦寺不远的地方建立了夏鲁寺。它们的领主都通过联姻关系而于数世纪之后同江孜土司建立了联盟。

另外一个势力强大的贵族世家同样也具有必不可缺的神仙后裔的声望，这就是帕木珠家族，附属于朗氏大家族，并且由此也就算归附了噶尔家族。噶尔家族十分强大，居住在康地，稍后不久又统治了德格一带。帕木珠家族原籍康地，即位于金沙江(扬子江上游)流域的一个地区，其族名来自该支系创始人所占地区的名称。这位创始人是“人类难得的保护者”、“康地的显赫人物”，他诞生于1110年，曾经先后为贡保巴（达保拉杰）和萨迦巴的学生。他于1158年建造了梯寺，位于温族地区的帕珠，地处吐蕃中部的东南一端。此人卒于1170年。他是在弈棋中获胜而赢得了“擦绒国王”的故地。他们创立的教派既来自于噶当巴，又仿效了噶举巴。寺院问题成了止贡的僧院住持与达垅僧住持之间的争论话题。住持的权力可以舅甥相传，但家族执掌政权还是后期的事，即14世纪。

止贡寺位于拉萨东北很远的地方，建于几曲河的一条支流边上。它最早是由木雅恭仁，即帕木珠巴的弟子(1167年的住持)所建，但其真正的最终建成却应归功于一位出生于康地邓柯的僧人，即由止贡活佛(1143~1217年)于1179年所建。其教派附属于噶举巴，管理组织却是仿效了萨迦巴，包括有一位住持，并由一位文职和武职方面的执事辅佐。后者虽然任文武职务，但却被称为“大静修者”(或隐士)。

噶举巴教派的另外一名僧侣“香仁波且”(香活佛,1123~1193年)于1175年建造了蔡寺,于1187年建造了蔡公堂庙,后者位于拉萨以东的几曲河畔。此寺庙后来又变成了蔡氏家族的栖身地,该家族很快就参与了争夺权力的斗争。

我还应该介绍一下这场政治游戏中最后一位重要的卒子,即噶玛巴教派,其创始人都松钦巴(1110~1193年)的祖籍也为康地,即道孚地区。他依止米拉日巴的诸位弟子,如贡保巴和热琼等人。他首先于1147年建立了“噶玛的中心地”或“南部噶玛的营地”,营地位于康地翁曲以东,地处类乌齐和德格之间。然后又于1155年创建立楚拉垅的噶玛巴寺庙(1154年已经由达保、恭粗在堆龙举行过开光典礼),接着在1185年建立了噶玛拉顿寺,最后又于1189年建立了楚布寺。楚布寺现在还是噶玛巴的中心地,位于拉萨西北的堆垅河流域。由噶举巴所派生出来的教派的名字来源于用仙女头发制成的黑帽子,其中包括了一切诸佛之业绩。该教派的世系又被称为“黑帽”系,他们与止贡寺的住持一样声称首创了同一个人相继转生的制度。这一学说后来又由达赖和班禅喇嘛所采纳,该世系一直掌权统治至今。从札巴森格(1283~1394年)起,又传出了活佛的另一分支,即“红帽”系。

当这些教派在宗教、经济、政治和军事方面同时形成的时候,那些“国王”或小邦的领主们都未曾留下任何痕迹。在西部,史料中仅仅向我们提供了一些有关古格和拉达克国王们不太完整的名表。后者的目光转向了印度边境(库鲁、普兰和克什米尔)和尼婆罗。在东部,唃厮啰的儿子们面对西夏王国强大的压力,也开始自相争夺宗喀地区的权力。他们领土的一部分似乎形成了一个小邦的核心,而它在后期的历史中可能起过作用,这就是林地。如果我们相信一些孤立的文献段落,那么这一小邦与其近邻白利从12世纪起就可能已经存在了。对于其他情况,史料中始终保持沉默和含糊不清。

但是,在这个时代蒙古人进入了舞台。据某些藏文史料记载(151,《年表》),成吉思汗可能是从1189年成为蒙古人(藏文中为Sog)的国王,1206年征服了吐蕃中部地区。成吉思汗受到了摄政王觉噶和噶多吉的欢迎,前者是雅砻王族的后裔,而后者则是蔡巴氏的宗主。成吉思汗正是从他们手中接受了吐蕃的归降。他同时还向萨迦馈赠厚礼,并且邀请那里的住持噶宁保前往蒙古传教,甚至自荐为"施主"或保护者。实际上,1206年是成吉思汗被推举为所有蒙古人君主的时间。成吉思汗当时主要忙于征服西夏王国(唐古特,在藏文中叫木雅),并且在彻底征服之前就在那里晏驾。对吐蕃的入侵是由他的孙子阔端于1239~1240年完成的。但无论其具体时间如何,吐蕃当时正处于一转折时期。在屈服于异族宗主权的同时,它还可能保留了自己的独立性。为了管辖内政,则必须有一个外来的保护者。萨迦过去曾受蔡巴人的青睐,但其他那些谋求权力者也在虎视眈眈地盯着不放。由于蒙古帝国在成吉思汗1227年逝世之后被其诸子弟兄瓜分,所以在吐蕃发生的政权变更更加复杂了。据一部蒙古文著作记载,第一位噶玛巴·都松钦巴曾试图使忽必烈接受皈依。这事实上也可能是完全把时间大大提前了,但它却清楚地说明,噶玛巴一开始就在天朝皇帝们面前与萨迦派相竞争。天朝皇帝首先是蒙古人(元朝),然后是汉人(明朝)。在1221~1222年间,噶尔玛的一位喇嘛藏巴东库巴被召到了弭药地区,那就是信仰佛教的和已经吐蕃化的西夏。当成吉思汗征服西夏王国并晏驾于那里(1227年)时,他尚居住在此地,并且收到了王后一道很宽容的懿旨。噶玛拔希(1206~1283年)受忽必烈(当时尚为王子)宣召,于1255年赴安多见驾。忽必烈敦促他留在自己身旁,但噶玛拔希婉言谢绝,因为他已经预见到了即将在蒙古诸王子之间爆发斗争。他这种冒犯龙颜的态度导致忽必烈加害的后果,并且被流放到了中国南部。但在此之前,他曾继续自己的旅行而一直到达蒙古(1256年)。他在那里参加了佛教徒与道教徒的一些神学论战,而且这些论战还是在蒙哥皇帝的主持下进行的,他也可能使蒙哥这位景教徒皈依为佛教徒。但是,蒙哥皇帝于1260年晏驾,忽必烈在与其幼弟阿里不哥的斗争中赢得政权。噶玛巴就这样丧失了自己的保护人[70]。

萨迦巴则比较幸运。"大学者"萨迦班钦(1182~1251年)获得了在印度的教义论战中战胜"外道"的美名。为了在蒙古也获得同样的成果,他于1240年奉贵由和阔端之诏前往见驾。此二人都是成吉思汗的孙子,居住在库库诺尔地区。萨迦班钦于1244年在他的两位年轻的侄子八思巴(1235~1280年)和恰那的随同下晋见阔端。这次邀请可能又得到了一支“长途急袭”军队的支持,这支远征军在道尔达将军的统率下长驱直入,一直进军到卫地以北,纵火烧毁了热振寺,杀害了寺中的僧侣,但对止贡寺却未加扰害。萨迦班钦向阔端秘密传授奥义,并且还制订了一套蒙古字母表。阔端于1249年向他传了一道敕令,授予萨迦巴治辖卫地和藏地之权。在阔端晏驾和萨迦班钦圆寂之后,蒙古人又对吐蕃进行了一次新的入侵(1252~1253年)。但是,忽必烈成了萨迦巴的保护人,并且册封他们统治吐蕃所有的“13万户”。此事发生在1253年或1260年,即在他登基称帝的时候。八思巴获得了权力,并且受封为“帝师”。他创立了一种蒙古文字,系由藏文字母派生而来,一直沿用了近一个世纪。

如果说萨迦巴正式获得了统治整个吐蕃的权力,那么其他寺庙也并不是无动于衷。它们利用蒙古政权的分裂而各自都试图找到一个保护者。蔡巴噶拉曾于1260年左右为蒙哥汗的儿子阿里不哥举行宗教仪轨,但后来却被忽必烈在蒙古人的都城“上都”逮捕入狱,并圆寂于那里。然而,忽必烈却变成了蔡巴的保护者。在此期间,忽必烈的长兄旭烈兀于伊朗创立了伊利汗世系(1258~1335年)。尽管他对基督教徒怀有爱慕之意,但却是佛教徒。他又被止贡巴选择为保护人,并且从1267年起果然以其保护人自居。这样作是为了对抗萨迦巴。止贡巴收到了旭烈兀的礼品,控制了卫地,并且还建立了内乌东庄园,该庄园后来曾起过重要作用。1285年,止贡巴又率领一支大军向吐蕃南部的甲玉发动进攻,并且率伊朗蒙古人的一支大军进攻萨迦。在忽必烈的儿子铁木儿不花①的一支军队和藏地的另一支军队的支援下,萨迦巴取得了胜利,并于1290年一把火将止贡寺烧为灰烬。这是卫地与藏地的第一次军事冲突,这种对立情绪在以后的历史进程中也经常爆发[71]。

但是,仍然是在萨迦巴的调解下,止贡寺很快又修复,并且还收到了皇帝的礼品。

元朝历代蒙古皇帝都对吐蕃行使着相当松散的宗主权。他们对居民进行了普查(1286和1287年),并且试图引入一种行政组织

① 本处有误,铁木儿不花是忽必烈的孙子,西平王奥鲁赤的儿子。——译者

机构。但是,贵族大家族支持下的各大寺院一直在争夺这一政权实体。萨迦巴的政权仅持续了四分之三世纪。帕木珠巴家族首先与止贡巴及其保护人旭烈兀结盟;但到了14世纪时,在大司徒强秋琼奈及其孙子的时代,萨迦巴又攫取了吐蕃南部的大权。帕木珠巴家族反复无常,忽而同萨迦巴结盟,忽而又同止贡巴勾结。在此期间,噶玛巴继续在元朝宫廷中受朝廷的召对见,牢固地扎根于康地和吐蕃东南。在数世纪的漫长岁月中,他们可能与萨迦巴一起处于优势地位。

当时,康地与噶玛巴保持密切关系的地区之一是林"王国",该地区包括今之德格。在汉地,当明王朝于1400年左右重新采纳蒙古人那种向教派首领授封各种荣誉尊号和官位的做法时,林、贡觉与帕木珠巴、支贡巴和藏地的达仓巴一起获得了"王"的封号和金印。噶玛巴曾大批前往汉地。他们努力加强自己在思想上的权威,同时常常也在加强自己军营的力量。他们努力平息各土著部族和领主之间、佛教徒和苯教徒们之间无休无止的斗争和争执。

在此期间,有一位瑜伽行者式的大上师叫做唐东杰布(1385~1464年)[72]。此人以他所建筑的铁桥而出名,他打通了通往工布土著部族(珞巴人)地区的道路。他曾从这些土著部族中获得了钢铁的供应,特别是为那些希望前往杂日山圣地进香的藏族朝圣者们获得关文通牒。他同时还曾建筑过德格寺。

在西藏①中部,帕木珠巴控制了他们位于雅鲁藏布江以南的内乌东首府,同时还控制了泽当附近的雅砻地区。他们的权力已经衰退,在卫地和藏地之间出现了新的对立。仁邦的土司,帕木珠巴的大相们当时夺取了桑主孜(日喀则,位于藏地)的政权。他们发动了对卫地的战争(1481年),与此同时又爆发了噶玛巴(后藏)与格鲁巴(前藏)之间的战争。

实际上,在此期间发生了一重大事件,这就是由宗喀巴(1357~1419年)创立的格鲁巴教派。其原因并不是由于人们一般都称赞的"改革",虽然其中也包含有对教义和仪轨的基本改革。也不是由于阿底峡大师的原因,阿底峡教义就属于宗喀巴,他也没有疏忽密教经典以及属于它的所有仪轨和静修,这些都是他在噶玛巴和萨迦

① 从明朝起,汉籍中才出现了"西藏"一词。——译者

巴中所学到的。但是,完全如同阿底峡和噶当巴教派的主张一样,他重新强调了修道戒律和一般平民渐悟之道(思想方面等)的必要性,甚至还认为这是彻底解脱的加行阶段。宗喀巴回到噶当巴的寺庙热振寺之后,于1402年和1405年间撰写了他的两卷本大作(《菩提道次第广论》和《密宗道次第广论》),决定通过建立一个新教派来表示教律的复兴。这一新教派最早被称为"新噶当巴",然后又被称为格鲁巴("随从德行的人"),或根据1409年建立的甘丹寺而被称为"甘丹巴"。

大神学家和演说家的声望使宗喀巴被明朝皇帝邀请前往中原(1408年)。由于事务过分繁忙,他仅仅派遣其弟子大慈法王释迦也失奉诏前往,释迦也失获得了"法主"的尊号并在稍后不久(1419年)又建造了色拉大寺。他的另一位弟子嘉阳曲结·札西巴登于1416年建造了拉萨附近的第三大寺院,即根据一座印度密教寺庙的式样而建立的哲蚌寺。这三大寺院形成了三座真正的大学城,包括许多扎仓,其中就包括专长于密教的那些扎仓。

尽管在宗教和哲学方面,这样维持密教传统是非常重要的,但为此运动定调子和确定政治方向的,却是其改革性的方面和对戒律[73]的强调。这种与噶玛巴的相似性使之更接近帕木珠巴。西藏主要寺庙都位于卫地,由于卫地和藏地政权在领土方面的对立就更加强了这种相似性。在康地的昌都(1436~1444年)和藏地的札什伦布(1447年),都建立了一些格鲁巴寺庙,但该教派在这些噶玛巴占优势的地方是不会独霸一方的。藏地的领主们在距札什伦布不远的日喀则建立了一座要塞寺院,甚至还成功地通过噶玛巴而在拉萨维持了20多年(1498~1518年)的统治。噶玛巴(红帽派)与藏地的统治者结盟,而后者又继承了仁邦的土司(16世纪)。

这里的战争是屡见不鲜的。哲蚌寺的僧侣们于1546年攻打了"兵营中的人",即噶玛巴军营。其原因是,在1537年间,第五世红帽祖师既与止贡结盟,又与藏地的统治者联合,其目的是为了消灭格鲁巴及其最强大的保护人即甘丹的领主们。

此类暂时联盟和地区性斗争具有不稳定性,这是由于蒙古人在政治和军事舞台上重新出现而决定的。

噶玛巴和萨迦巴法主们在成吉思汗宫廷中的影响并没有使蒙

古人真正皈依喇嘛教。噶玛巴的第八世黑帽派祖师曾与当时统治蒙古人的俺达汗(1470~1543 年)[1]有过短暂的接触。真正的皈依却是阿勒坦汗时代格鲁巴的业绩，而阿勒坦汗就是俺达汗的不同译名，他是吐默特蒙古人的王公。格鲁巴的法主当时是哲蚌寺的住持,稍后不久便以三世达赖喇嘛索南嘉措(1543~1588 年)之名而著称。其教派的王家保护人——帕木珠巴当时分裂成了互相斗争的敌对两派。三世达赖虽然获得了该王族许多封建领主的支持(甚至包括后藏在内),但后藏统治家族与全部噶玛巴还严重地威胁着桑主孜要冲的安全。这样一来,我们就很容易理解索南嘉措向异族寻求保护的原因,正如 13 世纪其他那些大法主们所作的那样。某些西藏僧侣曾在 1566 年鄂尔多斯人车臣·洪台吉和 1573 年阿勒坦汗发动征服时被俘。阿勒坦汗为了恢复其青史留名的先祖忽必烈的政策,于 1578 年召见了索南嘉措。索南嘉措不仅获得了大量礼物,而且还得到了一道废除蒙古人使用带血的祭祀品的敕令,尤其是受封为著名“达赖喇嘛”(dalai 在蒙古语中为“海洋”的意思,西藏人译作Rgyamtso,即嘉措,它后来成了所有达赖喇嘛名字的组成部分)称号。如果把他当作是三世达赖,那是因为对他的两位前世化身也追谥了同一尊号。此二人之一就是更敦主(1491~1474 年),他是宗喀巴的直传弟子和札什伦布寺的建造者(1447 年)。其二是更敦嘉措(1475~1542 年),按照人们普遍接受的看法,他是第一个化身,1512 年曾任札什伦布寺的住持,1517 年任哲蚌寺住持,1526 年任色拉寺住持。

三世达赖喇嘛曾长期在康地、安多、库库诺尔地区和内蒙古旅行,为格鲁巴赢得了蒙古吐默特部、察哈尔部和喀尔喀部的保护。蒙古人也肯定从中看到了政治利益,因为在达赖喇嘛刚刚圆寂时,便声称发现阿勒坦汗重孙子就是达赖的转世灵童。这一转世获得了哲蚌寺一代表团和 1601 年前往归绥(喀尔喀恰图部,内蒙古)迎接他的一些前藏领主们的承认。

四世达赖喇嘛按照规定被扶上了哲蚌寺的法台，取名为允丹嘉措。然而,他却受到了后藏(当时拉萨的领土也属于它)首领们和噶玛巴的威胁,前者的目标在于独谋霸业。这些人不失时机地在蒙

① 原文如此,俺达汗实为 1507~1583 年人。——编者

古王公中寻得了一位保护人，这就是察哈尔蒙古部的林丹汗。然而，由于安多黑帽派和与后藏统治者结盟的红帽派之间爆发了武装冲突,所以他们的力量也被削弱。噶玛巴们利用这一机会首先支持了喀尔喀部的阿尔斯兰汗(在1635年爆发于达木[当雄]附近的战役中),该可汗然后转而反对格鲁巴,后来再度与噶玛巴作对。阿尔斯兰汗被其父处死，但始终作为噶玛巴盟友的林丹汗也于库库诺尔平原死于天花。

蒙古军队从1621年起曾多次与后藏军队交锋,以保护年幼的五世达赖喇嘛阿旺洛桑嘉措(1617~1682年)。但是,对藏地政权的最后一击和格鲁巴的最后胜利应完全归功于固始汗的干预。固始汗于1637年居住在库库诺尔,他首先在康地消灭了信仰苯教的白利土司,然后又驰兵前往援助德格,德格此后开始掠夺林地而扩大自己的势力范围。固始汗又征服了康地,一直到达云南(丽江),那里的噶玛巴势力直到此时(1641年)为止还很强盛。一年之后,藏地的统治者被击溃和处死。达赖喇嘛从固始汗那里获得了对整个西藏地区的统治权,但同时又出现了把被蒙古人所任命的“摄政王”强加给自己的局面。

## 四、近　　代

在整个这一时代，西藏人在西部要对付严阵以待的伊斯兰教徒。来自克什米尔和西域方面的入侵与战争也此伏彼起,然而却并没有因此而威胁拉达克王国的存在(疏勒的赛义德汗·苏丹及其将军米儿咱·海答儿于1531~1533年间一直推进到西藏中部)。巴尔蒂斯坦(古勃律)却于19世纪时成为伊斯兰教地区。尽管拉达克王国在古格(1630年左右被摧毁)方向取得了进展,但当时也要对付克什米尔的莫卧儿人,在东部又要同藏地的各位地方统治者对峙。就是在这个时代，天主教传教士来到了西藏中部。安特拉德(Antonio d’Andrade)神父在古格首府札布让受到了热烈欢迎(1624年),他一直在那里停留到1631年。另外两位葡萄牙传教士卡布拉尔(Cabral)和卡赛拉(Cacella)同样也受到了日喀则藏地统治者的友好接待(1626~1632 年)。前者由孟加拉经不丹而来,并经尼泊尔返回。

噶举巴的一个分支,即珠巴教派在拉达克,尤其是在赫米斯寺(Hemis,建造于 1602~1642 年)得以立足。该教派在不丹势力很强大,所以不丹的藏文名称"珠巴"即由此而起源。噶举巴也牢牢地掌握了对锡金的宗教统治权。噶玛巴继续利用他们"军营"的盟友同格鲁巴人作战。他们在承认达赖喇嘛权威的同时,继续在边界地区保留了许多寺庙。

这里实际上是一种政治反抗,在教理方面没有产生任何分裂。五世达赖喇嘛的著作可以说明,它是如何从密教中汲取营养成分的。如果说觉囊巴的著作受到了禁止,他们的寺庙被重新命名为格鲁巴寺,那肯定是由于其教理过分接近外道了(见下文注[178]),但其原因也是政治性的:他们受到了噶玛巴的保护。从另一方面来讲,尽管五世达赖喇嘛在政治上很富有权威,而且由于清朝这一新王朝的开国皇帝明显的偏爱而得到了进一步的加强;尽管五世达赖喇嘛的个人人品实为无懈可击,但西藏尚远没有统一到同一个教派之下。五世达赖喇嘛又对寺院重新进行了统计,为它们的收入和纳税额作出了规定。此人还创设了札什伦布寺班禅喇嘛的头衔。札什伦布寺的首批住持并没有被看作是活佛。这种传统是由宗喀巴的弟子创立的,人们后来认为他如同一世达赖喇嘛一样,而第二世达赖喇嘛(追谥号)于 1512 年曾在那里作住持。当时札什伦布寺的住持洛桑曲吉坚参(1570~1662 年,1600 年成为住持)曾帮助过五世达赖喇嘛,由于发现了"伏藏"而被宣布为活佛。人们便追溯他先前的化身。一直追溯到宗喀巴的直传弟子凯珠杰(1358~1438 年)。西藏人肯定是把凯珠杰当作是一世班禅喇嘛,洛桑曲吉坚参当时是第四世班禅。从此之后,两位大活佛达赖和班禅喇嘛中年长者向另一位传授奥义。班禅喇嘛在凯珠杰的人生之前,被认为是阿弥陀佛的化身。这最后一种选择是可以解释清楚的:观世音很久以来就是吐蕃的神圣保护者,曾化为吐蕃人猴祖和吐蕃第一位佛教赞普松赞干布的肉身。在吐蕃王国中部和拉萨,观世音的塑像与某种护城法器供在一起。他的塑像和松赞干布的塑像一样,头部都顶有阿弥陀佛像,因为阿弥陀佛是一位"父",观世音就是他的后裔。观世音在阿弥陀佛面前发了自己想成为菩萨之愿:救度众生,特别是吐蕃众生。在五世达赖喇嘛论著(以《启示书》的形式而发表)[74]中,这一幕是一系列化身活佛的开始,最后转生为达赖喇嘛。

五世达赖喇嘛又继承了松赞干布的传统,令人扩建了布达拉宫(1645~1694年),其名来自布达拉山,那里是观世音的道场。在五世达赖喇嘛及其“摄政”者桑结嘉措(1679~1705年在位)执政期间,文学活动和文化、经济生活的发展取得了引人注目的成绩。许多外来的旅行家、文人和商人经常来往于拉萨,如印度人、克什米尔的伊斯兰教徒、汉人和蒙古人。正如西藏人所说的那样,许多发明和创造都归功于“伟大的五世”达赖喇嘛。

但是,昔日的对立现象尚未绝迹,蒙古人即将重新介入。固始汗的儿子即俺达汗,重新被承认为“藏王”,他曾援助五世达赖喇嘛平息了藏地的一次叛乱(1659年)。从此之后,固始汗的后裔们便定居在柴达木和库库诺尔湖一带。但到了这个时代,库库诺尔和硕特蒙古人的世系又有了一位竞争者,即准噶尔王噶尔丹(1676~1697年),他在西域(伊犁)建立了小邦王国。摄政桑结嘉措把噶尔丹王当作盟友,而当时的和硕特蒙古王拉藏汗却成了清朝康熙皇帝的盟友,因为康熙刚刚为平定准噶尔而发动了一场战争。摄政王承认一位年轻人仓央嘉措(1683~1705年或1706年)为六世达赖喇嘛。这位喇嘛勾引女子,并且写了许多情歌。拉藏汗以他这种不检点的行为为借口,在康熙皇帝的赞同下,对拉萨发动了进攻,杀死了摄政王,劫持了六世达赖喇嘛,后者不久便死在赴京路上。拉藏汗当时想把七世达赖喇嘛强加给西藏人,但教派当局没有承认他是真正的转世灵童。西藏人的目标也转向了准噶尔。准噶尔人入侵了西藏,击溃并杀死了拉藏汗(1717年末)。清朝立即作出了反应,康熙的一支大军于1720年开进拉萨。一个诞生在理塘的人被承认是真正的七世达赖喇嘛的化身,并被扶上了布达拉的法台(取名为格桑嘉措,1708~1748年或1751年)。拉萨的墙被拆除了,一支汉人军队驻扎在拉萨,康地(包括巴塘、理塘、打箭炉等地)被划归由汉人所治理的四川省。

一些意大利传教士在那里受到了友好接待,并且于此期间在拉萨建立了一座教堂。他们在寺院学习了西藏语言和宗教之后,还亲自写了一些护教论著（1716~1721 年的耶稣会士德希德里[Ippolito Desideri],1745 年间的嘉希遣小兄弟会会士)。在此期间,锡金也受大圆满法教会的一位僧侣合尊(1597~1655 年)的皈依而信仰喇嘛教,接着便建立了许多寺庙寺院,并且于 1657 年承认了那里的第一位摩诃罗阇(大王)彭措南木杰。

汉人对西藏的管理是相当松散灵活的,而且也很温和。东部和东北部(安多和康地)的大部分地区确实脱离了西藏。在库库诺尔和硕特蒙古人一领主叛乱之后,清朝于 1724 年在这一地区建立了青海省。在整个西藏东部地区,汉人允许由土司统治的一些封地的存在,土司们还可以获得信任。在拉萨,清朝中央政府由两位驻藏大臣所代表,同时还有一支不太大的驻军。从 1750 年起,“藏王”或“摄政王”不再由清政府委命了,达赖喇嘛被默许为西藏地方的统治者,惟有安多和康地除外。原来处于莫卧儿统治之下的拉达克自道格拉战争(1834~1842 年)之后,也被克什米尔吞并。清朝政府从此之后担负起保卫西藏、对付外来侵略(特别是廓尔喀人的侵略,1788~1792 年)的责任。由它负责选择一位新的达赖喇嘛或班禅喇嘛,向西藏人推荐几个候选人,然后再当着驻藏大臣的面进行金瓶掣签,以在他们之间作出选择(1792 年)。另外,清朝皇帝对汉地和蒙古的喇嘛教关怀备至,在那里建立了僧院和寺庙,经常邀请后来变成官方教派的格鲁派的活佛大喇嘛前往,而且还常常在那里居住。

这样一来,我已经论述到了现代历史的黎明时代。清帝国在欧洲列强和日本的冲击下即将崩溃时,英国在印度、俄国在北方逐渐获得了强大的地位,而英国所攫取的好处比俄国人更大一些。西藏的处境表面上还算稳定和安乐,但内部阴谋和不和仍在继续。

八至十二世达赖喇嘛所起的作用都不太重要,而且都是早逝(1058~1875 年)。相反,其间的某几位班禅喇嘛却功勋卓著。洛桑贝登益布(1738~1780 年)是第三世班禅(这是欧洲著作中的记载,西藏认为是第六世),他曾同清朝皇帝的顾问章嘉呼图克图大喇嘛保持关系。在这种关系中,曾起过重要作用的是把汉人的战神、王朝的保护神关帝[1]比定为西藏的战神和格萨尔,后者是西藏史诗中的英雄人物。据传说,当吐蕃和佛教在一切方面都处于不利形势时,

①指关云长。——译者

格萨尔将从北部的神秘地区香巴拉返回担任军队统帅。而其他人都认为,这位将军是班禅喇嘛的化身。其中涉及到了三(六)世班禅喇嘛:他写了一部有关通向该地区的一条半神秘、半真实道路的著作,其中还包括有一些关于亚洲地理的知识。该喇嘛确实是同印度总督瓦伦·哈斯丁(Warren Hasting)通过作为其特使的中间人博格尔(Bogle)进行了会谈(1774~1775 年于札什伦布寺举行)。不丹罗阇(土邦王子)曾于 1772 年入侵过库奇比哈尔(Cooch Behar),并且在班禅喇嘛主持下举行过谈判,他当时还是年轻的达赖喇嘛的监护人。稍后,班禅又奉诏进北京宫廷(1779 年),但不久却圆寂于那里。他的继任者丹贝尼玛(1781~1852 年)在朝廷中也享有很高的威望。

到了 19 世纪下半叶,我们又发现在班禅喇嘛或摄政王与清朝统治之间形成了某种接近,而与达赖喇嘛却有程度不同的对立。十三世达赖喇嘛土登嘉措(1895~1933 年)执政的初期很顺利。当时中国正处于绝境。英国在锡金建立了保护地,并且谋得西藏对它开放一个市场,这就是位于春丕谷的亚东(1892 年)。俄国统治下的许多蒙古部族(卡尔梅克、布里雅特)都信仰喇嘛教,它们在达赖喇嘛面前有一位言听计从的辩护士,这就是多吉也夫(德尔智)喇嘛。英国曾试图恢复对它的有利局面。在做了几次毫无成效的谈判尝试之后,英国便决定发动战争,并于 1904 年占领了拉萨,因为当时俄国人正忙于对日作战。由此签订的条约事实上承认了清政府对西藏的主权,但却使西藏向英国开放贸易市场。达赖喇嘛逃向了库伦,后来还可能到达北京(1908 年),在那里试图为他的地区获得更大程度的自主性,但未能成功。慈禧太后去世后,达赖便回到了西藏。清朝中央政府当时对西藏地方的机构进行了一次改组,使之趋向现代化以确认自己的地位。清政府又对康地进行了军事干预以便将之组成清朝的一个省。西藏地方政府虽然要求英国人帮助,但英国人却无能为力。清军一直向拉萨逼近,达赖喇嘛逃到了印度(1910 年)。各列强提出的抗议都未对西藏产生实际效果。但这时中国爆发了革命,紧接着就出现了一种无政府状态的混乱局面,清军撤出西藏,达赖喇嘛重回拉萨。英国人欲同中国中央政府和西藏人在西姆拉签订了一项条约(1913~1914 年)。条约中规定把西藏分成两部分:西部的中藏,从拉达克到昌都置于达赖喇嘛统治之下,承认中央政府的宗主权;东部的康地和安多置于中国中央政府的管辖之下;中央政府承认西藏(中藏)的自治权,并保证不把它改组为中国的一个省;英国也保证不作任何吞并。其中没有保留西藏方面关于藏族人居住的全部领土(包括康地和安多)都自治的要求。西藏地方政府违心地同英国签订了这一条约,中央政府拒绝签署。

当十三世达赖喇嘛既有权威又有能力地行使职权的时候,班禅喇嘛被指责为亲汉,所以他被迫逃向蒙古和汉地。当时,中华国政府尚无力彻底控制西藏。但在两次世界大战期间,中华民国都是欧洲列强的盟国。无论是西方列强还是西藏,它们都明显不能够宣布西藏独立。西藏地方政府一成不变地在现代世界中坚持自己中世纪的体制,没有作出任何努力以适应新形势。由于害怕现代化,那里不接受任何外来人,甚至从英国学习归来并掌握有专业知识的青年藏族人的活动也受限。我们看到中国中央政府恢复了其势力。在共产党革命刚刚成功(1949 年)时,便争取实际上治理西藏,把西藏纳入了人民共和国中央政府的管辖之下。西藏人作为一个少数民族而享受内部自治权,保留了达赖和班禅喇嘛的特权并尊重宗教传统。

汉人这一次行使了真正的权力。在短时间内就建成了公路,在柴达木盆地进行了石油勘探,在拉萨建立了发电站,其他电站也正在建设之中。学校和医院也都创立,将内地培训的干部输送到西藏,免除了强制性和无偿的徭役与赋税,建立了合作社。当然,宗教在原则上是受到了尊重,但教权害怕这仅仅是暂时现象,害怕对青年人进行新式教育,会使西藏传统文明面临消失的威胁。在对形势作了错误估计之后,西藏爆发了一次武装叛乱,叛乱得到康巴人的支持,他们都是一些很高傲的军人,历史上曾多次与中央政府对抗。这次叛乱很快被平息,达赖喇嘛及其“政府”逃到了印度(1959),不久又有数千名藏族人流亡到那里。

在一段时间内,达赖喇嘛的西藏“政府”曾试图通过联合国承认西藏独立,至少要获得对中国的谴责。但任何大国都不肯接受捍卫这件事,甚至包括当时在联合国代表中国的台湾“国民政府”,它也同北京的共产党政府一样宣布对西藏拥有主权。另一方面,虽然达赖喇嘛受到了印度的友好相待和帮助，但印度也没有承认他是西藏流亡政府的首脑。

在此期间，中国加强了对西藏的管理。不久，在西藏也如同在其他地方一样，爆发了“文化革命”，外界不断报道各派之间武斗的消息。

自从“文化革命”结束之后，西藏研究又重新拥有了自己的地盘。

本书希望为西藏文明能提供一个概貌，因为该地至今尚不为人所熟知。

# 第三章　西藏社会

西藏的社会结构是以两个等级为特点的。首先是作为社会基础的集团,泛指所有居民、家庭或氏族。其次是社会阶级,对于最为古老的吐蕃社会来说,则是平民和贵族。从9世纪开始,便有平民、贵族和僧侣。以上便是最为明显的社会层次,但其中也包括有一些更为细小的层次等级或细微差异, 它们在历史的进程中变化无穷。一方面,由于生活方式不同,在农民和牧民之间便出现了某些观念和制度方面的差异。另一方面,平民至少也包括两部分:拥有畜群和耕地的富裕家庭和一无所有的劳动者,后者或是依附于前者,或是直接属于某一领主(贵族、寺院或地方政府),有时也会出现一仆二主的局面,即同时属于二者。我还可以补充另外一种分类法:一方面是非专业化的劳动大众,他们从事各项劳动和毫无区别地提供各种服务; 另一方面是一些专业化的匠人。僧侣集团也分成两大类,虽然他们二者与平民相比都拥有特权:一方面是贵族僧侣,他们既富裕又受过教育;与其对立的则是贫苦僧侣,他们一般都没有文化,负担着各种各样的沉重劳动。除了这些宗教成员之外, 又有少数瑜伽行者或修道者(山僧)。在西藏进入近代之前,那里不存在任何市民阶层。在近代社会中, 有了一些出身自由平民中富裕家庭的富商和教团管理人,他们一般都具有相当高的文化程度。除了外来商贾之外,大规模的贸易均由噶厦、贵族和僧侣所控制,而小规模的交易则是所有社会阶层共同权宜从事的营生。在这一社会之外,我们还可以发现其他几种受人歧视的职业: 有的是在佛教影响下所产生的,如渔民、屠夫和铁匠等;其次是说唱艺人(音乐家、演员、流浪说唱艺人);最后是化缘僧或托钵僧。

以上显然仅仅是一个简单的概观, 主要是指近3个世纪而言。我在后文中还将有机会再指出其中某些不同的情况。某些藏文著作向我们提供了组成西藏社会的各种要素。阶级、社会、职务和亲属等级关系,所有这一切都并列存在,犹如它们属于性质完全相同的事物一般。史诗中所列举的上层阶级的名表如下:"受恩宠的喇嘛、具有管理事务权力的大人物、拥有财产的富翁和各种头人首领"[75]。另一部类似的著作又依次列举了所有这一切:"部落酋长、长老、青年战士、各种人之首领、父系亲属、仆役、儿童、兄弟姐妹、富翁、管家、母系亲属的媳妇”[76]。从事这样列举的机会始终是对社会各组成部分的汇总，一般都是根据一种等级而进行排列的。在会议期间所唱的赞歌也会依次提及以下各种人：瑜伽行者、苯教徒、巫师、医生、工匠、上师和长老①、喇

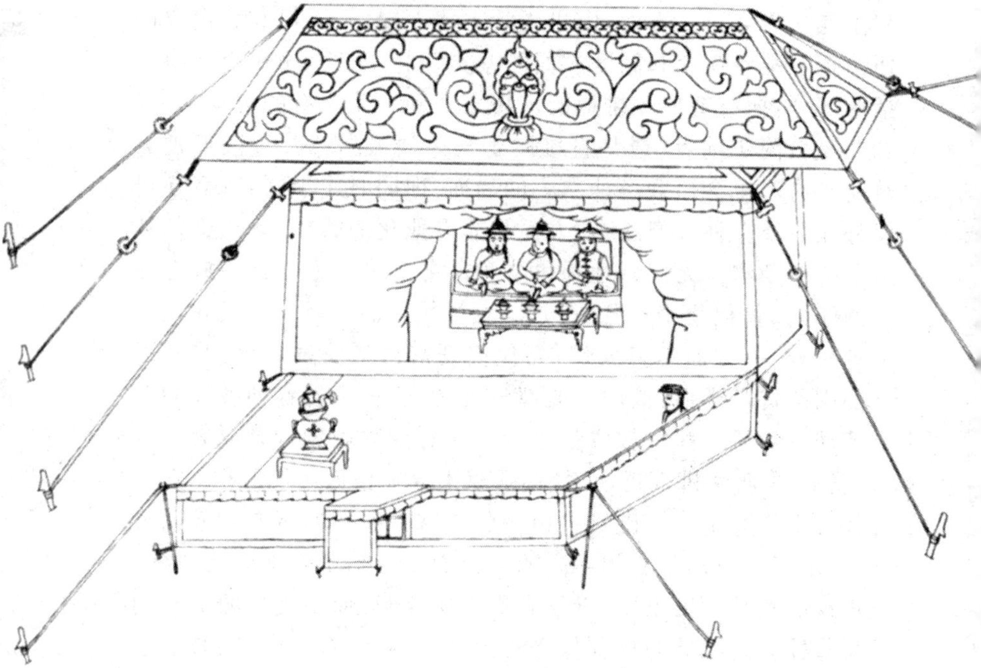

图 26　正在饮茶的贵族，有一顶被顶篷覆盖的豪华的小帐篷

嘛、卦师、头人、老人、青年人、女子、儿童和仆人[77]。

我们完全可以通过一种公式来表达西藏社会形态中的一大特点，而这一特点基本又具有普遍意义。这一公式既适用于家庭集团，又适用于政权机构。这就是既统一而又对立的两种原则的并存：平均共有或不可分割性和等级。在两种坐标的图案中，其水平轴可能就是共有性，即没有个性、集团的统一和团结；其垂直轴则是等级，也就是互相之间的从属关系。

①指家族中的最年长者。——译者

# 一、家　族

在我们刚才所阐述的原则之中，还必须于此再补充以由族外婚原则而产生的二分法。由同一祖先的后裔组成的父系氏族的成员必须族外通婚,即本族的一位成员不能在族内寻求配偶。当时就把这种血缘关系称为“骨”,而同时又把通婚关系中的母方血缘关系称为“肉”。这种血缘关系中的特点使人会简单地猜想到,吐蕃史前时代可能出现过“堂兄妹婚”(即异性的旁系兄妹可以通婚,甚至还极力鼓励这种婚事)。如同在中国中原地区一样，母方的叔伯(丈)有时也称作岳丈。藏文中相应的词 Tsha 或 Dbon 既指夫妇双方的孙子和侄子,又指女婿。另外,在一个专有名词中,它们又包含有母子关系的意义(例如,Jang-tsha 系指由一位姜氏夫人所生的儿子)。在吐蕃有案可查的历史时代,对于存在母系亲子关系的可能性问题,仅仅遗留下了很少一点踪迹。但是,无论亲子关系的形式如何,它始终与居住的形式相一致:父系家族同样也以女到男家的形式居住。真正的家族(藏文中也叫做 pha-tshan)可以推广到 7 代人的范畴,超越这一界限之外,就再不存在乱伦或必须族外婚的限制了[78]。

在氏族内部,每一代人都被当作是一个严密的、统一的和财产共有的集团。父亲及其兄弟的集团被称为“叔伯”,或者是长者被称为“伯”,幼者被称为“叔”。儿子及其兄弟(侄子)集团被称为“兄弟”,其中也不明确地包括亲兄弟与堂兄弟(Spun,此字由 phu,即“长兄”派生而来)。这样一来,亲堂兄妹或嫡堂兄妹之间的婚姻就被认为是乱伦,并且由法律明令禁止。为了一次谋杀事件而爆发的族间仇杀当然也要殃及到兄弟或堂兄弟身上。堂兄妹之间也互称兄妹。在藏文中,族外婚氏族被称为 pha-spun(或者是 spad—spun),我们可以把这一术语翻作“父亲和堂兄弟”,或者是“父亲和同父异母兄弟”。氏族的统一有时也表现为共同祭祀同一祖神。这些集团各自的共同特征非常明显，以至于使它们的名称也指同代或同龄的所有人。在西藏史诗中,“叔伯”一词指同一地区所有的老翁,“兄弟”指所有的青年士兵(格萨尔的30名或33名“兄弟”都是他的勇士),而所有的老妪都被称为ma—sru(妗、姨、姑)。同样,在通用的寒暄用语中,“叔伯”泛指任何一位老翁(有时还带有亲切的色彩),“姑”、“姨”、“妗”等泛指任何一位妇人。在同一意义中,人们有时候还使用“大哥—长兄”和“大姐”等名词。这样看来,族外婚集团可以向所有的朋友和通过祭祀仪式在盟誓中结成的“结义兄弟”开放。

如果这一术语准确地指出了一代人的共同特点，那么它也反映了有关等级和亲子关系的相辅相成的原则。一旦当从时代角度上考虑家庭连续性时,那就用“父祖”这一短语来表示先祖的概念,同时又要用“子孙”来表示后裔的概念。长兄也从其他诸兄弟中脱离出来了。用来指大哥的藏文名词a—jo或jo—jo的本意也是“父亲”。这是一个表示尊称的术语,其第一个意义是“领主”、“君主”或“族长”。儿子有时称其父也为“父王”[79]。

这两大原则是相辅相成、互为补充的,但其中也经常包含有某种对立关系。在吐蕃历史的黎明时代,这种对抗似乎是很强烈的,但很快又被一些折中调和所平息。藏文著作(尤其是格萨尔史诗)中都充满着一些攻击“内部亵渎”的段落,意指同一家族成员之间的斗争,这种斗争有时甚至是十分激烈的。这两项原则结合的原因可以由支配婚姻、继承遗产的规则解释清楚。

在最近3个世纪以来的近代西藏和古代吐蕃，人们至少在王氏家族中发现过三种婚姻形式,首先是一夫一妻制,它似乎是在安多地区占优势,在其他地方分布也很广,而且还似乎是一种比较晚期的现象。当松赞干布的大相①前往唐朝迎娶下嫁吐蕃赞普的文成公主时，唐朝皇帝也很想将一位唐朝公主嫁给大相以对其进行犒赏[80]。大相婉言谢绝了,声称自己不能与由父母包办的妻子离婚。当然,这一拒绝并不能以违背一夫一妻制原则来解释,其真正原因是由于他想到自己无法与赞普相媲美。

第二种婚姻形式就是一夫多妻制，但仅限于富贵的望族和贵族。对于古代那些赞普和地方土司来说,这是一种通过婚姻而与贵族氏族联系起来的政治手腕。集团之不可分割的原则经常是势在必行:一位男子所娶的几房夫人常常是同胞姊妹(妻姊妹婚),即使

① 指禄东赞或噶尔·东赞域宋。——译者

她们不是真正姊妹的话,那也一定要把她们看作是一母同胞。有时候，这样一组姊妹并不是同时一起婚配的，而是当其中一人死亡时,其余姊妹时刻准备递补。12世纪时的达垄塘巴的母亲在婚后不久就一命呜呼了,他的父亲便娶了他的“姨母”(sru—mo,此字既指其母的姊妹,又指其兄弟的妻子)。后来,由于新妻不爱抚小儿,便又娶了另一位“姨母”[81]。同时还会发生另外一种情况,即男子在婚姻之外,还与同辈的数位姊妹或女子保持两性关系。这是对一妻多夫制的补充,以利用那些相对多余的女子。

松赞干布赞普除了他的两位唐朝和尼婆罗外来王妃之外,还有另外三位王妃,迎娶自三个不同的部族,而且有两位还是迎娶自新近归降的地区(木雅和象雄)。墀德祖赞(梅阿充)赞普共有三位王妃,两位是外来公主(唐朝和南诏),另一位被视为“大房夫人”,出身于那囊氏贵族家庭。墀德祖赞的儿子墀松德赞共娶了五位王妃,虽然她们分别出身于不同部族,但被称为是“五姊妹”[82]。热巴津赞普的一位大相在安多地区割据了一块独立地盘，他也娶了5房夫人[83],这明显是一种政治婚姻,其目的是为了使其居民们归附。但是,我们也可能应该用另外一种完全不同的原因来解释一夫多妻制的婚姻，而且还是政治原因。密教祖师玛尔巴除了正妻之外,还有8房妾,因为她们是黑茹迦(饮血者)信仰仪轨中的“轮座”所必不可缺的。

供奉于拉萨大昭寺然而，最典型的婚姻形式似乎还是一妻多夫制。无论是在农业人口中,还是牧民中,几乎到处都通行这一制度，仅仅是在安多未曾出现过。某些旅行家们也曾证实过这一现象。一般从理论上来说,这是一种兄弟之间的一妻多夫制。但事实上,一位女子可以嫁给几个没有血缘关系的男子;或者是与一个丈夫正式结婚之后,极力劝说其夫允许她接受其他男子。然而,正常的标准应该是一家兄弟共娶一位妻子。如果在另外情况下,其他朋友也分占这位女子,那就要把他们看作是结义兄弟。但是,长子身份的等级原则却发生了作用，因为只有长兄独自一人才有权选择妻室,只举行一次结婚仪式,其他兄弟们事实上也不言而喻地成了她的共同丈夫。他们与长兄形成了一个难以分别和不可分割的集团。由这种婚姻产生的孩子,无论其真正的父亲是谁,都一概归长

图 27　同样的仪轨，假发代表着瑜伽行者的头发(下图)　　图 28　在义木举行的格鲁巴家庭仪轨(上

图 29　布达拉宫高坡上的白石堆和大树

兄所有。

这一集团与其居住条件有关。如果有一幼弟与一女子单独同居，并且拥有土地和房屋，那么这一整体就告破裂。在这种情况下，他也就丧失了对长兄夫人的占有权及其财产。但在正常情况下，土地是由一个家庭所共有，既是不可分割的，也是不可转让的。众兄弟集团共享妻子、房屋和土地，可以说其所有权都集中到了长兄一人身上。无地的农业者以及其家庭的长辈和其他成员仅有一小块土地，而且是从家长那里获得的，所有这一切都属于以长兄为代表的整个家族不可分割的财产。事实上，居住在一起的兄弟集团常常是有限的。幼弟在一般情况下都要出家为僧。但是，他们在寺庙可以拥有的住宅也是全家族的共同财产，所以那些出家为僧者也有权分享家庭的妻子和土地。如在 1800 年左右，拉达克赫米斯寺的喇嘛蔡巴南木杰在其长兄死后又还俗返乡，娶了长兄的妻子并继承了他的王位。制订这些规则是为了防止财产(土地和牲畜)被瓜分掉。这种兄弟之间的连带性非常坚强,甚至有时会超过长子权的等级原则。如果长兄没有留下子嗣而仅有一个姑娘,她也可以继承家产。于是她招赘一个丈夫,丈夫必须以妻子、土地或住宅的名字相称,然后落户于她家。这样一种夫婿的处境是很艰苦的,有时竟无异于农奴,他仅仅成了一个只是为确保有后嗣的陪衬品。例如,著名的圣者唐东的情况即如此(1400 年左右)。墀松德赞赞普在其法典中就规定[84]:“如果一个家庭有许多儿子,他们便根据年龄的顺序而依次占有庄园,最年幼者遁入教门!那些没有子嗣者可以为其女招赘一位夫婿!”所以就经常出现公主继承王位或行使职权的情况(如果洛、德格、贡觉、俄木、拉孜、波域等地)。另一种确保世系的办法是收养或过继一个儿子。但其父的诸幼弟也可以收回他们的权力。如果长兄没有儿子而仅有一位姑娘,那么其幼弟也可以反对他过继养子,或者是反对为女儿择夫婿进门继承。即使此幼弟早已削发为僧,他也可以要求自己继承其长兄。如果长兄一直没有儿子,那么幼弟甚至在他还活在人世时就可以排斥他,并且为自己娶一房妻小(如果其嫂尚不年迈时,可以娶嫂或另求欢于她人)。

兄弟集团的这种连带关系可以解释多种习俗,尤其是弟娶寡嫂制(妻嫂婚,即在长兄死亡时,幼弟续娶其妻)。在古今羌人中也都出现过这种习俗。在古吐蕃时代,汉族史学家[85]们甚至还记载了一种流传范围更广的习惯:在父亲、叔伯或兄长死后,便与姨娘、婶娘或寡嫂婚配。这可能是用以形容所有“番民”的一个“民族学”术语,但也可能是指一种实际情况。在古代吐蕃和近代西藏,那些间接婚姻是很不常见的,但却是完全允许的。那时确实有儿子分享父亲的妻子(不是他真正的母亲,而是姨娘),或者是父亲分占其儿子之妻(自己的儿媳)的现象,这种婚姻结合被称为“半栋半梁”。有时候也发生舅舅(叔伯)分享外甥(侄儿)的妻子,或者是母女共夫的情况[86]。它与汉人说法之不同之处,仅在于这种结合并不等到女方先夫死后方可实现,这种间接婚姻常常是向两个方向发展,即并不仅仅是由年轻人取代老人之位,也有由老人取代年轻人之位的事例。这种制度似乎是为了克服在两代人(父与子、叔伯与侄子)之间所潜在的对立,同时也是为了预防集团的不可分之原则与等级原则之间的隐患。

事实上,针对古代羌族和藏族社会的情况,古代汉文典籍还使用过另外一种术语(但令人遗憾的是它也变成了专指番民的一句简单口头禅):"贵壮贱弱"①,"壮"实指青年人,而"弱"则指老年人。然而,这一内容与虐杀和抛弃老人的作法是同时存在的,后者主要是在突厥—蒙古人中出现过。在近代西藏蒙古部族占优势的一些地区(安多、霍尔巴),人们也发现了这种习惯,所以并非是事出偶然。我们在古代吐蕃还可以发现某些踪迹。根据传说记载,神话中的最早7位赞普在儿子成年之后,也就是可以"御马"的时候(从理论上来讲是13岁),他就自动放弃政权,并且当时因此就可以"升天"。在这种场合下所使用的藏文动词 yar—bkun 系指一种暴卒。在一卷敦煌吐蕃大事年表中,当论述到一位老耄"前往曝日"以等待或准备死亡时,也使用了这一动词[87]。松赞干布赞普也恰恰是在13岁时即位的。有些人认为当时正值其父王薨逝[88],也有人认为其父是禅让王位,将之奉送给自己的儿子。另外,7位神秘的始祖赞普奇特的承袭方式与另一件怪事颇为相似:儿子们的名字系由母名派生而来。据某些人认为,拉达克国王从太子降生之日起自动禅让,让一些大相以其儿子的名义执政(在古代吐蕃,大相们经常是赞普的舅父,至少也是赞普母系家族的成员);据另一些人认为,太子在13岁时便配合其父共同执政。

在脱脱日赞普执政年代,两位传奇式的医师自天竺到达吐蕃。当他们发现有人把病人抬出户外时,便询问吐蕃的习惯是否要把病人驱逐室外。吐蕃人回答道:"如果是儿童病了,父母不会将之弃于室外;如果父母染疾卧床,儿子们便会将之逐出户外"[89]。

如果抛弃老人的习惯确实曾存在过的话,那也是在佛教和汉人的影响下很快就缓和或改辙了。松赞干布时代的16项道德法典[90]和墀松德赞的法典二者都曾强调过这一方面:前者突出"绝不能对父母恩德以虐待相回报"的义务,后者强调了"恭恭敬敬地保护老人,不为他们制造忧愁"的必要性(另一种说法是:"尊老和在衣食方面赡养"的必要性)。在这两代明主主持朝政年间,向吐蕃传入了一些佛教基础经文著作和汉文经典著作。尽管如此,至今尚存在某些弃老恶习的残余。一旦儿子成家立业,掌握了不可分割的

① 见《新唐书》卷196上。——译者

家产，老迈的双亲便会被分居出去。他们仅仅保留有一小块土地和一所住处，完全被看成了与“奴仆”相同的次承租人。因此，父亲或叔伯在儿子结婚成家和成为族长之时便要让位，甚至有时候父亲以一个惟有儿子方可理解的名字相称。在史诗中，英雄人物的长兄叫做戎杂(Rongtsa)，意为“戎氏的外甥”，这是据其母名而称呼的，其母即是戎氏家族的一女。其父叫做戎杂的恰更。11世纪时的一位教徒叫做琼保南交（Khyungpo naljor，意为“琼氏家族的瑜伽行者”)，他诞生于某一虎年。然而，其父却名叫达杰(Tagkye，意为“生于虎年”)，这可能就是由于其儿子的原因。

如果说父亲与儿子之间的对立是很少见的话，那么在叔伯与侄子之间的对立则是司空见惯的现象。叔父(父亲的弟弟)可能希望让他的后嗣独霸继承权。如果一妻多夫制和妻嫂制意味着幼弟可以继承长兄，那么父系继承权和嫡长子权则要求这位幼弟在长兄一旦有后的情况下就退位。然而，常见现象则是幼弟希望另立门户。此外，可能存在的一夫多妻制又使这种情况复杂化了。尤其是在贵族家庭中，“小房妾室”(指姨太太）及其氏族也可以试图由自己的儿子夺取继承权。

墀松德赞赞普共有五宫王妃，但前三宫仅限于从事宗教活动，没有“家产”。而在后两位中，只有出身于蔡邦氏的第四位才生了一个儿子(据某些人认为她一共有三个儿子，而其他人则认为赞普共有三位王子，但不知均由哪宫王妃所生养)。赞普在临终之前敕令其作为王太子的儿子要纳他的那位出身于颇雍氏家族的第五房宫妃为后，她当时肯定尚在妙龄。出身于蔡邦氏的第四房妃子想暗杀五王妃，但后者受到了太子的保护，他当时可能已与这位“姨娘”结婚。然而，蔡邦氏夫人却首先成功地杀害了执政刚刚17个月的年轻赞普(木内，年17岁)，然后又谋害了颇雍氏王妃。王位继承人便轮到了二子木鹿[91]，但史料中没有指出其动机。很可能除了在先王诸子(新赞普诸兄弟)之间的竞争之外，又出现了先王王妃们(新赞普的母亲们，她们出生于不同氏族，但却以“姊妹”相称)之间的对立。这二者搅混在一起了。据一部苯教编年史[92]记载，墀松德赞与他的两位“长房”王妃共生有三个儿子(木内、木鹿和木笛)。在这两房王妃中，第一位是唐朝公主，另一位是蔡邦氏女子。但是，他可能遗弃了蔡邦氏人和最小的两位儿子，而仅仅和长子一起与一“小房”夫人(出身于章氏家族)生活,但她没有生育儿子。蔡邦氏夫人肯定是名义上的王后，便差遣二子木鹿前往其父及长兄那里为她报仇。木鹿杀死了长兄,而蔡邦氏夫人又令人以巫术害死了父王。此后,木鹿似乎是继其父而嗣王位。

所以,在一种情况下,父亲希望长子娶其最年轻的一宫王妃为后(也可能当先王在世时就赐给小太子了);在另一种情况下,父亲有时也霸占原来为儿子订下的妻小。墀德祖赞(梅阿充)曾继他的正宫王后之后又娶了一位南诏女子为妃。正宫即王后,出身于囊氏家族,没有生育儿子。而自南诏迎娶的夫人则生育了一后嗣,这就是江擦拉本,其名与其母之姓相联系起来,意为“姜(指南诏)人的外甥,神的外甥”。唐朝金城公主原来就是许配给此子的,他当时尚年幼。但是,正当金城公主赴吐蕃途中,他却坠马而身亡,于是老父亲就娶了许配给儿子的媳妇。后来的墀松德赞赞普就是由这一婚姻而诞生的,由于其母亲的原因,他又获得了一个绰号“甲察”,意为“汉人的外甥”。此外,他还被称为雍母俄松,意为“被亲生母亲重新夺回来的孩子”,因为孩子曾被其父那位出身那囊氏家族的正宫娘娘所掠走,后者还声称此男童系由她所生,只是到了后来才归还给幼主真正的母亲。

如果我们现在来看一下在叔伯及侄子中所潜伏的对立情绪，那我们就会看到它是如何与继承原则有关，因为当时的行为准则正趋向于消除这种对立。

这种对立情绪也是格萨尔史诗的主要内容之一。那位年轻英雄[1]真正的父亲是一尊神仙,所以他仅仅与其母有血缘关系。母亲与其子生活在当地老国王家中,老国王是作为战利品而得到她的。该国王的幼弟即青年英雄的叔父,也希望获得这一战利品,但又试图害死青年人。他想阻止其侄即位以图自己夺得权力。他还希望许配给青年英雄的年轻女子由他自己占有，或为他自己的儿子所夺取。青年人虽然具有神力,但他从来没有试图最终摆脱其叔父,而仅限于多次惩罚和嘲弄他。从其叔父一方来讲,虽然他是一位很有法术的巫师,但却始终未能除掉其侄子,而仅导致了青年英雄的一

① 指格萨尔王。——译者

个同父异母兄弟的死亡。后者形成了他的一种替身,虽然他也是神仙所生,但在身体上有一弱点极易受伤。英雄共有数位妻妾,却无后嗣,于是便收养了他同父异母兄弟的一子。

11 和 12 世纪的两部上师传记又向我们提供了其他许多例证。米拉日巴的父亲在临终之前把他的妻子儿女(米拉日巴及其妹)委托给了他的幼弟。这样做是符合当时惯例的:幼弟应该娶寡嫂和继承兄长的财产。但应该这样理解:这种局面仅仅能维持到幼子成人。传记中有时还明确指出,米拉日巴的母亲(长兄的妻子)应该嫁给他的叔父(幼弟),其条件是只要她还没有超过 24 岁。因此,米拉的叔父或是想为自己娶其寡嫂,或是为其儿子(史料中众说不一)[93],但寡嫂拒绝了。米拉日巴的叔父攫取了全部财产,命令寡嫂及其两个儿子为自己劳动。然而,米拉日巴的母亲也保留了一块土地,由自己的兄弟(米拉的舅父)耕种。她可能卖掉了土地而利用卖地之款送米拉日巴去向一位巫师学艺以图报仇。米拉日巴的叔父当时就因其侄的巫术所招致的一场冰雹袭击而破产,所以他被迫退还米拉日巴母子的祖业。稍后不久,当米拉日巴放弃世俗生活而出家和其母亡故时,他的婶娘(叔父的夫人)耕种他的土地并向他提供粮食,最后买下了他家的田产。

令人非常奇怪的是,米拉日巴的弟子热琼也具有相类似的命运。当其父逝世时,他仅有 7 岁。热琼叔父当即续娶其母填房。这肯定是获得了女方的同意,因为他们二人共同虐待幼子。热琼利用自己讲经所得到的粮食报酬来养活他们。他还可能像奴隶一样地为其叔父劳动,尤其是耕地[94]。珠巴雷也是 16 世纪的一位上师,他在自己的自传(第 1 卷,第 3~4 页)中声称:他本为长子,开始时生活得很幸福,因为珠巴氏的庄园面积辽阔。但是,"我的叔父成了本家世的继承人(字面意义是"代表人",即藏文中的 gdung—tshab),他利用一次战争命令奈尔人杀死我那老迈的父亲。我本人也被桑布带走,他是贡噶鼐的司酒官,也是我婶娘的丈夫(或情人,即藏文中 bza'—rogs)。这样一来,我就变成了鲁贤的仆人,他原是仁邦巴(出身于他的氏族)庄园的领主"。他一直在那里作了 6 年的奴仆,然后便前往卫地。"我母已成了叔父的婆娘"。他当时把自己的财产送给了妹妹,把马匹送给了桑市司酒官,自己开始在各地漂泊流浪。

噶玛巴八世(1507~1544 年)诞生时,其叔父试图宣布他是魔怪,并且向他灌服毒药,但他则以浑身出脓疱而得救[94]。

然而,如果这一切都很正常的话,那么叔侄的关系与父子关系会完全一样。在这两种情况下,他们可以共同占有一位女子,叔父可以收养孤儿,如安延当巴(1230~1303 年)的情况即如此[95]。当一位青年为进入寺庙,需要一位年长的和尚推荐和指导时,一般都是由叔父来充任此职。在那些大教派中,常常以叔侄的继承关系来代替父子的继承关系,而后者则完全是世俗者们的习惯。

自从教派势力得到发展以来,贵族家庭权力的继承就以两种方式或系谱进行。兄弟中已婚的一位可以父子传承世俗权和家庭庄园;弟兄中的另一位出家为僧,其宗教权和教产可以叔侄相传。在那些未经改革的教派中,住持可以结婚,同一位法主可以同时身兼二职。在萨迦巴和帕木珠巴中,甚至有时候在止贡巴中,长兄作寺院住持,而幼弟结婚。这种权力可叔侄相袭。萨迦·班智达大师于1244 年前往朝见阔端的时候,便携自己的两位侄子同行,即八思巴(10 岁)和恰那(6 岁)。当他于 1251 年圆寂时,八思巴继续执行其使命。在统治德格的噶尔氏族的世系中[96],诸子中的长兄要成为寺院住持,手中同时掌握政权和教权。他不结婚,但似乎可以与其弟的夫人保持两性关系。其弟确实要结婚,因而也就变成了族长,负责确保本世系的延续。如果他还有其他弟兄,那么他们也要出家为僧。如果一个家庭只有一个儿子,他既出家为僧又要结婚成家,那样一来就既是寺院住持又是族长。在康地东南小小的木里和其他地方,也是由这样一条法则占据支配地位。到了 12 世纪时,在雅砻地区的杰尔庄园中,一共有两个氏族:白古和尼古。在白古氏族中,特别是在康萨(意为"新宅")氏族中,昌珠"侄子世系"一直往下传。衮曲札布将军有两个儿子,分别叫做曲森和曲多尔。长兄成了和尚,便被称为"杰尔氏瑜伽行者",并且还成了昌珠"侄子"的首领。幼弟结了婚,继其父而出任将军之职,一共生了 5 个儿子。5 子中的长子也为僧,并且由其叔父传授奥义,也被称为"杰尔氏瑜伽行者",当时又获得了"桑结侄"的称呼。二子腾格里结婚后生了 3 个儿子。三子和五子默默无闻,不见经传。四子贡布也生了两个儿子,其长者为僧,被称为“杰尔侄”。腾格里最小的儿子也当了和尚,成了其伯父“桑结侄”的弟子。他后来又成了其堂弟“杰尔侄”的师傅,后者就这样继承了“侄子”世系[97]。叔侄相承是传授宗教权的特点,相当于师徒的精神继承,有时也用“父”与“子”来表示这种关系。这肯定就是某些密教徒带有“侄”或“叔侄”尊号的原因。

我们还可能会发现,一个人的名字有时是指他的地位和地区。一个人的特征是由他的个人名字(同样也与出生时的情形有关,当指一位宗教人士时,也与直系亲属或祖师有关)、职称、家宅名或庄园名(它有时代表家族名)和氏族名来决定。以上至少是在古代吐蕃盛行的规则[98]。在近代,氏族名称已消失,或者是由一块土地和一处家宅名称代替;而在游牧民中,在个人名字中还要加入部族名称。

我还需要浏览一下妻子(“肉”,与“骨”相对比)和“娘家”一方的问题。婚姻可以消除某种对立,这种对立有时充满着敌意。婚礼仪式中包括假装的斗争和抢亲,中间调停人的角色是必不可缺的。在霍尔巴、甘孜和理塘的一些县内,对女子抢亲之后再订立婚约,然后再支付一笔赔偿金。但这种抢亲会导致仇杀。在婚事中,未婚妻的舅父扮演一种非常重要的角色,获得他对婚事的同意是势在必行的条件。所以谚语中说:“为甥女做一半主,如同袍子的一半布是袖子一般”。所以,舅父与甥女之间的婚姻是严格禁止的。在最常见的为罪犯进行忏悔的宗教仪轨中[99],其中有一项是“舅父大相与儿媳(指与男方父母双亲相比较的新娘子)的爱情”。这种术语是可以解释的,因为一个女子可以与其母一方面的堂弟,即舅父的儿子结婚;这种婚姻不但是允许的,而且还是非常流行的。著名史学家巴俄·祖拉陈瓦认为(《贤者喜宴》第7卷,第11页),在传说性的古代吐蕃,一般要用“觉卧”(jo—bo,本意为“领主”)来称呼舅父。这里最早是指墀年松赞,即脱脱日的儿子,他首先用“香”(Zhang)来指其母亲的氏族。大家知道,此字有时也指岳父(或公公)。一篇古代金石文(约为公元800年左右)向我们提及了一位“贤明的”舅父,他负责赞普的童年或青年时代,使“父子、兄弟、母子、上层和下层”都处于一片欢乐之中。所以,其他史料中又断定说,在赛那来太子的幼年时代,国家曾委任一位贤相、三位“舅论”行使职权[100]。然而,在幼主成年之后,娶了出身于没庐氏的一位女子为妻,并任命同一氏族的一成员为相。该氏族过去就曾为他的父亲或高祖父(祖父的祖父)芒松芒赞进献过王后。我并不太明白"舅论(相)"这一名词的具体意义。因为"舅"(即"尚")与"论"(相)"有时也单独使用,按照唐代的汉文史料记载,它们当时是指属于一位王后家族(舅族)的大相和属于王家(论)的大相。

这样一来,我便可以理解"肉"的亲属关系的重要性,尽管目前尚缺乏具体而简明的描述。这种关系与吐蕃女子特别的独立特点和地位是同时存在的:无论是从经济角度来看,还是从两性关系方面来论述,吐蕃的女子们是非常自由的。她们都有自己的私房财产,这就使她们的离婚变得很容易了。她们还经常管理其丈夫的财产。她们的经济地位也很强大,某些人还认为牧民中的女子比农家女子的权力更大。

我们已经看到,米拉日巴的母亲是如何为她儿子的学习交付费用,以便以此来确保将来的复仇。她的经济来源是由其幼子的舅父耕种的私人土地。当玛尔巴的妻子决定帮助米拉日巴而违背其丈夫的意志时,她便把自己价值连城的绿松石送给了他,这是她的私房(Phag—nor,但人们一般又称 Phug—nor,指私产)。在其丈夫的一再强求下,她宣布:"这一绿松石从来未曾属于你。当我被父母嫁到你这里来的时候(指结婚),他们将这块绿松宝石送给我作私房财产。他们对我说:喇嘛是一个性格粗暴的人,如果你需要离婚时可能需要它。因此不要向任何人出示此宝,请好好保存起来吧!"夫人们都拥有一些动产,与族长的不动产形成了对照。当米拉日巴父亲的财产被其叔没收时,他仅仅夺取了一些"男子的财产",而婶娘则夺取"女子的财产"。我们于下文将会看到,前者系指田宅,后者指珍贵器皿和用具。

## 二、生活方式

我们已经指出,人们经常认为西藏人是饲养畜群的大游牧民的看法是不合适的。最近,人们最终认为"西藏经济主要由粮食农业和饲养牧畜的结构派生而来的"[101],这是正确的,因为后者正是远东地区的典型经济结构。事实上,居住地的自然环境本身就迫使西藏人的生活具有双重形态。这种形态有时根据季节变化(仲夏和隆冬)而支配同一个集团,有时又支配杂居在一起的两个集团。

当然,从所占领土地的观点来看,用以放牧地区的面积可能比农业地区要更加辽阔,但是,在吐蕃历史黎明时代,放牧用的大部分地区都由外来民族占据。在近代,西藏又重新出现了类似的局面。相反,我们可以认为,在近代西藏,全部人口的六分之五从事农业。我们可以想像到,吐蕃第一个王朝发展的原因可能正是它控制了最富饶的农业地区。时至今日,西藏的政治文化中心早就位于从事精耕细作的地区。我还应该提一下,至少是从 11 世纪以来,人们便把“吐蕃人”(Bod—pa)与“牧场人”(’brog—pa)对立起来了,完全如同后者不是吐蕃人一样。托林的拉达克国王询问仲敦(1004~1064 年),吐蕃共有多少间家宅,牧区共有多少顶帐篷。至少就现今保留下来的情况来看,仲敦的回答是非常不妥当的,当然也可能是由于抄写者的错误(10.5 万间房宅[?]和 240 万顶帐篷,此外还有 55 座寺庙;其地居民共有 3000 万名男子和 4000 万名女子,4 万名僧侣),但两种居民之间仍存在对立。另一部相当古老的著作确实也重复了这些数字[102]。甚至在后藏的娘域,古史也在该地区的一般居民中划分出了定居民和游牧民。1531 年,另外一名伊斯兰教徒指出,西藏的居民共分成“藏族人”和康巴人(Khamspa,其他地方又称为 Dolpah,即“牧场民”),前者居住在村镇内,后者是游牧民。根据中国人最近的估计,藏区可能有 450 万人口,中藏地区居住有 100 万人,其中包括 60 万名“农奴”和 20 万“牧奴”,此外还有 15 万名僧侣和 5 万名贵族、商贾、工匠和化缘僧。在西藏经常进行人口统计,但至少从史料向我们介绍的情况来看,这类普查始终是不可能的或是不完整的。在谈到萨迦巴受封统治吐蕃“十三万户”的时候,有人又向我们介绍说他们获得了对“那些拥有木门(shing—sgo can,房子)的居民们”的统治权;除此之外,还对朵甘思(安多)的吐蕃部族军事力量进行了统计。在蒙古族国王们对吐蕃居民进行普查时(1286 和 1287 年),人们还仔细地区别了“吐蕃人”和“游牧民”[103]。当江孜的领主们 1284 年进行人口普查时,也出现了同样的情况[104]。

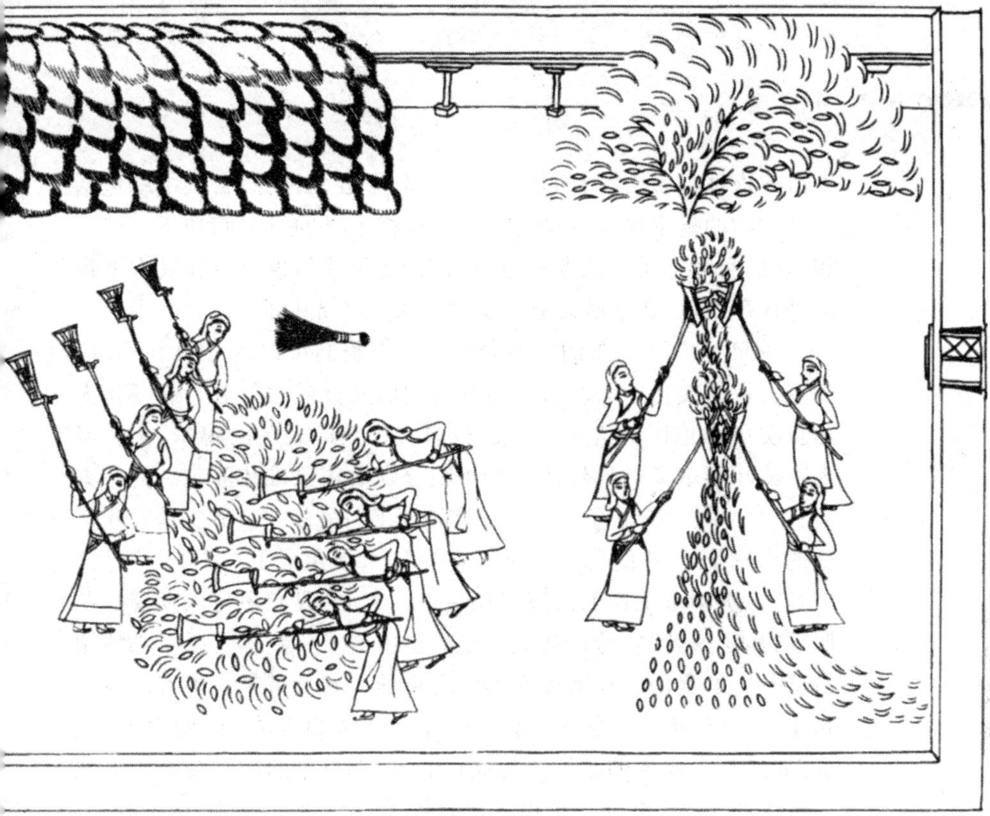

图 30　在谷场上打扬粮食。四面都有墙环绕的打谷场。背面一堵墙带一个用柱子支撑的屋檐,那里是人们吃饭的隐蔽处

因此,必须谨慎行事。某些放牧部族也起源于从前是定居的居民集团。这一现象已在近代安多出现。人们还曾听说过同一地区古代某些类似的事实。吐蕃曾派军队驻守在东北部汉藏走廊成边,在同巴达霍尔人作战(800 年)之后,军队被下令就地复员。他们分散在当地居住,后来又发展成牧民部族,并且形成了一个特殊的氏族名称"韦"。同一地区还有许多游牧部族,即近代的果洛人,他们似乎也是由来自其他地方的不同成员组成。他们经常性的职业之一就是袭击商旅,并且以自己的勇气和好战态度而洋洋自得。其他那些游牧部族则居住在西藏南部(俄卡一带),他们在 14 世纪时也是强盗,以打劫过往旅客为生。

当然,这里不是在贬低牧场居民的作用,他们到处都存在,并且提供了很大一部分食物(肉和奶制品)和服装(羊毛)。但是,无论如何,农业地区明显占有一定程度的优势,至少在那些文化中心的情况是这样的。我们已经看到,据传说认为,最早期吐蕃人的先祖生活在森林中,从他们的猴祖那里得到了五六种谷物,其中就包括吐蕃食物的基本作物青稞。这一传说把最早的发明归功于一些贤相,它们实际上是与农业和灌溉有关,如果我们也可以在其中发现两种牲畜的轭,那就是说家畜也进入农户经济中了。

在归于松赞干布的行政体制中[106],我们可以区分出6种"职务"来,根据文化中心和边界地区不同而又分成两部分。有三位大相负责中心地区的大会;一位"行政首领",即著名的噶尔·东赞域宋主持吐蕃事务,另外两位大相则分别治辖象雄和苏毗。另一方面,三个"军人集团"负责戍边。这种分工与另外一种分工是互相重叠的。一方面,我们可以发现一些军人,共同组成了一个"千户",这就是"负责军事工作的最好臣民";另一方面,我们还可以发现一些服徭役者,这就是"劳动居民",他们也组成了一些各自手下都使用自己仆人的集团。在敦煌文书中发现的一卷大事年表确实向我们指出,在654年间,东赞大相进行了一次人口普查,以便根据"职务"而进行大规模的组织。为此目的,他把自己的臣民分为军人和劳役者两大类。如果这里没有提到牧民问题,那是因为"劳役者"肯定既包括农人,又包括牧民。牧民们既有牧场又有牲畜,但并不因此而必然会成为游牧民。那一古代大事年表还向我们指出,松赞干布和贤相东赞域宋使牧场和耕田中牧畜的头数与牛轭数目保持了平衡。这里肯定系指调节贡税制度。同一史料中还提到,在653年和758年之间曾多次进行人口普查,不过对于其动机,尚有一部分仍不为人所知。但通过这种严肃的做法,在暂时将那些不明白的措辞用语、被没收的财产和消失的家庭等搁置一旁不谈,我们可以从中看到对以下项目的调查统计:农田(共调查10次)、牧场(共调查了5次),但这二者有时在同一块领土上(如藏地);然后是军队(共统计了5次)、荒地或提供过冬牧场的土地(共统计了4次)、大牲畜(牦牛)的兽疫(两次)和狩猎(猎牦牛和鹿,共两次)。

同一篇大事年表还为我们保留了噶尔·钦陵①的一首歌曲,他在歌词中使用了14种隐喻,其目的是为了说明一大群平庸的人尚不如一个人的才能于事有益。

这就是这个时代人们生活形象的典型标本。其具体描写如下:

---

① 694—696,原文如此。——译者

许多只小鸟被一只凶鹰残害，许多条小鱼被一只水獭捕食；虽然鹿有许多只“角”，但却斗不过一只弯角的牦牛；一棵百年苍松被一把大斧砍倒，一条江河被一只小船破渡；长在一块平原上的青稞和大米（原文如此，应为水稻！）被一盘水磨粉碎；星辰被太阳照得黯然失色；在山谷下点燃的一堆篝火可以烧毁山坡和山谷中所有的草木；一条河的波浪可以运走在山涧和平原上砍倒的所有树木；一块石头（石磙子）可以压碎一个平原上全部坚硬的土块；一担草比一块废铁腐烂得还要快；一只盛满水的砂锅会具有撒入锅中的咸盐味道；许多草被一把镰刀砍倒；一支细箭可以射死一头大牦牛。农业、森林采伐和狩猎，这就是人们所关心的全部事业。这里只字未曾提到过家畜饲养业和游牧生活方式。

在另一首歌词中，墀德松赞赞普暗示了由雅砻江分流出来的灌渠。不久之后，碑文中又向我们提出了一些有关贵族和僧侣们的世袭资产的清单。我们发现其中一一列举了一些忠于王廷的封臣（或者是农奴）、田地、牧场、荒地（或者是为提供过冬牧草的土地）和牧场（猎场）或丛林[107]。又过了不久，在墀松德赞时代（公元9世纪），被指责犯有劣迹的莲花生追述了他在吐蕃所完成的善行：“在昂木雪的沙原中，已经出现了草地和森林。一直到札多达拉和普索等地，在所有过去没有水的地方。现在都有水了。我把那些砾石之地变作耕田以养活吐蕃人”。莲花生上师还向那些企图杀害他的大相们提议修造良田。大相们受到了砥砺，于是当时就向他赠送了许多礼物，并且言道：“雅砻地区适合造耕田”[108]。这是一种奇怪的现象，莲花生来自斯瓦特，人们认为在他的佛教影响中可以发现其故乡那种已被同化的伊朗佛教特点。然而，在吐蕃农业中也是这样，专家们在近东或在伊朗文化圈中也发现了莲花生某些技术的雏形。

当赛那来赞普（公元800年左右）命令在北部大牧场地区建筑一座大寺庙时，大相们借口其地面积的原因而提出了反对意见：无论是他们自己还是赞普，在吐蕃中部都有自己的利益所在，所以在北方建立这样一座寺庙是没有多大意义的。他们建议赞普将此寺庙建筑于藏地的娘域。另外，该赞普的长兄木内赞保曾作过三次尝试，试图使其贫富臣民们都为他的桑耶寺作出相等的分担额，甚至还为此目的而委任了一些在“四角”负责执行这种平等化政策的官员。“四角”系指卫地和藏地。相当古老的一部史料又向我们指出：“农田的耕种者抛弃了他们的犁”，或者是“耕农破坏了为前来奉献供品的渠灌系统”。文中对于游牧民缄口不言。除了这些农民之外，古史中仅仅提到过商人和旅行家、猎户(或者是刺客)和盗窃犯。赞普禁止前者携带面粉作为沿途口粮（以便赞普自己以交换的方式出卖给他们），赞普甚至还禁止后者获得食物[109]。

1300年左右，支雪的一位苯教祖师生活在康地霍尔人的5块封地的庄园里，当他儿子诞生的时候，他曾考虑为母亲提供“所必需的一切东西，如耕田和奴仆”。当儿子落地时，他又许诺赠送三个村落[110]。如果说这里没有提到牲畜，那当然也并不一定意味着当地的饲养业不受重视，而是说牲畜属于庄园农场的范畴。

在这方面，11世纪的米拉日巴家族的历史特别意味深长。其祖父是琼保部族的一位宁玛巴巫师，而琼保部族则是北方的从事牲畜饲养者。他在某次朝圣进香时来到了藏地，成功地治愈了一个被魔鬼缠身的病人。魔鬼是率呼米拉，家族世系之名“米拉”即由此而来。他因治愈疾病的酬金而获得的财富都被儿子挥霍浪费掉了。这个儿子与人进行掷骰子比赛，赌注越来越大，直到把田宅财产都押了进去……最后输得精光。米拉父子由于失去了自己的庄园，只好离乡背井，最后栖身于靠近尼婆罗边界的芒域。他们又赚了一大笔钱，其父是通过很受人器重的驱魔法而发财；而其子则是通过羊毛买卖而赚钱。他冬季前往尼婆罗寻购羊毛，夏季到北部牧民中采购。儿子又与当地一位良家女子结婚。他们购置了大量田产，买下了附近坍塌的房舍并将之改建成城堡。他又使自己的幼子(米拉日巴的父亲)与娘地一个著名贵族家庭出身的小姐结婚，并且利用这一机会在其“宫殿”之旁又修造了一幢三层建筑。新宅舍上面有一小阁楼和一间厨房，下面还有一处为接待宾客而使用的内庭，由四根柱子和八根大梁建成。该家族的势力达到举足轻重的地位，以至于使“我们与当地的贵人联姻，并且使一些‘弱者’(普通人)成为我们的家仆”。所以，米拉日巴的父亲逝世时，在其书面遗嘱中共记载有以下几项财产：山谷的上部是畜群、牦牛、马匹和绵羊，山谷的下部是耕田，家畜——奶牛、山羊和驴养在住宅的最底层，一楼以上

工布的工事

图 32　拉萨平原上达赖喇嘛 1939 年的幕帐

图 33　甘丹寺旁的舍利塔(上图)

图 34　拉萨大昭寺的寺

摆放的是家具和器皿、黄金、白银、铜、铁、绿松石、丝绸，以及粮仓。

古代汉籍中也证实了吐蕃饲养业——放牧与家庭饲养——与农业并存的局面。它们不但提到中部的吐蕃人，而且也提到了他们的东部和东北部的那些具有血缘关系的近邻羌族人。一般来说，羌族人都被称为游牧民："所居无常，依随水草。地少五谷，以产牧为业"[①]。党项人即为羌人之一支，他们一般均不事农业(从外地运进小麦做米酒)。他们饲养牦牛、绵羊和牛，但有时也养猪。完全如同吐蕃人一样，他们也乐于血洒疆场。他们同样也贵壮贱弱，杀人血债仅以一笔血债钱作赔偿。羌族人的另一支——宕昌人除了饲养牦牛和绵羊之外，也喂养猪。另外一些羌族人，如白马族人则拥有大麻田。还有一些羌族人，如阿钩族则拥有石屋和雄伟的建筑。某些党项人甚至还是定居民，其他人也拥有以动物皮盖顶的房子(但不是帐篷)，也有一些人拥有石砌的防御工事。所有这些民族与吐蕃人一样，都能骑善射，也像吐蕃人一样自称是猴祖的后裔。

至于吐蕃人，根据汉文断代史记载，虽然他们也与羌人一样生活在寒冷的山区，也种植小麦、青稞和豌豆，但却不种水稻。他们以糌粑(炒青稞面)为食，以麦(或青稞)熟为岁首。他们有一些平顶高房和大型石墓，只有很少数的"城郭"，或者是仅有一些小"城"。但他们不在城内栖身，一般过着流动的生活，贵族们住在可容纳百人的大拂庐之中。他们饲养的家畜是牦牛、猪、狗、马和绵羊，用绵羊、狗和猕猴或马、牛和驴进行祭祀。他们都是尚武之士，身穿锁子甲和佩带利剑，用铁索链架桥。

由此来看，家畜和农业一样重要，但并不是单独指大游牧的家畜饲养。在我刚才所概述的文献中，汉人针对真正过游牧生活的羌民和懂得农业的羌民及吐蕃民使用了两种不同的表达方式，前者为"以产牧为业"，而后者则是"畜多牦牛猪犬羊马"。那里饲养猪同样也是一大特点：现今在达布地区还大群(多达200—300头)地饲养猪，由猪倌赶到森林放牧，仅仅在夜间才赶回农舍，但在雅鲁藏布江中的一些长满森林的小岛上，有时也把它们日夜留在那里，因为那里没有野兽出没。当时那里的牲畜确实很多，这从一句古话中便可以看出，它一般是指忠实的附庸敬献国王的礼物zho—sha，其

① 本段文字系引自《后汉书》卷870。——译者

字面意义是“凝乳和肉”[111]。但正如我们将要看到的那样,家畜于隆冬时要回到村庄的畜棚中饲养。另外还有一件非常明显的事实,即那里新年的时间是由农业来决定的。甚至直到近代西藏,还可以区别出古老的“农民新年”和“王家新年”,前者是每年农历第十或十一个月,而后者则与汉地的春节相同(农历元月)。这一习惯肯定是由蒙古人传入的,因为他们的“历法”被称作“蒙古历法”。同一个藏文字 Lo 兼有“年”和“收获”的双重意义,完全同古代中国中原地区一样。游牧社会在自己的语言中是不会表达出这样一种观念的。

古代吐蕃人东部的两个近邻与他们具有血缘关系,据同一批汉文史料记载,他们也具有同样的特点。在寒气逼人的东女国,人们仅仅狩猎或饲养牦牛及马匹,用活人和猕猴作祭祀。王后及贵族住在一些高达 9 层的房舍中,一共有 80 多座“城”。另一方面,附国也是寒冷地区,但却种植谷子(小米),那里用牛和马匹作祭祀。人们在后一个地区没有发现过“城”,而只有一些很高的石砌防御塔,其居民都是军人。

某些资料仅表面上是互相矛盾的。人们经常用来翻译“城”的字实际上相当于藏文中的 mkhar,原意为“城堡”。我通过一部带有时间的汉藏语对照辞汇集(741 年)而了解到了这一点[112]。如果有的资料中认为贵族们从来不在那里居住,而是生活在拂庐中,那是因为城堡中所驻扎的主要是士兵。我们从在敦煌发现的纪年中可以看到他们的工作情况:赞普、王后、大相和贵族们都拥有一些配备有城堡或者是邸宅的庄园,但他们自己却经常迁徙。他们把大部分时间都花在了长途奔骑之中,夏天和冬天在不同的地方举行会议,或者是经常对境内的全部面积进行统计。一位从前在唐朝宫廷里长大成人的吐蕃使节②于 672 年曾这样向唐朝皇帝进行过解释:“赞府春夏每随水草,秋冬始入城隍,但施庐帐,又无屋宇”①。这段话的最后一部分肯定是夸大其词,该使节已经高度汉化了(他有一个汉名),于是便利用这一机会而把其国贬低成一个贫穷和蒙昧之

① 本段文字实际上引自《册府元龟》卷 962。石泰安先生误作《新唐书》卷 216 上。——译者

②指仲琮。——译者

邦[113]。

当时的吐蕃形势与11世纪的欧洲很相似,欧洲的国王也需要经常迁徙以便掌管整个国家、监督税收和就地消费实物贡品。

因此,正是这种骑士生活方可解释吐蕃人为什么既是定居民,又经常迁徙。我们已经看到,他们把军人看作是居民中的精英分子。所以,如果汉人仅仅在拂庐群中发现他们,那也不会令人大惊小怪了。在敦煌大事年表中所记载的唐朝使节与赞普的大部分会晤,都于夏季在宫殿之外举行。汉人称贵族们的大帐篷作拂庐。然而,这一对音词肯定是由藏文词phru(-ma)译来的,其意为"宫殿"或"军营"。事实上,汉人所描述的军营是一种带加强工事的围墙。据汉籍记载,公元822年,赞普的夏牙(夏天居住的地方,因此肯定还有一个供冬天居住的冬牙!)位于雅鲁藏布江以北的"麋谷"。这里肯定与敦煌大事年表中的"鹿园"本为一地,唐朝金城公主于710年到达逻些时便居住在那里。据吐蕃人认为,当时在逻些有一座石宫和两座寺庙,而汉人从未有所提及。

822年的"军营"扎在一个无人居住的大平原上。它以一堵栅栏墙为界,每隔10步在栅栏上插100支长矛。它明显共包括三个同心围墙,因为史料中相继记载了三个门,各个门之间的距离为100步,由兵士和巫师或经师所把守,并护送参观者。中间插有一面大旗,还有一个用栏杆所环绕的高坛,并且还装饰以宝石。此坛上面是"金帐",即饰金的赞普之指挥帐。

因此,这里实际上指一种被认为是首都的城市或活动宫殿。在西藏历史的发展过程中,建立这种军营的习惯一直被维持下来了。我们在12~17世纪噶玛巴大法王们的住宅中也发现了这类设施。这些人拥有一座真正的文武官员的院落,因而也形成了一座营地。这些营地规模庞大,大法王居住在中央,完全如同汉地的皇帝一般。普通庶民是看不见他的,除非是在新年演出戏剧节目之际,他才高登宝座,并且还拥有一尊保护神的塑像,一切都显得很雍容华贵。尽管如此,这些营地也经常移动,大部分时间都从事战争。法王及其营地没有任何一年不变换地点的,至少是一次,有时则是多次[114]。一幅十四世达赖喇嘛建造在拉萨平原上的行辕照片,可以使我们对其布置有一个梗概了解,这是一个同心圆的围墙。

在古代吐蕃，尤其是在军事贵族中，高度的流动性是与使其政权牢固地建立在以城堡保护庄园为基础的原则上并存的。人们一般把吐蕃国家统一前的时代移到神话时期，其特点是“小邦王”们分而治之，他们无力与四邻的各大列强分庭抗礼。“他们之间互相争斗和贪婪杀生”，“在所有的山岭及陡峭的山崖中都建立堡塞”[115]（见前文第 2 章）。所以，结束了这种无政府状态的吐蕃第一位赞普，是以建立自己世系的第一座城堡而开始平定整个地区的，这就是地处雅砻的雍布拉冈。

事实上，所有的人都知道代表吐蕃时代特点的那些设计大胆而结构巍峨的石砌建筑：宫殿、城堡、寺庙，甚至包括一些私人住宅。这样一种建筑术并不是由游牧民所创造的。这种建筑的雏形在 6 世纪时代的附国和吐蕃东部的东女国就已经出现了，即一些高达

图 35　收获 4 种不同的粮食。在抹了一层湿泥巴的粮食堆上做有印记。一旦粮食被盗，泥巴便会下滑，印记便会破裂

达赖喇嘛的舞师

图 37　年末的假面具舞蹈

图 38　牦牛舞。由戴有“猎工”假面具的舞台说唱艺人扮演的牧民角色(上图)

图 39　戏剧中的“猎人”与一名“仙女”(

9层的防御塔和住宅，其高度近25到30米。这些塔经常是八角楼，近代羌族人和康巴其他地区的建筑仍保留此特点。同时在工布和洛札也出现过这类建筑，他们高达9~10层，或为八角形，或为方形，墙壁很厚。这样的9层塔在12世纪初就于工布出现了[116]。众所周知，无论是在今藏族人还是羌人中，就连住宅也酷似一堡垒。它们对外关闭，向一内庭开放。它们高达3~4层，家畜饲养在最底层，卧室在中间，上部是进行宗教仪轨的地方。如同在古代一样，房顶是平坦的，常常作打谷场使用。住宅中有时还包括有一多层粮仓，但同时还存在有一些冬仓、地下仓和地下室中备有通气设备的仓库。当这些住宅不是孤立而是形成村庄时，房子沿山麓而建筑，形成了一个严密的建筑群，可以从一家的房顶上直通另一个家的院子，与北非的城堡多少有些相似。在某些地区，如拉达克和西部的羌塘，村庄甚至完全是穴居，具有蜂巢的形状。

当蒙古人于13世纪对吐蕃进行人口普查时，一标准家庭的构成应有一间4根柱子宽的房屋和6口人：一对已婚夫妇（肯定还包括有孩子）和仆人。这个家庭还拥有一些家畜和田地[117]。值得注意的是其居民是按照一种房屋建筑术中的名词称呼，而不是以帐篷为单位。我们已经看到，"栋梁"这一术语是具体指一种特定的亲属结构。"栋"字也指世系。在某一宗教派别中，也使用了这些隐喻来指相承关系（我们知道这种关系还可以以父子关系来表示）。玛尔巴的主要弟子是"4柱"，而米拉日巴的弟子是"八兄弟"。宁玛巴喇嘛甲保的弟子们共分成"4柱、8栋、16梁和32小梁"。另一种相似的分类法是指夏鲁寺的贵族家庭及其庄园：4柱、8栋（如果连同北部那根画长尾狮子的栋［肯定为一柱头］计算在内共9栋）以及70梁[118]。

居住在房子里的定居民的移动性也是很大的。所有居民都酷爱迁移，如果他们高兴的话，也想居住在帐篷中。他们前往圣地朝圣或者是为贸易目的而从事长途旅行，这种旅行距离很远，并且沿途由于强盗的骚扰而很不太平。甚至属于某一特定寺庙的僧侣们，一生中的大部分时间也是在迁移中度过的。他们前往各位祖师住处和分散的藏经室中，寻求奥义和知识。以上尚且不包括各种流动的职业：铁匠、医生、星相学家、音乐家、说唱艺人和游吟诗人。我们还可以看到当时与政权的希望正好相抵触的倾向，因为政权正是为了以分给他们土地的办法而使他们定居，从而确保服役的固定性。

但是，能够解释定居生活与迁徙生活并存局面的则主要是季节性的双重社会形态。在冬天,达赖喇嘛居住在布达拉宫,但到了夏天,他又居住在城外的林卡中。对于那些居民们来说,他们在一般情况下是生活在用石块或夯土砌成的房屋中，但实际上却喜欢生活在帐篷里。所以一旦风和日暖天气允许时,便举行长时间的野餐或过野营生活,这些活动一般都在树丛内进行。经济生活和生态学的性质迫使他们具有一种双重的生活方式，即在冬夏之间生活方式的根本不同。例如,在西部地区,惟有妇孺才在夏季停留在村庄内。男子汉大丈夫赶着他们的家畜前往牧场,而仅在冬季才返家。权力机构(由县长本人所代表)是随他们而行动的,县长也就是“军营之长”。我在地图中所发现的噶尔脱（Gartok）却写作噶尔昆萨(Gargunsa),意为“冬季的兵营”;此外还有一个地方叫做噶尔牙萨(Garyar—sa),意为“夏季的兵营”。前一个地区比较热,位于一条河谷较靠下部的地方。在我们西方地图中所标注的地名也仅仅是意味着“夏牙”或“冬牙”(例如在锡金和尼泊尔之间的康帕河流域的两大村庄)。到了 11 世纪时,朗氏家族各集团的首领们,就曾为此而劝阻同一家族的大瑜伽行者秋强哲贵居住在玛法木错湖附近：“南部的这 18 条大山谷（位于康地）是我们诞生的地方；即我们——您的儿孙们的出生地。当到了酷暑盛夏,我们就前往牧场,在那里可以发现良草(’grogs,安多地区现在尚使用这一名词以指牧场);到了秋季,我们又前往本‘地区’(指一村庄),在那里可以发现良田(? zhim—sa)”[119]。在同一个时代,年轻的米拉日巴及其妹妹在他们叔父的那里劳动:“在夏季田间劳动时,是叔父的仆人;在冬季羊毛加工的时候,则又成了婶母的仆人”。当萨迦派的法主们被蒙古人册封为该地区的首领时,有关行政管理的敕令明确指出:他们在夏季占据北部山区的牧场,而在冬季却住在卫地和藏地。1769年，人们在康地发现过霍尔科的一位僧人在化缘布施:“夏季在牧场上,秋冬两季又到达已经耕种过的河谷”。他当然是在有人居住的地区化缘的。

到了近代，到处还可以发现这种双重形态，甚至在安多的牧民部落中也是这样。当然，我们还会遇到许多因地区而异的变化。有些村庄的附近也有牧场：家畜日间赶到外面放牧，夜间再牵回到棚圈中。而到了冬季，家畜就留在棚圈里，以秋季收割的草料来喂养。在其他农场中，家畜要在牧场中度过整个夏季，由生活在帐篷中的牧人所饲养，直到整个冬季才赶回棚圈中。一个部族常常分成两部分：一部分农民住在已经垦殖的山谷，另一部分真正的牧民则住在高山牧场。这两部分居民不仅以同一部族名字相称，而且还具有共同的族长。反之，安多地区的一些游牧部族拥有一些四界明显的牧场和冬季常住区，包括一些由全族人冬天共同栖身的房舍。因为他们夏天是分散的，惟有冬天才得以团聚。这些房舍附近都有畜棚，每个家庭都有一块大麦地，在麦子未熟尚绿时，便收割下来以贮作饲草。各地的情况几乎完全一样，即农业地区和牧业地区无论如何都要非常靠近，牧民和农民经常密切接触，因为他们要互相交换产品：他们经常属于同一个村社或同一个家族集团。甚至同一个部族也会分化成在一块有限地区游牧的牧民和农民。农民除了他们的农田和房舍之外，还有一些高山牧场，他们于夏天把牲畜赶到那里。因此，在这样一个部族中，双重形态还可以表现两次。另外，在此情况下，村社、农业集团不仅控制了他们的农田和高山牧场，甚至还控制了荒地、森林、道路和河流的配水系统，而后者本来是由组成村子的另一部分的牧民们所利用的。因此，在估量“游牧”民和定居民的相对重要性问题上，还应该在定居民的行列中考虑到森林在整个土面积中所占的重大比例。我在有关古代吐蕃问题上就已经指出过这一点。对于近代来说，此外还应补充说明城市和至少是11世纪以来的寺庙，文化生活是集中在那里的。

安多的游牧部族确实神气十足地自我标榜为真正的和最纯种的藏族人。但是，我们知道他们之中的许多部族从前都是新来者。在藏戏节目中，如同自罗马帝国之后的西方一样，那些使人发笑的简单淳朴和无教养的人并不是农民，而是牧民，也就是羌塘“北部的蒙昧人”，那里生活有真正游牧民中最为统一的集团。

有一部似乎是18世纪的著作，它以才华横溢的诗歌的形式写成了一部有关西藏农业的真正论著。书中长篇大论地阐述了有关这种农业的规模问题，它当时已达到的技术进展水平问题，西藏社会一位很有教养的代表人物从事农业等等问题。下面我就向大家提供一个简单的摘要[122]：

“然后再来研究土地的种类问题。根据三种形式：‘水田’、‘软田’或‘粗田’。播种时在各种情况下都要按照当地的习惯，但施肥的作法却适合所有的土地。另外，如果在冬末地面就已经坚硬，水和潮湿的地面都结冰的话，那么在开冻时，地面还会变松软和富有弹性。那些甚至在这种情况下还不会变软的土地，肯定是山地或林下地，如果施一些肥料，那么它们就会变得松软起来……”

“如果施以山羊或绵羊粪、人粪尿、牛、狗、猪、杂交牛、奶牦牛和驴的屎水，再加一些完全烧化的糠秕、秸秆、树叶和染塔草(ra—tchal)，所有这些年复一年地积累起来，毫无区别地混合在一起。再把这些垃圾特意用其他厩肥堆积起来，使那些生长很好的绿色幼苗在这些肥料上茁壮成长……”

“在田间，把种子按照规定正确地播在种床上，要以很合适的方式，不带任何差错地严格按习惯操作。在每个播穴中都要放5粒种子，要观察一下种穴的深度和种子的数量。当太阳灼热时，要放一些水。如若种子由于干旱或地冻而腐烂时，那就要重新点播……”

## 三、权力和财权

在权力机构中，我又一次发现了作为家庭特点的两大原则：一方面是集团的统一和力量；另一方面是一个人的世袭权力和等级结构的敏感性。我每次都感到第二条原则占优势，但第一项原则也始终没有停止实施其平衡作用。此外还应补充两大特点：依附关系都具有个人的特点；这种关系是以相继结合的形式在社会等级中自上而下地传播和重复。在西藏人的思想中，可以行使等级结构原则的各领域常常混合在一起。我在前文已经讲到了一个例证(第1章)，其中就已经出现了王臣、夫妻、甥舅、父子和师徒之间关系并列存在的现象。

上述等级结构在语言中也强烈地表现出来了。这种语言完全是根据上级、同级和下级的讲话而不同，而且还表现在人们相互关系的各个方面：权力、家族或它们之间的教权关系。所有词汇都受到了这种关系的影响，不但如同传统的汉地和其他地方的那种文雅的语言一样，即受到了增加敬语的影响，而且还如同在日本一样，也受到了不同动词和名词的影响。

以上就是近两个世纪以来在西藏所通行的规则。村落由村长管理，他负责征敛赋税并交给领主。村长一般是选举的，其任期可能为3年。由于他所具有的威望、财富和影响，一般都会连任数届。这一职务往往还会变成世袭性的。但选举村长的元老(村中的老年人)会议也参加行政管理(裁决等)。除了那些属于家族私有的土地之外，还有一些土地属于家庭或村社集团的共同财产。后者主要包括森林、高山牧场、维持寺庙生活的田地和那些将其收入用于奖励在公共节日维护灌渠的村民的土地。牧民部落中的情况也基本相同，不仅对于从事农业部分(如果它存在的话)，而且对于从事纯粹牧业部分也是这样的。部族也由一位族长领导，但牧场却由族长和元老会议每年向各个家庭分配一次，因为他们认为牧场是整个部族的共同财产，而牲畜则是各个家庭的私有财产。元老会议或当选的族长会议还负责维护法制。整个部族的族长可以由元老(他们也是被选出来的)来选举[113]。族长还可以把自己的职务传给其儿子，但后者必须是一个称职者。有些小部族甚至没有族长，而仅仅由一个元老小组来领导。

村庄或部族属于领主，他所掌管的地盘比它们所占的面积还要大。这位领主可以是一位独立的王公(如拉达克、德格和波密王等)，也可以是一个教派领主(如在昌都地区)或是西藏地方政府的首领(如达赖喇嘛)。权力领域的重叠既可以是单一的，又可以是复合的：如果其领土直接属于一位王爷(达赖喇嘛或王)，则是单一的；如果一位王爷又置于一位更大王爷的管辖之下或者是接受他的统治，则是复合的（如从1865年起才处于拉萨权利之下的德格)。这里所说的首领世袭制仅仅在王、王公或其他世俗领主们身上才表现得比较明显。就教派领袖中的情况而言，现在于那些可以结婚、并以叔侄相传的僧侣中尚可见到。在其他情况下，尤其是就达赖喇嘛的情况而言,化身的原则代替了世袭制。然而,这些首领们的权力是由一个大相集团所控制。达赖喇嘛被一个由四位大相(三位俗人,一位僧侣)组成的噶厦和一个在特殊情况下召开的贵族会议辅政。

权力机构的相继重合与土地所有制的重合是同时存在的。从综合的角度和原则性来讲,人们认为土地所有权属于领主,然后再分配或租借给临时的主人以换取服务(徭役等)和租税[124]。一般来说,如果最大的领主(如达赖喇嘛)要把最大的一块领地委托给一个比较小的领主(贵族家庭、地方王爷等),后者再继续转让,一直顺延下去。但在一般情况下,总要有一部分土地直接掌握在第一位领主手中。例如,在达赖喇嘛、噶厦拥有一些直接纳贡者,也就是拥有土地的农民。除此之外,那些分配到土地的贵族家庭也有他们自己所拥有土地的纳税者。直接纳贡者拥有在自己支配下的一些劳力或亲属,他们以再转租的形式而各自得到一小块土地。

由领主直接或间接地"赏赐"或者更可能是"出租"的土地,在原则上是不可分割的和不可能转让的。它与占有者的家族名称相联系,而家族则是由长子代表。土地可以世袭所有,但对土地的占有却要受出租者和享有者的相互义务所支配。虽然土地在原则上属于领主所有,但他却不能随心所欲地收回。江孜首领于1400年颁发的一道政令明文规定,如果承租家族有后嗣的话,领主就不能收回土地[125]。我对此还应加以补充:只要承租者交租和服役,出租者就不能收回土地[126]。事实上,无论领主赏赐还是出租土地都要求以服徭役和纳贡税之回报为条件。当发生了逃亡或停止交付租税的现象时,主人喜欢采取的上策则是抓回逃犯以使他重新租用土地(当然由此也就产生了义务),而不是收回土地和重新出租。甚至由拥有庄园的家族代表长子出租给农业劳动者的小块土地也不能随便收回,即只要劳动者肯服役,尤其是当他自己已建立了房子的时候更应该遵循这个原则。

领主似乎对土地拥有全部所有权,但他需要别人的劳役,而劳役又是同这块土地的世袭所有权和使用收益权联系在一起的。当大大小小的领主们想确保收益和劳役的合法性时,他们便分给承租者一块土地以代替报酬,因为他们的一部分收入也来自承租者。

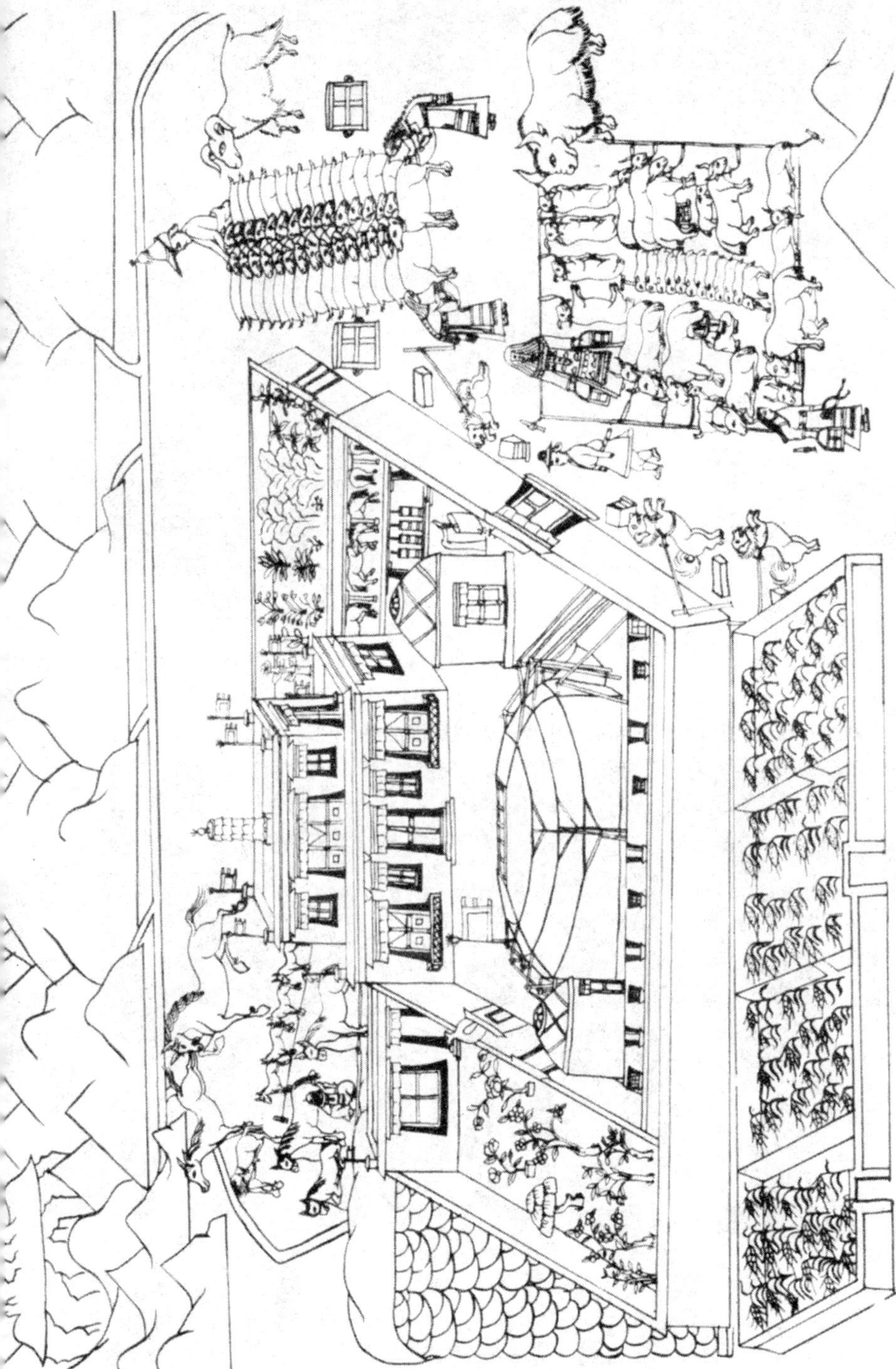

图 40 当雄地区一个富裕家庭的住宅

图 41　在拉萨上演的一幕戏，表演后献礼和

图 42　戏剧的开场戏，围绕着祭坛和插于中央的大树周围的“猎人”与“仙女”

43 "黑帽"斩身相

图 44 甘托克的跳神，大黑天的假面具

45 "黑帽"派的身相(生殖)信仰

所以,有些领主可以把自己的土地出租给一些杰出的流动匠人,以使他们定居下来并附属于自己,其中包括巫师、医生、乐师和铁匠等。从原则上来讲,一个附庸是不能拒绝为主人提供服务的,否则就会有丧失土地和注定要过流浪生活的危险。更何况,领主可以剥夺犯有过失的那些享有收益权者的土地。例如,当一个贵族家庭起来反抗王爷或政府的时候会出现这种状况。服役就相当于地租,正如土地就相当于工资报酬一样。某些村庄的人可以享受免租,因为他们在某种服役中学有专长(剧团或杂技团、织纺某种织物等等)。对于那些被赐予庄园和免除地租的贵族家庭来说,那就要以向政府提供官吏和士兵的义务来偿还。这种义务与特权比较起来当然是微不足道的,但其原则不会有变。惟有寺院的庄园例外,它们被免除了地租和服役,庄园主可以被看作是独立的领主,虽然寺院也要向政府提供官员。因此,寺院受到了特殊待遇。

在这种制度下,劳动是不会直接得到报酬的,个人财产是与徭役服务联系在一起的。政权的代表(无论权力的级别如何)当然会千方百计地滥用自己的职权,以迫使其下属提供更多的服务和交纳更重的赋税。我上文所提到的 1440 年的王诰曾长篇罗列了这类敲诈勒索。此类舞弊行为不断出现。我暂且不谈对其价值的判断,政权机构肯定也起了限制作用,并且表现为一种对古代的追忆。因为在远古时期,人与人之间的关系就包括相互之间的义务,或者是用一个集团的权力来限制一位首领的权力。

另外,这样勾勒出来的梗概肯定是非常简单和具有假设性,因为其根据是一些旅行家们的游记故事。汉藏两种文字的史料只是片断性地提到一些具体情节,不但不存在规律,甚至也没有系统的论述。从未有人对近期的情况进行实地研究。上文所阐述的原则肯定不是绝对的和一成不变的。我们已经看到了古代米拉日巴的先祖买卖土地的情况。到了近代,据西藏人自己所提供的情况来看,一些纳税领主可以出卖他们的土地,但新领主必须耕种这块土地(自己亲耕或委派他人代耕),同时又必须和原领主一样地承担对领主的同样贡税和服役。如果由于耕者逃亡或疏忽而未耕种土地(这种假设是不多见的,但却是可能的),那么领主就要收回土地。如果出现这种情况,那么领主可以把它分给自己庄园内的另一人,以让他承担服务和贡税；如果无人承种，那就要将之纳入自己个人的财产之内，由其庄园内所有的纳贡地主们耕种。对于近代来说，其中完全可能会有汉人的影响。就现阶段对西藏的研究情况来看，我只能根据不同的地区和时代而设想西藏制度的某种差异和不同。

西藏史诗①是反映其社会的一面很好的镜子，尽管它肯定对西藏社会作了理想化处理，它所描述的社会制度也并不完全是真实的历史。我们从中可以读到一位已经逊色许多的老国王，他那位野心勃勃的兄弟也在觊觎王位。然而，所有决定始终都要提交“民众”大会讨论，而这种大会又是由一位年事很高的长者召集，他充满智慧，是成文法和习惯法的执掌者。在某些重要的场合下，国王弟弟的欲望也受到了在大会支持下的这位元老之决定的抵制。然而，民众大会包括了社会上的所有成员，囊括了从属于贵族氏族的青年人、老人、战士到化缘僧等各阶层的人。不过，他们社会地位的等级却由他们在大会中所占的行列明显地表现出来（分别立于王位的左右和前后），同时也可以从他们所占据位置的高低方面看得出来（由 3 块地毯到 9 块不一），完全如同人们在实际生活中所看到的那样。尽管世袭王位是允许的，但同时还要强调以下事实：在英雄的国土上，王位、守护神和女人都要归于赛马的获胜者，社会上的所有阶级（甚至包括化缘僧）都可以参加这种比赛。另外一部著作中还阐述了一个道德社会的行为规则：应该向长者请教，“即使本人已经很强大，但也要与集体的利益相吻合”[127]。虽然这种“部族的”或村社性的组织不禁会使人想起西藏游牧民的组织情况，但史诗中还是讴歌了首领的必要性。它更可能是认为首领或头人是裁决争端必不可缺的，而各氏族或部族时刻都会陷入到这种争执中去。因为在群龙无首的社会中，一切都混乱不堪，因而也就要受强大近邻们的支配，所以元老们决定向天神祈求一位首领，这就是史诗中的英雄。

传说中认为吐蕃第一个王朝也完全是这样诞生的。其中也认为吐蕃第一位赞普是天神的儿子，自上天和神界下山，受到了牧民、头人、祭司、各氏族代表或一批小邦王的欢迎，并且被推举为王

---

① 指格萨尔史诗，下同。——译者

入主吐蕃。这次推选结束了“君民无别”的局面,使在城堡保护下的独立领主之间无休止的内部争执也一扫而光(详见前文第2章)。

从各种迹象来看,赞普确实系由贵族所选,这就是说所有的即位都意味着是被选上“王位”的。另外,被人称为“民众”或“黑头”者并不一定是或者并不始终是指小民。这些字(’bangs、dmangs)以及那些在古典文学和近代语言中指“奴隶”、“农奴”(bran)和“仆人”(khol)的字在古代文献中也指贵族,虽然不能说是始终如此,但至少有时候是这样用的。

因此,我再来研究一下古代的形势。我们已经看到,在松赞干布执政时代,民众中的“服役者”手下还指挥有一些“二等农奴”或“自身的奴仆”。因此,他们可以自称为“农奴”或“奴仆”。同样,在墀松德赞的法典中,“黑头人”也有奴仆。因此,他们的地位相当于近代的“纳税人”,或者是正如人们所说的那样为“富裕农民”。他们拥有由领主或政府租给的土地或房屋,并且由此而获得一个家族名称,他们需要以服役和地租作为回报。但在同一时代,khral(纳税)一词也指每个贵族家庭为政府提供的服务(以供养官僚和士兵)。在这二者之间没有任何结构区别。

当墀松德赞的长子被杀,其世袭继承权发生混乱时,“全体民众(或者是所有臣子)举行了一次会议,把权力移交给了幼子墀德松赞”。民众们还选举了一位大相,并且将全国之“法”(行政和司法权)委托给他,此大相负责“所有臣民(全体民众)的事务”。这就是一卷古史中所记载的事实。但据另一种说法(苯教的说法),墀松德赞的幼子是由大臣会议扶上王位的。因此,“民众”或“臣子”等词也指贵族、大相等。反之,古代指大相的形容词“贤明的”(mdzangs)却具有了贵族(据辞书记载应为ya—rabs)的意思。在敦煌发现的古代大事年表(巴科等人著:《敦煌吐蕃历史文书》第91页,见本书末参考书目第6条)中提到:“赞普很强大,大相们都很贤明。”不久,古史也经常提到“贤相”,我已经掌握有一份七位贤相的名表。“圣神赞普(‘赞’字的意思是‘强大的’)是指其勇于完成困难任务的人。那些通过智慧而创出奇迹的人被认为是三位舅父和四位大相”,以上就是其中一卷古史中的记载。事实上,这些大相们具有才智近乎魔术般神圣的学识,因此可以使他们发明一些新的技术,并且能在魔术和幻术的比赛中获胜。赞普也是这样，由于他具有“神”的身份，所以有时也将同样的本领归于他们。但在这种情况下，这些形容词就相当于汉人皇帝的尊号：“圣神”。

赞普也就因此而被认为是“万人之上者”。在7~8世纪期间，他的庄园与各贵族氏族的另外18个庄园并列存在。大相们都与他是近亲。他们所有的人都享有贵族大氏族的名称，其中有许多人还都属于王后的氏族(大相们那“舅父”或“尚”之名可能即由此而来)。他们也通过一种平行的权力而威胁了赞普的权威。在据说是松赞干布时代的行政组织中，“贤者都具有证书和章饰”。汉籍向我们指出的和由敦煌写本所证实的资料都说明，这些早期官吏都具有根据其级别而以各种不同珍贵物质做成的章饰(告身)。然而，据汉人认为[130]，他们的级别是世袭的：“设官父死子代，绝嗣即近亲袭焉，非其种类辄不相服”。不久，墀松德赞的法典在赞普法(与宗教法并列存在)中又区分出了三个高等级和三个低级等级。在第一类中计有：一是贤明善良的“尊者”(僧侣)；二是征服敌人的青年战士；三是聪明和持证的匠人[131]。正如在近代西藏一样，充任公职就会导致占有一块土地收益权和获得一个家族名称，这两种特权都是世袭的。这些职务的等级已经引起程度不同的特权，例如与法律规定的惩罚有关的特权。

赞普与其臣子们(贵族)的关系是个人性的，其基础是他们之间的交换，即赞普赐予土地、尊号和利益，而臣民则以提供效劳作为交换。这些关系通过相继的传接而一直继续下去，如在贵族“臣子”之间、封臣及其从属之间、封建小贵族及其效忠者之间等等，不一而同。赞普有一些“近心者”，也就是说有一些忠臣，其他臣子则是“远心者”，他们是奸臣和佞臣。君臣之间要互换效忠誓词，每岁一小盟，三载一大盟。在歃盟仪式期间要宰杀牲畜以进行祭祀并指神为证(见下文第4章)。不但臣子要向赞普发誓效忠，而且赞普也要向大臣盟誓，维护他及其后裔们的财产和特权。这类誓约已经勒柱石为纪，我现在尚掌握有某些碑文。另外，据汉人认为，“其君臣自为友，五六人曰共命(同生死)。君死，皆自杀以殉”。据另一部史籍记载，许多其他亲属和忠臣也要同时陪葬。另一方面，晚期的藏文古史都缓和了一下这种紧张关系，但也保留了其中的某些内容。

为了举行松赞干布的葬礼，赞普、陪葬的两位王后在死亡时都浑身涂了金，并且在墓中陈列了财宝。这一切均由两位大相守护，他们的行动也“完全如同死人一般”，因而也就自认为是“尸体的仆役”。既然生者和死者总要离别，所以他们就被放逐和远离一般平民。只有王族成员与他们接触，惟有在祭祀时刻例外。无论是人，还是马匹或家畜都不能靠近陵墓界内。如果他们误入那里，那就会被(所谓的)“死者”、即守墓人捉住，一旦与他们接触，那就再也不能返回活人那里去了。一旦带上了死人(或者是指假“死人”，肯定是一种特征的标志)的烙印，他们就会成为看墓人的“奴隶”或“农奴”[132]。

被我译作法文 sujet 的汉字是“臣”，意指大相。很明显，那些与赞普共命运的人都是些贵族。在他们与赞普的私人关系中，甚至贵族也自认为是“臣”、“民”、“奴”或“仆”等。我们现在来看一下这种关系是如何形成的，赞普是如何通过一种道德和圣神的魅力而吸引一群信徒的。敦煌一卷古代大事年表(见巴科等人著：《敦煌吐蕃历史文书》第 3 章)就对此作出过清楚的描述。

赞普居住在位于雅砻地区的雅尔江畔的秦瓦达孜城堡里：“一个人，啊！一个人的儿子；但却是神子，他居住这里！是！大家愿意为一位真正的首领服务；是，我们愿意携带真正的马鞍！”文中于这里使用的动词“服务”(bkol)仅仅是“仆役”(khol，服务者)的另一种形式，它也指民众中服役者们的奴仆。但这里系指一位贵族。我们还会发现这一中心内容的反复出现。

两个贵族领主达甲乌和墀邦松各自居住在他们的庄园中。前者是一个残暴的领主，他为人傲慢，不肯纳贤明大相及其忠臣们的进谏，而对佞臣谗言却言听计从。他仇视贤明者和勇敢者，常常是采取武断的和不适宜的决定。

当上面的首领残暴时，
下面的仆从便会战栗；
当上面的首领发狂时，
下面的仆从便会狡黠。

他们二者之间再不互相信任了，臣子们怀着对其首领的积怨。

大相向君主发出了警告,因为他们预见到其政权即将衰落。但是,正如汉人非常了解的那样,领主不肯听纳贤相的忠告,不但怪罪他,而且还罢免了他。大相一怒之下便投向了另一位领主墀邦松,并且杀死了自己的故主:

当骡子驮得太重时,
鞍子便会自己破裂。

当时,被害领主的土地就被划归到墀邦松的庄园中了,并将其中的四分之一作为接受奴役的代价,而赏给大相的那些"农奴"(原文中为"农奴的土地")中,有一位是娘氏家族的成员,另外还有一位出身于门氏。虽然他们都已归附大相,但过去明显是贵族,因为其氏族名称都相当有名,并且还拥有土地。然而,娘氏在服役时,受到了大相妻子的污辱,她对他滥耍威风,以对待罪犯的方式对待他,甚至还向他出示阴部。

娘氏"农奴"为此发出了控告,但没有向他的直接新领主(即大相)发难,而是向大相的领主墀邦松提出起诉。后者却没有接受控告。一方面是由于他特别器重大相;另一方面他又宣布女主人没有过错,因为她有权做甚至比此更过分的事。娘氏"农奴"感到气馁,十分怏怏不乐。这就是导致产生新局面的第一个因素。

正巧墀邦松当时还对另外两位贵族行使统治权:其一出身于韦氏,其二出身于辛氏。他们之间爆发了纠纷,辛杀死了韦。韦的长兄询问其领主应该向杀人犯讨还什么样的赔偿。领主显然很疼爱他的两位大相,他的回答很奇怪。他借口说,辛是大相(是否与上文所提到的那位无名氏大相本为一人?)。然而,"当一位'有德之士'杀死一位'无道者'时,这件事就以凶杀而告终了"。韦氏也感到愤愤不平和气馁。这就是正在酝酿中的一场大乱的第二大因素。

在近代西藏仍流行"人价"(mi—stong)的习惯,其目的是为了避免其亲属们所进行的连绵不断的仇杀[133]。19世纪,在理塘地区,"如果发生了武装抢劫,那就要追捕罪犯并将之处死;如果将逃犯活擒,那么其党羽可能前来要求释放他。当时便开始讨论赔偿损失的问题。一般都是以九赔一,在发生凶杀案时也会出现同样的情

图 46　三月播种图　套在牛轭上的两头牛，耕者的食物

况。这就是被称为‘命价’的问题。所以，即使凶杀发生在几十年之前，甚至在数代人之前，如果其对立一方由弱变强，前来索求命价，那么肇事者也应该赔偿损失。否则，报复之心情必然会引起大动干戈，战争就会无休无止”[134]。人们认为这一制度是由于受到了佛教慈善影响的结果，实际上根本没有那么一回事。古代汉文史料就已经谈到这一点，并认为它与羌人的战争气质有关："以力为雄。杀人偿死，无它禁令"①。墀松德赞的法典也证实了这一习惯，其中一种说法为："在出现凶杀时，只要求赔偿"；而另一种说法则认为："对于触犯刑律的凶杀，只要交付凶杀费(stong)和安慰费(？ gsos—thang)即可[135]。"

现在再回到我们原来的主题上来，即领主似乎要承担其大相杀人罪之责任。这种责任必须以他们之间所存在的虚构亲缘关系为前提。两位怒不可遏者密谋之后，便一同出发前往自己的土地。

① 见《后汉书》卷 87《西羌传》。——译者

他们寻到了一位新的领主，当然也认为他是一位赞普。娘氏使用了一些隐晦的话语表达了自己的心愿：

啊！是啊！在河的彼岸，在河的彼岸。
啊！是啊！在雅尔河的彼岸。
啊！是啊！人的儿子是一个人。
但是，他是一尊神的儿子，是啊！他留在那里。
是啊，人们喜欢为之效劳的，是一位真正的首领。
是啊，人们喜欢携带的，是一具真正的马鞍。

其中的第二位人物，即韦氏也盟誓："再没有比你所说的情况更为真实的了。本人亦有同感，我从未忍受过更为令人讨厌的事情。除你之外，我再没有任何念头了"。他们就这样向赞普表示了忠诚(即均为一些"近心者")。赞普肯定对他们进行了犒赏。我从一篇古代金石文中知悉，根据"旧例"，领主必须以宠爱的态度嘉奖那些"近心者"，也就是前来向他奉献"凝乳和肉"[136]的附庸。

我们再来看一下那些不满者们是如何为了赞普而准备报仇的吧！他们首先各自与其他人进行联络。韦氏首先命令向其舅父农氏发表盟词，当舅父死亡时向其子盟誓。这些亲属过去都是墀邦松领主的亲信。娘氏便与蔡邦氏的一人举行了盟誓仪式。蔡邦氏将他们的计划以"向他耳语"的方式通禀了赞普。赞普表示了同意，虽然其妹妹尚生活在那位领主身旁。正当他们在赞普城堡中盟誓和准备发动进攻时，赞普薨逝。他的两个儿子又重新使6位参与阴谋的人发誓，娘氏、韦氏和蔡邦氏家族的其他人也都参加进去。接着，新赞普率领一支大军兴师问罪。那位领主的城堡被夺取了，他本人也遭"毁灭"。他的领地划归给了赞普政权。娘氏和韦氏都心满意足了："是啊！奴仆们有了一位真正的首领；是啊！我们准备跨上真正的马鞍"。最后征服地区的臣子和其他人都赞扬赞普，并且为他起了一个王号："其政权比天还高，其盔比山还坚。"所以他就被称为南日论赞，意为"天伦赞"。那些谋反分子们把已失败的领主统治权拱手献给了赞普，赞普为犒赏而分给他们一些封地。这一阴谋中的四位主角人物就是最早歃盟的那些人，他们各自都获得了土地和1500

名农奴(连同其房舍及全家人口),并且还受拜大相之王恩。对于其他仅仅是参加了盟誓的那些人,他们既没有获得土地,也没有得到农奴,但却被任命为赞普的嫡系亲信。赞普的权威随即骤增,似乎成了一个磁极,其他领主也纷纷前来争相归顺于他。琼氏家族的一位成员斩了藏博(后藏)领主的首级,并把该地区 2 万户人家奉送给赞普。赞普为犒赏他的这位“近心者”,又将全部隶户交给他管辖。在东部,作为赞普臣民中组成部分的达布人反叛了。一位将军因平息叛乱而获得了奖赏,即色空的人及其牧场。这一切均以赞普为其臣子们举行的一次“庆功欢宴”而告结束,宴席间以诗歌颂扬了他们的功德。

他们为赞普的效劳受到了犒赏,虽然这是一种思想上的恩惠,但是领主以犒赏与恩宠作为回报是必不可缺的。大臣虽然接受了附庸的奴隶地位,但也关心由这种忠诚而获取的利益变得具有世袭性。在 764 年一篇碑文中,著名大相达札路恭以挫败了两位大相的叛乱而洋洋自得,这次叛乱导致了墀松德赞赞普父亲的遇害。达札路恭同样还以成为墀松德赞的忠实仆从而居功自傲。因为赞普发誓要永葆达札路恭后裔们的衔位不会低于银质章饰,他们之中始终要有一位永远随侍赞普,无论他们犯有什么样的过错(惟有敌视赞普的罪过除外)都不会丧失自己的生命财产;在他们绝嗣后的时候,便将特权传至最亲近者[137]。

在这个古老的时代,人们完全可以谈论以某种骑士精神为基础的封建制度。附庸是一种“农奴”,甘心情愿地接受其隶属状态就如同马匹接受其鞍子一样。但是,其领主则必须是一位“真正的”领主,即一具“真正的”马鞍。否则,负重过量的骡子就会粉碎鞍子。特别是不允许有丝毫傲慢情绪,也不能有滥用权力、飞扬跋扈和独断专行的作风。以上明显地仅仅是一些理论。实际上,许多大相都经常利用赞普的年轻无知而独揽大权。我在噶尔大相身上就已经窥视到了其中一例。在敦煌写本中发现的古代吐蕃大事年表也经常强调指出使用毒饵和叛变活动。稍晚一些时候,随着达赖喇嘛“摄政王”的设立,又出现了几种政权平行存在的局面。噶尔大相曾长时间隐瞒松赞干布薨逝的消息,用带帘的车辇推着他的塑像出行[138]；同样，摄政王桑结嘉措也隐瞒了五世达赖喇嘛的圆寂，一直行使摄政权。

另外，按照一部古年代纪的记载，如果大臣接受君主的权力，那是由于赞普需要尽自己的一份义务："为他所崇仰的佛教之神建立寺庙，使臣民们安居乐业。至于他本人，他则要冒死统率军队。"[139]大臣们为什么要坚持拥有一位首领呢？这就是热巴津赞普大相之例证所说明的原因(见上文第1章)，他在安多割据了一块地盘，因为他本来是被派遣到那里征敛赋税的。该地区的臣民们同时服从吐蕃和唐朝的要求，于是便拥他为主，并且向他交纳黄金、白银、丝绸、马匹和家畜等贡品。他由此一跃而成为财产上的巨人和权力上的强者。他与当地氏族联姻，一共从那里迎娶了5房夫人(一直到1773年，他的后裔们仍在那里行使职权)。时隔不久，到了13世纪时，甲玉(雅砻江下游)的仁钦召集起一些地方首领，驱走了蒙古军队。由于建树了如此之大的功勋，各位地方首领便选他为自己的领袖[140]。这一过程又使人想起了选举村长的方式，它首先被选为有一定任职期限的村长，然后成了终身制，最后变成把自己的头衔世代相传了。

吐蕃社会在后期当然发生了变化，但其中的某些结构却维持下来了。到了10世纪时，中部的吐蕃王朝便告结束，教派发展成了一种宗教国家机构，所有这一切都标志着最为重要的发展阶段。但其中的决裂也并不是绝对的。在长达数世纪的光阴中，实际上是一直到18世纪完全置于清帝国治理之下的时代，教派领袖的所作所为仅仅是延长领主们的统治，尚谈不到是由当地土司所治理的独立政权。然而，教派占有非常突出的地位，以至于使人们不得不进行单独的研究。

## 四、教　派

人们常常把西藏说成是一个神权政治地区。如果是指近几个世纪的情况，即作为地方政权首领的达赖喇嘛变成观世音菩萨的间接化身(观世音是西藏的保护神，他的塑像供在西藏首府)之后，

图 47　布达拉宫

那么这种说法就是完美无缺的。这实际上是重复了一个先例:同一尊神早已附身于统一吐蕃的第一位赞普松赞干布身上了，他在薨逝时也就融合在这一尊塑像之中。然而,更正确一点似乎应该说西藏是一个宗教地区。首先是由于其他法主统治过整个或部分西藏,有的法主也是化身,而其他人则不是。但尤其是因为达赖喇嘛并不是观世音的直接化身,每次都是重复,而且班禅喇嘛和其他活佛喇嘛也不是直接化身。正如其他人一样，达赖喇嘛是历史人物的化身,他在前世中是某一世系(首先是真正的历史世系,后来变得具有传奇特点)的一个环节,一直要追溯到神话时代的神。一世达赖喇嘛更敦主(1391—1474 年)就已经是观世音的第 51 世化身了;阿底峡尊者的弟子仲敦大师(11 世纪)是第 45 世化身;第 26 世化身是印度的某一位格萨尔王;第 27 世化身是一只母兔。总之,一切都充满着传奇色彩。这里实际上确实始终是指观世音,因为在各世达赖喇嘛的身上都会出现他的影子。这一信条是很难解释清楚的,但藏文文书始终认为现世的达赖喇嘛都是他的历史前任的转世,而不是观世音的直接化身。例如,有人声称六世达赖喇嘛确实是五世达赖喇嘛的化身,同时又提醒别人注意,观世音曾发愿多次转生以为吐蕃造福[141]。因此,西藏是一宗教地区,无论是指拉萨噶厦还是指其独立程度不同的地方土司。一些宗教官员同时又兼摄世俗官职。人们在习惯上都让幼弟出家为僧。以确保严密控制和使各级世俗政权与宗教之间达到共同利益的统一。更不用说西藏从上至下各社会阶层的人都如中世纪的人一样,充满着深刻和虔诚的信仰。

通过人口统计可以使我们很好地了解宗教在西藏社会中所占的地位。如果说在 20 世纪时,人们估计拉萨居民是 4 万多人(1910 年左右,一种汉文史料认为是 5 万人)[142],拉萨郊区的三大寺庙(甘丹寺、色拉寺和哲蚌寺)中则共包括有 2 万人左右(水分很大的约估数字,人们认为在 19 世纪末色拉寺有 7000 至 1 万人,但在 1697 年却只有 2850 人)。在昌都的 12000 名居民中,有四分之一是由僧侣组成的。1663 年,在五世达赖喇嘛主政年间进行人口普查时,查明共有 750 座“德行派”(尤其是格鲁巴)寺庙,共包括 50900 名僧侣;“中行派”寺庙有 400 座;已婚僧和男女两性瑜伽行者共拥有 650 座寺院和 2 万名僧尼。这样累计起来，一共有 1800 座寺院和

10万名僧尼[143]。但到了1885年左右,一位观察家发现了1026座格鲁巴寺院,共包括491242名僧侣,而且估计其他教派的寺院总数比此还多一些(约计为2500多座寺院和67万名左右的僧侣,即占总人口的五分之一)。这种估计明显是不大可靠的。从18世纪的一部汉籍来看,据理藩院(相当于管辖中国边陲民族的一个部)的登记簿记载,在乾隆皇帝①和六世达赖喇嘛执政年间(因此也就是1700年左右),统计西藏属于达赖喇嘛管理的寺庙共有3150多座,僧侣302000名;属于班禅喇嘛管理的寺庙327座,共有僧侣13700多名。在18世纪时,曾有过341200名左右的红帽派和黄帽派僧侣,也就是指分别属于古旧派和改革派寺院的僧侣[144]。

寺院免除了租税和徭役,所以可以将之看作是独立领主。因为他们拥有土地和农奴,从中抽取税役,而且还行使政权(司法权等)。有时,一座寺庙实际上形成了一座真正的城堡。寺庙收入完全如同在其他领主那里一样,由于进行贸易和从事高利贷,所以还会增加。此外还应补充一种惟独他们才有的收入来源:在平民请求下举行宗教仪轨的亻亲金收入。财产的拥有者有时是指由专家们所统治的整座寺庙;有时又是一位法王,尤其是就个人而言的化身。因为官员们是由贵族和寺庙向政府提供的,所以寺庙中的高僧要根据品级而获得尊号。另外,社会阶级都被局限在寺院之内。那里允许私人财产的存在,并且还允许以通过私人贸易或者举行宗教仪式获得的私人亻亲金而增加私人财产。一些富僧不但拥有财产,而且利用贫僧作为自己的仆役。一个城市的各部分或房产,或者是一些寺院小镇都属于一个家族或一个村庄。某些房舍是居住在那里的僧侣们一家的财产,其他一些则属于出自同一地区的僧众共有。在那些允许和尚结婚的未经改革过的古旧派中,已婚僧人住在村子里,并且还耕耘自家的土地;甚至在其他教派中,贫僧经常回到其村庄帮助进行农业劳动。我们还曾记得,为了确保有后嗣之需要,和尚可以还俗和结婚[145]。贫穷和低级的僧侣一般都不可能进行长期的必要学习,才能达到教派中的高位,甚至经常是目不识丁。除了他们在寺院内所承担的各种劳役(为和尚们备炊做饭、奏乐、准备供品等等)之外,在诸如色拉寺那样的大寺院中,他们还是真

① 应为康熙皇帝。——译者

正的僧兵和斗技者的来源。这些僧侣们要接受常规训练(跳跃、舞棒、赛跑)、进行决斗(有时是为了一个小娃娃)、在各寺院之间进行比赛,当高僧们外出游方时作他们的保镖,或者是在拉萨举行大祈愿法会的时候为寺院住持充当服务员……并利用机会施加以武力为后盾的政治压力。他们形成了一个相当封闭的行会,并通过特殊惯例而维持了一种团体精神。如同所有僧侣一样,如果他们住在寺院时要剃光头,那么当他们在外面服役时,其发式就大不相同了:分别呈头顶短发、长发、鬈发、像绵羊尾巴一样盘在双耳上部等发式。这些僧侣中最为佼佼者被认为很像那些具有特殊能力的云游密教僧。对于其他僧来说,由于他们回到寺院之后会受到歧视和罚惩,所以便信马由缰地到处流浪,留着长长的头发,并且仔细地卷成花, 过着一种无忧无虑和缺乏远见的生活, 无拘无束和我行我素。我对他们所知有限,对其历史情况更是一无所知,一片漆黑。虽然出现了一些变化和歪曲, 但我还可以从中辨认出某些僧兵的传统,这一传统在中国中原地区和日本表现得非常强烈。我从他们身上还可以洞察到那种脱离常规举止的爱好。这种作法在官方教派(格鲁巴)中表现得并不太常见,我们在未经改革教派的某些古旧派僧侣中还可以看到。

以上大致就是近代的形势。但是,自从墀松德赞赞普正式奉佛教为国教之始,这种形势就已经形成了。

据一篇大事年表记载, 赞普希望除了有正式头衔参政的那位王后之外,所有王妃和大相们的那些信教的儿子都一概皈依佛门。大相们对此提出了异议,他们认为这些人一旦成为僧侣,便会丧失生计,在法律的保护下拒绝服军役和纳税。赞普回答说,他要将这些人作为自己的“崇拜对象”,也就是说他将为他们提供生活必需品。于是,新建的桑耶寺住持益希旺布要求一些特权,甚至要高于拥有金告身大相的崇高权力。他获得了满足,官居“贵族之首”,其他那些属于娘氏和勃阑伽氏的僧侣们也被任命为相, 其级别要高于一般“大相”和“舅相”[146]。在 9 世纪初叶,当在王家牙帐中举行招待会时,一名享有尊号的僧侣立于赞普的右侧(荣誉位置),站在同一个坛上,而其余大相们则站在这一台阶下面[147]。这样就明显地表示出了大相较僧侣相对低下的地位。益希旺布没有任何新的发明。

图 48　松赞干布的尼婆罗王妃，供奉于布达拉宫

图 49　松赞干布的唐朝王妃，供奉于大昭寺

图 50　喇嘛布顿确拉甲（1376－1451 年），供奉于色拉寺

图 51　日喀则的喇嘛

他仅仅是模仿印度的榜样，在印度实行免税布施，同样也存在一些由住着几千名僧侣的真正大学城而组成的寺庙(那烂陀寺等)。

在桑耶寺，布施也是分成等级的，在那里接受政府官衔和大学学位。据我们上文所引证的古代大事年表记载，寺院住持每月能获得70多担谷物粮食，各扎仓的上师可得35担，学生们只能得到12担。或者是寺院住持和“宗教永远的支柱”(整个寺庙，另一篇大事年表中记载为“寺院和佛像等”)获得100个附庸家庭，每一位僧侣可以以个人的名义而得到3户。这些“附庸”(肯定还包括他们的土地)形成了一些“神灵的庄园”(lha-ris，在现代藏文中则称为lha—sde)，以及“没有归顺高级人物”(赞普的或政权的)却归降了僧侣的人。

另外一卷大事年表[148]提供了一个很详细的名单。庄园(肯定是指寺庙庄园)共包括150(或250？)名农民(？)。每位寺院住持每年都有权得到75担青稞、用9块布拼成的一件衣服、1100两酥油、香料(肯定是为了在宗教仪轨中的灯火而用)、4捆纸和3块墨，咸盐可以随时获得。在他们之下，宗浦(在桑耶寺附近)的35位隐修士各自获得55担青稞、800两酥油、一匹带鞍的马和一件由六块布拼成的衣服。再往下，16位大学研究教师各自获得55担青稞、一件由六块布拼成的衣服和800两酥油。最后，对于一般和独立的僧侣，他们各自也可以提到八担青稞、两捆纸、一块墨，送给25位学生各自25担青稞和一件由三块布拼成的衣服。

这个时代的许多碑文都具体说明，即使在世系断绝时，“寺院对仆役和村庄等所拥有的权力，也既不会由政府所承担，又不会交给其他人，将发布施的账簿一式两份地收藏在两个不同的寺庙中，布施不能减少，组成寺院庄园的臣民和财产是不纳税的”[149]。另一方面，热巴津赞普(815—838年或841年执政)为维持每个和尚的生计，而分拨给他7个附庸家庭[150]。

从这个时代起，就会看到僧侣们作为大相或使节而起过的重要作用，尤其是作为调解人的巨大作用。在热巴津赞普执政年间，821—822年的唐蕃会盟条约就是通过唐蕃僧侣们谈判而获得成功的。另一方面，特权并不仅限于财产，而且还要扩展到刑律法典中。

虽然墀松德赞的法典保存得不完整，我仅能通过相当晚期的史著而获得,所以值得于此提一下。这一法典在“宗教法”(专为僧侣们制订的)和“王法”(其所指目标是“所有臣民们的一般事务”)之间作了区别。无须解释,从中还应该补充以“敕令法”(?,thang—khrims)。在宗教法中,又严格地区别出了服从寺院戒律的“具戒僧”和“密教僧”。其具体情况如下:

“愿寺院住持根据戒律而把自己的心愿强加给僧侣们,他的作法完全如同在三藏经中所说的那样!当僧侣们口渴时,便喝茶或‘白色物’(指奶);在食物方面,他们吃五谷杂粮、糖浆、蜂蜜和酥油;在服装方面,他们自己制作一件内衣裙袍和一件红袍;在居住条件方面,他们栖身于寺庙之中;他们不贪酒肉和过多的食物”。

“愿密教徒根据他们自己的心愿行事,完全如同在密教经典中所讲的那样!愿他们口渴时喝米酒,但不要偷盗僧侣们的财物;在食物方面,愿他们可以吃自己所喜欢的东西,但不要兴冲冲地品尝毒饵;在服装方面,愿他们拥有密教徒们那种白色、红色和黑色的服装;在居住条件方面,愿他们得到一些静修室(即为了创造一尊神的房屋),并通过这一办法而增加自己的善行;在保护宗教方面,祝他们坚持进行这类修持”。

“作为善行功德,愿僧侣们庆祝经卷的‘黄色节’,密教徒们庆祝曼陀罗的‘密教节’,‘黑头人’(世俗者)向两宗寺院进行布施!……愿两宗丝毫不要混淆,各自坚持自己的教理”[151]。

“教法”明文规定:“不挖去男人的眼睛,不割掉女人的鼻子;被控告者也不处死。全体民众都服从国王的命令,但君民都要崇仰和尊重僧侣”[152]。“法”中还规定:“谁用手指(?)指僧侣,手指要被剁掉;谁要恶意中伤赞普的佛教政策和僧侣,其嘴唇就要被割掉;谁要斜视僧侣,眼睛就要被挖去;谁要对僧侣行窃,那就要按照被窃物价值的80倍进行赔偿”[153]。在法典中又重复了这项规则:偷窃国王的东西要100倍赔偿;偷盗教派的财产要按80倍赔偿;偷盗普通人的财产要按9倍赔偿。事实上,法典条款没有完全保存下来,有时甚至还是互相矛盾的。我们从其中可以读到这样一段文字:

“如果不按照教法行事,那就一定会受到王法的惩处。(在下列情况下)如果一个僧侣对其住持、一个弟子对其祖师(密宗)、一个仆人对其主子、一个儿子对其父母、一个幼弟对其长兄、一位夫人

图 52　瑜伽行者

图 53　甘托克的跳神，围绕着身相的骷髅

图 54　拉萨新年时的劳工甲布(替罪王)

图 55　日喀则的劳工甲布

对其夫婿采取敌对行动、杀生或像敌人一样对待，那就要被投入火中烧死或抛入水中”。

尽管其背景尚不太明确，但似乎对僧侣们不应该采取体罚的办法。如果根据在受窃时的赔偿比例来看，那么僧侣几乎与君主的地位相差无几。

虽然宗教受到迫害和吐蕃君主王朝处于衰败状态，但宗教始终维持了自己的特权并很快就得到大量的财产补偿。我们已经看到，僧侣们在吐蕃的东西两翼很快就找到了保护人。到 1250 年左右，止贡寺的大法主三次收到过蒙古国王旭烈兀的大批赠品，他同样还曾收到过锡兰①蒂拉胡特和雅材等国王们的礼品。蒙古人把统治吐蕃的大权交给了萨迦巴，同时还赋予他们的寺庙免交赋税的权力，尚且不说分给了他们 3000 名“答剌罕”的恩惠，“答剌罕”是一种享受免税权的官吏(与此同时，蔡巴共获得了 2000 名这种官吏)。时至今日，以父子相袭的萨迦世俗官吏还保留着“答剌罕”这一尊号。在 15 世纪中叶，七世噶玛巴获得了西藏 9 位不同王子(藏地等)的献礼，同时也得到了其他地区(门族、克什米尔、尼泊尔、普兰、古格、芒域等地)的贡品。教派的所有高僧都殷勤十足地向天朝宫廷进贡和遣派表达臣服的使节。有时一次就携带随从几百人，甚至多达数千人。他们会从宫廷获得巨额厚礼，同时还可以从事贸易。这种贸易是特别有利可图的，尤其是因为天朝宫廷承担了全部人马在整个旅行期间的一切费用。天朝中央政府的承担过重，以至于使它被迫节制这类朝贡使入朝的次数和随行人员的数量。皇帝的帝师僧侣和喇嘛教高僧甚至还长期居住在中原，从元迄清(13~20 世纪)一概如此，他们常常在那里享有特权地位。一些汉族文人便挺身而出，抨击某些高僧们的奢侈和劣行。

这样一来，当我们发现各大寺院和教派之间无休止的斗争，始终具有政治和经济原因时，便不会感到惊讶不已了。除了某些例外情况，它们都不会引起任何教义上的分歧：这些均不是宗教战争，而是教派领袖争夺势力的斗争，或者是地主之间的争端。在 1224~1228 年建筑达隆大寺院的时候，这一教派的木工们希望到那雪(森林区)寻求木材，遭到了止贡寺僧侣们的拒绝。虽然后来又获得了

① 今斯里兰卡。下同。——译者

许可，但是不久之后，在达隆寺和止贡寺之间爆发了一场战争，其原因我们现在尚不太清楚。

然而，经济和政治的利害关系却不应该使我们忘记某些高僧所起的作用，这都是一些公平无私的僧侣。他们在道德和宗教方面都具有很高的威望，以至于他们经常被委派去执行吐蕃社会的重要使命，即充当中间调停人的角色，在史诗中经常赞扬这种使命。在发生了凶杀、盗窃牲畜、叛主的农奴外逃和其他某些纠纷时，就要由双方诉诸共同接受的中间人，以避免爆发纠缠不休的仇杀，中间调停人因为为双方服务而获得赠礼。

到了1047年左右，当在工布爆发一场大战的时候，当地的地神便把调停的任务交给了玛·曲吉喜饶。这位上师便亲赴战场，在两军阵前挥动一件衣服，用9种可怕的魔怪来威胁他们，并且指地神为调解之证。在他约定的时间内果然出现了一场风暴，兵士们便结束了战斗[154]。

到了12世纪末，香·仁波且发现整个吐蕃“没有法制和处于四分五裂的局面”时，便以其“法印”而敲击山脉、河谷和大路，并且还补充以一种可怕的仪轨。这是禁止在当地进行狩猎和抢劫行为的办法。他勇敢地站出来反对军事行动，并且导致了某些谈判。一位世俗首领参加了一次有关调停争端的会议，他发现由主人制作的一尊神胜乐(藏文为Dmechong，梵文为Samvara)的畏怖形象[155]。这种以“法印”击山河或道路而禁止暴力行为的做法是不胜枚举的，因为“法印”就是一种表示禁止某种行为的标志。当时沿途极不安全，这种现象一直持续到现代。在13世纪初，我还发现另外一位上师也曾以其“法印”击山脉和江河的故事，他建造了一间收容所，并且还亲自向其中的“客人(或旅行者)捐赠食物”。这样的收容所早在两代人之前就已经存在了，并且还对残废人或弱者进行治疗和料理[156]。

到了15世纪中叶，七世噶玛巴在林地充当了调解人，从而制止了一些内部斗争。这里所使用的藏文词“nang—dme”一般是指某个氏族内部的斗争，而一般道德准则都是强烈谴责这种做法的。但这次调停的结果是上师使“属于神的居民”(指属于某一寺庙的农奴)各就其位。他同样还制止了林地和噶托的佛教僧侣与苯教徒之间的斗争，这样一来就把一些人救出了监牢并恢复了和平。他也介入了打箭炉一带某些部族之间的真正战争：通过传教和某些物质财富而使“属于神的居民”和“属于人的居民”都感到了心满意足。当他在果洛人中调停斗争时，从这些居民之中获得了“路费”和赠礼。

虽然这些上师们均无私欲，但他们无法阻止自己也成为斗争的目标，其原因恰恰正是由于占有或控制这样一位上师就会成为一种收入和政治威望的来源。当出现了以转世来确定继承权的习惯时，这一斗争又集中在选择灵童的问题上了，如七世达赖喇嘛的情况即属此类。天朝中央政府当时就决定，要把在许多候选人中进行金瓶掣签决定的办法强加给西藏地方政府，以避免某些家族垄断了继承权。

16 世纪时，在八世噶玛巴的拥护者与安多另一转世灵童的拥护者之间出现了争执。它实际上形成了军营及其指挥官之间的一场真正的战争，而后者恰恰组成了整个噶玛巴高僧们的噶厦。八世噶玛巴成功地以某些奇迹阻止了战争。十世噶玛巴出生于果洛人之中。这个婴儿被带到了红帽派噶玛巴高僧们的营垒中(1610 年)，红帽派向他传授教义并授予“黑帽”的尊号。因此，他被扶上了“狮子宝座”，同时还获得了黑帽、法印和华盖等物。高僧阵营当时想留下这位活佛青年。果洛人，尤其是孩子的家庭“害怕损失钱财”，所以婉言谢绝。另一方面，安多的蒙古王科罗支向这位年轻的高僧及其父亲发出了邀请。但果洛人这次又害怕起来了，他们惟恐蒙古人与红帽派阵营勾结劫持十世噶玛巴。数年之后，噶玛巴应安多蒙古人和云南人(南诏人)的邀请而多次旅行之后，果洛人仍然疑心别人劫持他，他们“如同对待敌人一般严加防范”。[157]

因此，应该考虑到教派团体与高僧个人之间的某种区别。前者具有一种积蓄金钱、积累财产和攫取政权的倾向；后者在向心和离心的运动中常常又是财产移动的一大要素。当然，并不是所有高僧都是上师，许多人都把他们的权力与其寺庙的权力相混淆了。然而，应该维持它们之间的区别。这种区别至少有一部分和“密教徒”(一种流浪的瑜伽行者)与其他僧侣的区别相吻合，正如我在上文摘要引用的墀松德赞的法典中就已经出现的那样。甚至到了近代，在维持已获得的财产和特权方面的地位时，仍表现出了制度机构方面的明显僵化性。甚至在这同一时代，我还发现“活佛”(化身喇嘛)与寺院规则背道而驰，他们每年一次地分发布施，其数额有时可达它们财富的半数，并且还为他们的寺庙和政府的宗教仪式垫资。

从比较古老的时代，我还发现过财富大幅度地流动，尤其是在诸如修道者或瑜伽行者之类的云游僧侣之中更为如此。为了理解

图 56　竞技和尚　臂部有一块以念珠系缚的布条，耳上结有环状发

这种形势，首先必须弄清楚吐蕃僧侣们由其印度祖师那里继承来的两大原则：其一是弟子对其祖师的绝对服从和顺从，我将于下文再次论述；第二项原则是所有传授教义的活动都要以重金酬谢。我现在尚无法解释印度祖师们为什么会要求这样的酬金。其原因之

一肯定是某些密教仪轨(尤其是曼陀罗)都需要作为祭品的大量珍贵物器。除此之外,还必须补充吐蕃僧侣们为追求经书和教法而遇到的大量困难。在印度的旅行路途漫漫,经文抄本格外稀少,祖师们分散在各地。这种形势很快在整个吐蕃都普遍化了:为了学习一种新教理和理解一种新的疏注文,则必须向大师们逐个进行请教。

藏文古史中充满着说明僧侣们在前往印度之前而在吐蕃搜集大量黄金的例证,他们前往印度寻求经书和听取口授。强秋俄为了替其伯父益西俄赎身而积累了大量黄金,益西俄当时曾被突厥葛逻禄人所俘虏。根据被俘者的建议,这批黄金都用于聘请印度上师赴吐蕃。稍后不久,卓米也获得了许多黄金以从印度引入教义,但他仅获得了部分成功。其他教义是由一位印度上师在吐蕃向他传授的,并且交付了一笔相当可观的酬金,这就可以确保他独自垄断这一教义。所以,对于卓米向其弟玛尔巴索求重金一举也就无须大惊小怪了。

玛尔巴出生于藏南洛札的肥沃地区,其父母双亲非常富裕,“因为他们既拥有一个‘地区’(村庄和田地),又占有牧场”。由于玛尔巴禀性暴躁,其父母便派他到遥远的地方向卓米喇嘛学习去了,作为“教法的必备物”而送给了他许多纸张(以抄写分成16卷的一部《般若波罗蜜多经》、两口驮兽、一两黄金、一定数量的白银、一匹备有槐木鞍的良马和一匹丝绸。玛尔巴把纸张和两匹驮兽送给了卓米大师,以此向他请求教法。但他仅仅得到了一些梵文和在印度所讲的语言课本,在3年间才能学得融会贯通。玛尔巴对此感到不满意,他认为无论如何对于“无我”的4种奥义中的每一种都需要15头奶牦牛,获许参加一次庆祝顶髻母神的仪轨至少也需要奶牛和牦牛各一头。因此,最好还是亲赴印度。他还把剩下的财产的一部分献给卓米,以便不同他闹翻,并把剩余部分兑换成了黄金。他又回到了父母双亲那里,索求他应得的那份财产、田地和房屋。其父母及兄弟们都表示赞同,但要求他留在他们之中或是从事宗教,或是从事农业。玛尔巴拒绝了,取得了他那一份家产并全部兑换成黄金,惟有田地和房屋除外,一共得到了18两黄金。他知道自己在印度需要有黄金,“没有许多黄金就前往天竺求取教法,那就如同在一个空碗中喝水一样”。在印度居住了12年,获得许多教义和花费掉全部黄金后,玛尔巴返回吐蕃又重新搜集黄金。他的旅伴和竞争者枭氏在返回时送给了他一两金子和一曼陀罗，以此向他提议进行一笔奇怪的交易:“你要母续神变,即胜乐(三跋罗)的密教神变(《佛说大悲空智金刚大教王仪轨经》)之注！我要父续神变(《佛说秘密三昧大教王经》或《集密》之注！”这种独占教义的愿望已经促使枭氏把玛尔巴从印度带回来的稀有经文投入河中。

玛尔巴返回吐蕃之后，受到了其氏族内一位成员玛尔巴哥来的邀请,后者是北部(达木、当雄)游牧人的富贵首领。玛尔巴在那里获得了许多礼品(马匹、家畜、甲胄)和黄金(18 两)。此外,他又通过治病和传授教法以及在西北部开发矿藏而得到了黄金。在他回到洛札时,人们送给了他所希望得到的土地。一举名扬天下之后,他身边又聚集了许多仆从,娶多房妻室,生育许多儿女。这样一来,他就可以实现自己的夙愿,携带 11 两黄金再度出发前往印度。他的上师传[158]当然要强调他对宗教的关心。但据一卷古史记载:“在平民眼中看来,他养活了一个家庭,与其同胞们进行争吵,仅仅从事农业和房屋建设”[159]。其弟子米拉日巴的传记也说明,他身旁确实聚集着许多农业长工和牧民，抱怨达隆人攻击了他在卫地和藏地的弟子和企图以这种方式来阻止他获得后者的贡品，所以他就要求米拉日巴用巫术在达隆降冰雹。他还要求米拉日巴修建一座坚强的城堡或一个防御塔,塔要高 9 层,外加的第 10 层是一个圆拱顶,此外还有一条用 12 根柱子盖顶的回廊和一间发愿室。传记中还强调指出,这是对米拉日巴涤除罪孽的考验。但他也承认,这也是为将此塔建于一个具有战略意义之险要处而玩弄的诡计。防御塔建于一峡谷隘口，其父系氏族的成员们曾发誓不在那里建筑任何城堡,但在歃誓仪式时却没有包括玛尔巴。所以,其“堂兄弟”们率一支铁甲之师前往摧毁堡塞。但玛尔巴却成功地以其魔术吓退了他们,他们向他进献贡品,成了他的施主和臣民。

米拉日巴年轻时一贫如洗，只好以劳动来换取在其祖师家中的食宿。玛尔巴曾多次阻止他参加传授教法仪轨,因为他无法进献“传授教法俸金”。米拉日巴认为无论是以什么方式,无论是向谁求援,“都不可能免纳供品,因为不付出财物是得不到教义的”。一阵绝望情绪涌上了心头,他甚至企图自杀。他的全部赠品就是“身、口和意”，这一切结束了对他的考验，他获得了教法。玛尔巴的另外一位弟子翱顿也已经接受了一半教法，于是便前往向其师请教“甚深教诲”，特别是有关“口传写本”的教诲，这类写本盖有禁印。为此目的，他必须向其祖师奉送他的全部“外”产（牲畜）和“内”产（宝石、丝绸等），这一切肯定都是象征性的赠物。他还必须去找来留在自己家中的一只已残废的老母山羊，但当时通过不可分割的个人关系而建立的全部依附原则尚存在。

与玛尔巴同时代的一个人叫做玛·曲吉喜饶，我已经知道他是一场武装冲突的调解者。他在获得其祖师当巴的教诲之后，便返归故里，在那里放弃了自己的家仆和财产而成为一位修道者。当巴的另外一位弟子也可以调伏恶魔和治病，而且还收取非常高的俸金，因而变成了腰缠万贯的财主。他利用这些款项购置田产，形成了一个庄园。他在庄园里安置了自己的双亲和兄弟，后者在一次饥荒之后被迫以乞讨为生。他还为自己的弟弟择妻婚配。另外，他赠送给自己师祖三两黄金，作为治病酬金而获得的一匹良种公马。他的传记中还补充了一特别具有意义的详细情节：赠给祖师的黄金被一位仙女携走，为一次“轮座”仪轨付资去了。这类轮座实际上是集合了许多男女修道者的盛大宴会。

瑜伽行者是不能保留自己的财富的，他只是一位收授的过路财神，至少原则上是这样的。14世纪的一位瑜伽行者桑登贝巴（1291—1366年）不但拥有许多弟子，而且还积累了大量食物和财物。有人声言：“并不是他手中没有财产可以享受，而是因为他不为自己保留它们，即使一针一线也罢……师徒们仅以化缘布施为生。在寺院的那些土地和财产中，他甚至没有保留一垄土地或一片毡毯”。然而，他们的布施有时会达到相当可观的比例。修道者杰儿（1114—1204）向其瑜伽行者祖师及师母奉献了103种不同的礼物，其中主要包括50个（农奴）大家庭、一卷《般若波罗蜜多经》的写本和三匹马。

年代纪中强调这些情况肯定是为了突出圣心的例证，它们可能与其他那些较小的和无私欲的情况形成了鲜明对照。但是，在寺院财产（年代纪中没有对此持批判态度）和私人财产之间仍有区别。

虽然僧侣始终只占少数，但其中某些出家人都曾严格对待其宗教之条例，并且落实在行动中。他们常常还是抨击社会弊病的发言人。这类抨击常常是以非常严厉的口吻提出来的，主要是由格鲁派操纵以攻击宁玛派。我们已经提到过 11 世纪初天喇嘛强秋俄的强烈抨击：

"自从'解脱'（屠宰）仪轨发展以来，山羊和绵羊都不得安宁；自从性合的仪轨发展以来，人类在两性交合方面甚至也不顾及血缘关系了"。或者是："如果其他人在其他王国内听到谈论你们以及其他村庄寺院住持密教徒们的做法，那可能认为是绝妙和神奇的。但这些作法使你们声称：'我们是佛陀'，那就显得不如羯磨的神具有慈悲心了。你们比鹰和狼还更贪肉食，比驴和牛还贪淫好色，比残墙断垣和尸体的胸膛还更为容易解体（？），你们比狗猪还肮脏；在向纯洁神奉献粪、尿、精液和血液时，你们将于腐烂尸体沼泽的地狱中转生。这是何等可悲的结局啊！"[161]

时隔很久之后，到了 18 世纪时，对一演说集的批判似乎是针对所有教派的，其中也包括改革派。"当代，某些僧侣确实把宗教常常挂在嘴上，但从他们的行动来看，他们则是从来也未曾考虑过宗教。他们追求某种很有油水（？）的东西，嗜吃肉类和贪杯恋酒等……一旦在某些地方出现歌声，或出现了进行有利可图的贸易，或者出了武功和竞技表演时，他们便喜形于色，兴冲冲地慕名而去。"或者是："一旦有为他们自己或别人举行仪轨、进行祭祀和与俗人相会的机会时，我们当今的喇嘛便宰杀牲畜，噬其肉和饮其血，并不会因此而感到有丝毫内疚。[162]

然而，教派中这些严厉批评者们的声音却很少有幸会被教派以外的人，即为一般民众所耳闻。传教未被人所知，信徒们也不参加祭仪式。然而，民众们的批判确实是存在的，但往往却是通过歌曲和谐谑来表达的。墀松德赞的法典中有一奇怪的条款："不要向天竺或吐蕃学者和译师们表现出仇恨，即使用诗歌表达也不允许。"[163]我们还将会看到，在古代吐蕃，一些与说唱艺人相似的宗教专家，也使用一些神秘的歌曲和诗歌来表达自己的思想。所以，含沙射影的批评是完全可以的。

宗教界似乎是继承了这种对歌曲和讽喻的嗜好，并且还培养

图 57　神秘的北方地区香巴拉

图 58　桑耶寺(甘托克寺中的壁画)

和发展了这种兴趣。宗教界在使人了解西藏社会固有弊病方面也起了重要作用。那些云游瑜伽行者和贫僧们的特点,就表现在异行方面。人们在藏文中称为 smyon-pa,即“疯僧者”,此字既包含有他们奇怪的行迹之意,又指他们“神”一般的灵感。他们在诗歌、歌曲和舞蹈方面具有嗜好和不可否认的才能,尤为喜欢狂笑和诙谐。他们不但与民众生活在一起,而且还赞同民众的观点。所以他们强烈地攻击包括教派和所有宗教在内的整个社会的流弊。



大上师和诗人米拉日巴(1040~1123 年,或者是 1052~1135 年)就已经会模仿民间歌曲,以他的恶作剧而表现得超群。他自称“疯子”,津津有味地嘲弄那些僧侣们。下面就是他对那些神学家或“论师”们的看法:“你们满腔傲气,因过分的虚荣而打扮,为嫉妒而呕吐。你们放出了蔑视他人的屁,排泄出讽刺别人的粪便。”[164]

我还知道其他同类圣人,完全可以同圣方济各(Saint Frangois d'Assise)及其创建初期的方济各会相比较。我有幸掌握这些“疯子”之一的详细自传,这就是珠巴衮雷(16 世纪)。这位圣人每当祭圣山的时候总是同民众混合在一起,自我陶醉地与民众一起唱歌,模仿民间歌曲的风格和词语。他们用六弦琴伴奏翩翩起舞,并以这种方式从一个地区流浪到另一个地区。然而,我在他的道歌中发现了对当时所有教派的批评。他挺身而出反对机械地模仿仪礼,认为对这种作法如同失去冥想内容的外表仪礼一样 (假面具舞蹈和可怕信仰的修习)。他同时也揭露其他社会弊端。

“在那些大修道者的学院中,每个人都有一种禁咒(梵文中的 vidyā 或藏文中的 rig-ma,指女子,原则上代表智慧),他与此人保持关系。至于我本人,作为一名瑜伽行者,我要自制、忍耐,因为我害怕有朝一日会成为一个家庭的父亲。”“在论师学院中,每个人都有一个小僧侣作为宽慰自己的朋友。至于我本人,作为瑜伽行者,我要自制忍耐,因为我害怕会犯有射精之罪孽”。或者是在经济利益方面:

“我访问了珠河畔的所有寺庙。珠河上游的寺庙在不动产问题上发生了一些内部争执。至于我个人,作为一名瑜伽行者,我要自制忍耐,因为我害怕在堂兄弟之间(指同一氏族的成员)[165]导致爆发内讧。”我们在上文已经看到了其家庭是如何对待珠巴衮雷的。

像欧洲在类似的情况下一样，僧侣们纵欲和无节制现象是屡见不鲜的,完全如同人们取笑他们的那样。通过一种分布地区非常广的悔恶仪式，我们便可以看到一系列被认为是乱伦或被禁止的两性关系,我们甚至可以从中看到师徒之间的两性关系。[166]在近代,旅行家们也经常指出僧侣与寺庙之外女子的两性关系,尤其是在寺庙内部发生的同性恋问题。完全不出人们的预料,这后一种恶习在我们上文所提到的那种僧兵的相当闭塞的集团中最为常见：以拳脚和刀剑进行决斗的原因往往正是为了争夺一个男童。

珠巴衮雷和其他那些“疯狂”的上人(如著名的阿古顿巴)成了人人都喜欢的英雄。他们都是许多谐谑故事中的主角人物,这些有关僧尼们的讽喻一般都很粗俗。只是通过这一转弯抹角的办法,才可以用民众的方式来表达对社会弊病的看法。人所共知的惟一的一部真正的民间文学作品就是格萨尔史诗，同样在那些大人物和宗教弊端的问题上也充斥着诙谐与讽刺。然而,即使我们现在还不知道其作者是谁,但他也肯定是这类“疯子”,即属于充满灵感的宗教诗人或歌唱家中的一员。

他说:“喇嘛神人是一位进行说教的学者:财产是非永久性的,如同水面的泡沫一般;生命是非永久性的,如同一种快步舞一样。但观其行则与其言大相径庭。他会感到满意吗?这一切均取决于商品的数量。难道他要指责某人吗？这要取决于他长相的丑美程度。他认为财产是为其权力服务的。他手中以吝啬者的绳结紧握财权不放。”

上师理应成为圣者，民众应该得到幸福；不要觊觎他人的财产;不诚实必将落入法网,但他的行为与其言论根本不相符合。他把贫困和饥饿强加给了自己的臣民。他有钱吗?他用书面文字而确定了惩罚,但只要暗中赠送他大量财富,他就可以使罪大恶极者逃脱法网[167]。

最近,在拉萨出现了一个著名的道化师和一名优秀歌手。这个歌手也是歌谣作者,他可以进行政治讽刺而不会受到政治惩罚。人们以其绰号“阿古顿巴”来称呼他,有时也把他看作是我上文已经讲到过的神圣的玩世不恭者。我们还会看到,在假面具舞蹈中出现的小丑也代表着一些滑稽的上师。但正如在公元10世纪之前的中国中原及其他地方一样，具有神圣性格的某些人物和小丑非常擅长用讽刺来批判社会弊端，这后一种习惯在近代西藏变得比较广泛了,一般被称作“法的破坏”(或者是“政治的破坏”)。例如,在假面具舞蹈的幕间插曲中,僧侣们在舞台上演出了讽刺教权的剧(如神创造一些骗人的启示等等)。当在庭院中举行招待会和野餐时,许多贵族也不嫌麻烦地对俗人进行讽刺,以博得宾客捧腹。如果把这种批评和讽刺看作是信仰危机或反叛的开始,那也是错误的。它们的作用仅仅是博人一笑,并不妨碍内心深处的信仰。它并不对社会结构提出质疑,这种结构始终是能够令人接受的,而仅仅对某些被看作是偶然性偏差的特殊情况提出了质疑。当面对的是一种根本性变迁时，人们一般也并不认为这是一个理想世界的无政府主义状态,而是某个时代结束的标志。所以一卷苯教编年史为我们的恶世的结束确定了特点,认为那样就不会再有君主或主仆之分了。奴隶们可能会掌握权力并统治主人,僧侣们将成为上师,或者是隐修的女子也要生儿育女等等[168]。

教派的经济和政治概观不应使我们忘记它在当地文化生活中的作用。这种作用也是不可疏忽的。实际上,在教派内部也出现了各种文化活动,至少在王权政体覆灭之后的情况是这样的。

正如早在古代吐蕃就已经出现的那样,它那根据印度模式(那烂陀寺和毗讫罗摩尸罗寺）建立起来的寺庙在近代依然是真正的大学或寺院学校。除了宗教和哲学之外,在那里可以进修所有的传统科学:医学、药学、天文学、星相学、文法学和韵律学,在艺术方面还有绘画和雕刻。最后,正如在中世纪的欧洲一样,寺庙中也出版书籍,既有手抄本又有木刻本,同时还有出版所和印刷厂。我已经发现有些僧侣们创办收容所。还有一些僧侣同时又是技术员:如著名的圣者唐东(1400 年左右)对工布的铁矿进行开发,并在矿工中使用珞巴人,他还建造了某些铁桥。

我们在寺庙活动中还可以发现某种分工:一方面是学习,另一方面是实践。这种分工相当于佛教的两个基本方面,我还将进一步来论述它。我在墀松德赞的法典中就已经见到了在经和续的支持者们之间作出的详细区别。在近代西藏,这种区别程度不同地集中在两大类教派之中:改革派(格鲁巴)的学问和古旧派(宁玛巴、噶

图 59 正在工作的喇嘛画家

举巴等)的实践。这并不是因为格鲁巴完全不懂续,他们秘密和公开传授的佛教,格鲁巴的甘丹寺具有两个大型神变学院(上密院和下密院)。与那些大学问家相反,佛教各个科学和哲学方面的学者均出自古旧派。但在一切领域中,这种区别是有效的。对于格鲁巴教派中的两种密教经典(续)的学部,惟有那些已达到最高学位的僧侣们方可以进入求学。

在两种教派中,僧侣的生涯也就是学生的生涯,他们可以通过考试而一级一级地高升。在改革派之中,考试主要集中于书本知识和对因明学的掌握,而在其他教派中却考试有关禅定和瑜伽做法的神力。然而,真正的考试是以问答的方式进行的,审查和宣布学位的做法主要是格鲁巴的特点。在其他教派中,个人传授教义似乎起了更为重要的作用(正如在格鲁巴传授中的密教成分一样)。

与这种二歧式相同的还有另外一种作法:一方面是与思辨思

想、因明学和辩证法有关的书本传播;另一方面是相当于禅定修习者口头的、秘密奥义式的传授。这种区别确实并不与改革派和古旧派之间的区别相重叠。宁玛巴坚持不懈地宣布他们对经书的鄙视和认为知识的无益,但他们并不因此就没有收藏大量经典文书。只有追溯到古代,人们才可以更好地理解寺庙教学的这种双重面貌。我们还应该提一下在墀松德赞时代向桑耶寺僧侣们分发布施的问题。僧侣们每年都要获得纸墨,但"修道者"和修禅者都不包括在内。

在近代,西藏的纸张是用瑞香小灌木纤维制造的,主要出产在桑耶寺附近的达布和不丹。那里古代的纸张可能相当稀少或珍贵:在敦煌写本中,藏文文献经常写于汉文经卷的背面,甚至是写在这类经文的行间。在11世纪末,索穹瓦被迫在《般若波罗蜜多经》原卷子的边上抄写有关54位成就者的谱系,所以卷子肯定是剪开的,而那卷般若经则属于另一卷写本。稍晚一些时候,当他把这些写本交给其母亲时,她又用此做了一些家庭(?)账簿,所以致使卷子缺8行文字。[169]当时似乎还没有或者是刚刚开始使用刻板印刷术,这种发明肯定是在同一时代从汉地传入的。当时的大部分授业都是口传的。此时强调要拥有一种神咒(文殊咒),它可以防止人们忘记,吞米桑布札由于受它的启发才在一卷纸上写下了松赞干布赞普所说的一切。丹玛泽芒记下了在墀松德赞时代于桑耶寺所发生的一切。[170]到了当代,学生们还在学校里背诵着它们。我还知道,印度和汉人译师们都具有奇特的记忆力,许多重要经文都是口传下来的。

在墀松德赞和热巴津执政时代,进行了大量的翻译工作,这一工作确实需要参阅一些已成文的著作,所以当时就出现了一些系统的对话材料。同样,祖师们在原则上拒绝以口对耳之外的形式传播一些秘传教义,或者是以把师徒直接联系起来的方式进行传播(见前文第4章)。当祖师对弟子进行考试之后,如果他对应试人满意的话,便答应向他传授教义:"他把他引入内室,一连多日把他们的枕头并排在一起,向他进行宗教讲道,赏赐给他全部教义"。另外一位祖师的做法也基本相同:"把他们的枕头排列在一起,他们共同生活了一个月左右"[171]。这一切均发生在12世纪。

11和12世纪的其他一些例证也说明了在学习和实践之间的区别,以及在那些本来蔑视经书的教派中也出现了以笔做记录的

图 60　上部是瑜伽行者，宁玛巴喇嘛（左）和带有“金刚橛的黑帽”喇嘛，下部是一次隆重的出家仪式以及流浪说唱艺人（左）

图 61 莲花生的塑像
(甘托克)

图 62 甘托克的合尊塑像,一瑜伽行者

图 63　木刻版画

现象。某种信仰的印度大法师当巴桑结(卒于1117年)共有两位吐蕃弟子,即觉·释迦益西和玛拉色保。后者曾以文字编纂了6种教义,但其中不包括口头和秘密的教诲。觉·释迦益西由于害怕其世系被中断,于是便把他的教义归于索南喇嘛,他把自己6种教义中的4种传授给了玛姐拉卜准。玛拉开始时不将教义传授给任何人,后来当他年迈老朽时,便传给了自己的弟子,即"疯子"贝日,并嘱咐他依法修持,但千万不要再外传。以上便是实际的修持情况。

此外还有一位祖师,名叫夏顿。他与另外两位祖师介顿和铺顿组成了一所学校。因为介顿染疾卧床,大家知道"疯子"贝日遵循一种可以治病的信仰,夏顿前去向他请教教法。但铺顿认为介顿不能够接受有关这一信仰的教义,因为他正在"学习"。相反,铺顿是隐修者或静修者,完全可以接受这些教义。所以,他便前往去为其友介顿索求这些教义。贝日在开始时并不信任他,他感到惊奇的是铺顿获悉了他所得到的秘诀,于是便询问他是否真有意修习。在得到肯定答复之后,贝日送了他6种教义书以及那些口头教诲和论释。铺顿于是便开始依法修持。后来他又前往夏顿处,把6种教义中的三种赠给了他,而将全部6种教义送给了康地的一位祖师。这后一位祖师的"书记官"们便"笔录了下来"。接着,另外一位僧侣若·喜饶俄也想了解这些教义,于是便把瑜伽行者的书记官请到了自己家中,但书记官已经再没有过多的书了(或者是本来就不愿意给他)。所以,若·喜饶俄便转向铺顿求援,但仅获得了6种教义中的一种。他问道:再没有其他教义吗?铺顿回答说:是的,因为我只送给了夏顿三种,如果我现在把全套送给别人,那么他定会生气的。他为什么不将全套教义都送给所有人呢?因为这是一种非常深奥(秘密)的教义。然而,夏顿有一所学校,所以他身边也就有许多学生,他们以笔记录下祖师的说法。此外还有其他许多人与祖师没有联系,他们来到学校仅仅是"为了得到经书"。所以祖师很谨慎地注意不向所有人施教。因为若·喜饶俄在向他索求讲义时,他认为此人有资格获得,所以终于送给了他6种讲义以及一些口头训诫,但附有一个条件,即不要把口训记录成文字。

索穹瓦当时是当巴的学生,在他提出要求之后,获得了祖师的许可,允许他把54位成就者的说法记录成文字。一直到近代,还必须首先获得某一部著作的“权力”或“许可阅读”,然后方可进行研究学习(尤其是针对那些伴随着经书而授予弟子的口训)。某些经书虽然是刊印本,但书末却附有“封印”和神秘的注言。

虽然口训对于所有有关修道和瑜伽的做法都非常重要，但经书和书本教义也起过相当重要的作用。我们已经看到寻求经书和讲义是何等地需要黄金和其他财富啊！正如在中世纪的欧洲一样，必须从一个学院到另一个学院，从一位师傅到另一位师傅挨门请教。有许多人都有相当的专长,他们把讲授自己的知识视为某种垄断权。完全如同欧洲一样,人们进行长途跋涉的另一种原因是由于当时书籍的数量很少。有时需要跪在一位大师脚下求学和做记录，课堂笔记就可以这样发表；有时又要远涉他方到某家藏经楼中参阅某本著作。一直到近代,原来分散在印度各地的梵文稿本尚藏于萨迦寺。另外一些稿本来自阿底峡尊者,现在被捆扎或封藏于热振寺。尤其是在开始时代(但现代尚可看到),抄经则是一项必不可缺的工作。即使当印刷术已进入生活习惯的时候,借来一部书并抄一份手稿,则常常是既为简易而又价格低廉的做法。所以,必须把原写本和写本之抄件加以区别，大部分手抄本著作都是印刷品的抄件。事实上,为了进行印刷,必须求助于寺庙,而收藏有雕版的寺庙则又常常位于遥远的地方。另外还必须获得纸和墨,动员一些僧侣进行印刷并付酬,最后是找到商队运输。所以稿本始终是常见之物。

抄写经文必然会导致许多错误，正如欧洲在相同的情况下一样,尤其是因为抄写者惯于采用一些简化字,或者是把许多字编写成一个连体字。所以,跋文中不仅提到了抄经师的名字,而且也提到过校对者的名字。抄经和印经实际上是得到鼓励的,一位施主在命人抄印经文时就会获得宗教功德，所以人们会得到一些漂亮的稿本。有时用各种不同的草写体字写成，其墨迹分别为红色或黑色；有时也使用蓝纸或黑纸再以金银墨写就，常常装饰以彩色插图。出于同样的原因,印版中不但要提到施主的名字,而且也常常提到耗资数量。对施主的赞扬有时甚至要追溯到整个家族的历史。

我于下文还将谈到教派的教理及其所收藏的数量庞大的文献。我于此还需要再费一些笔墨以叙述一种具有悠久历史的制度特点,这就是宗教集会或僧诤会。到了近代,寺院生活已经具有了固定特点,这类集结仅限于格鲁巴教派中,而在格鲁巴教派内部则又仅限于论师派。就现状而言,它已经不再仅仅是因明学和形式推论中的一种僵硬的、形式主义的做法。然而,某些特点还说明这种制度从前则具有一种竞技和决斗的特点,它与其他一些仪礼比赛同时并存。

集结是以问答的方式展开的,有时如同是一师徒之间的日常训练一般,有时又如同是师徒之间的考试问答一般。他们的论据有时也可以为一个人的思考而服务,一共设想了三种方式:"提出自己的论点"、"批驳对方的论点"和"放弃争论"(自我对本人的论点提出一些对方尚未提出的反对意见,对此问题要事先作出回答以避免新的争论。)

但是,使所有旅行家们最为感到惊奇的,则是这些辩论的表面形式。那位挑起争论者要以提出主题和论点(即提出论点和命题的人)的姿态出现,当时要稳坐在那里以回答攻击。其对立面即批评者要反驳另一方的论点,并且要依据经文而设难,他站在那里作出进攻的姿态。他边说边做手势,行动要符合经典规定,其目的是为了使对方感到窘迫。他可以舞动双臂,击掌弄拳,撩起数珠和衣服。在回答每个问题时,末尾一句话要加重语气并以脚跺地,发出一声叫喊,扬起右手,然后再突然落到伸向对立面鼻子前的左手张开的手掌中。回答问题者要双脚跳起,提出一个问题而作为回答。这场争论的获胜者被其教徒们欢呼着捧上别人的肩膀。有时候胜利者还要侮辱失败者。在锡金,我还发现过失败者爬行,胜利者骑在其背上,用脚踢以使他快跑。意大利的传教士们于 18 世纪初在拉萨曾亲眼见过这种作法,他们对这种表演感到惊奇。

当时的西藏人确实是象征性地解释了这类手势中的一部分。在进行争论时,便会为人类谋福,并关闭地狱大门,把人类引向拯救之途。这种激烈的言词一直维持到今天,所以格外具有意义,虽然宗喀巴(同名教派的创始人)曾针对这一问题而指出过其厌恶之情绪:"当他居住在经学院时,曾坚持要求不要以跳和跑来表演舞蹈,更不要以那些令人轻蔑的和荒谬的杂音来演奏乐曲。"

毫无疑问,这些争论具有礼仪特点,而正是这一特点才使这些辩论与其他一些比较常见的民间宗教竞技更为接近了。这类辩论似乎是在露天野外进行的，往往是紧傍一棵大树(在一个描述得比较具体的例证中记载说，是在围绕着一座神庙的许多棵树下举行)。西藏史诗中向我们描述了汉地喇嘛和林地喇嘛之间的一次集结会，这次辩论期间还举行了刀枪比赛、幻术、摔跤、赛马、掷骰子、弓术、选美比赛等等。

如果这些辩论后来仅仅成了同一教派内部的活动，而过去则是对真正对立情绪的一种最为通俗的表示。18 世纪的一部著作追述了在一棵大树之下举行的一次辩论。这次辩论是在作为瑜伽支持者的一位修道者(隐士)和另一外道代表之间举行的。有时也完全如同中世纪的欧洲一样，通过把所提的问题张贴于众的办法，而向真正的学究们进行挑战。在 15 世纪初叶，五世噶玛巴在康地贴出了一些问题单，卫地的任何喇嘛都无法回答，噶玛巴就成了这次竞技比赛的战胜者。

到了公元 1000 年左右，有关因明学的印度文著作被译成了藏文。再发展到 11 世纪初叶，又采纳了进行争论的各种不同方式。创立这种形式的主要功劳应归于恰巴·曲吉森格(1109—1169 年)。后来，萨迦班智达(13 世纪)抛弃了其中的有害成分而采取了一些有益的形式(见书末所附参考书目第 151 条:《如意宝树史》第 2 卷，第 183 页)。我们从其中可发现有关著名佛教论师大龙域(公元 500 年左右)晚期传说的雏形。当在那烂陀寺同“外道”(印度教教徒)进行一场大规模争论时，僧侣们无法与非常精通辩证法的一位婆罗门僧对阵。大龙域以其才能而著称，他应邀前来参加辩论，并且三次战胜了“外道”派。他分别批驳了对方，使他们“进入了佛理”。在另一次辩论中，一位婆罗门僧首先使用了魔法，但大龙域受到了文殊师利的帮助。在又取得其他几次胜利之后，大龙域便获得了一个“善斗公牛”之诨号。

在印度和中国，这类争论的习惯作法是人所共知的。其后果可能会导致杀生，至少是将失败者驱逐出去，或者是强迫他采纳战胜者的教理。所以国王们也使用这类由神灵裁判的决斗。蒙古国王向萨迦班钦发出的邀请肯定是有其动机的，其中就与他在同印度异端的神学大辩论中获胜的名声有关。蒙古皇帝确实曾这样使景教徒、伊斯兰教徒和佛教徒或道教徒们，也可能是使佛教徒和景教徒之间形成对立。噶玛拔希也在蒙古人中参加过一些与道教徒和景教徒的宗教竞赛。我已经在其中发现了另一种因素。竞技也并不再仅仅是辩论性的了,同样也包括魔术或“奇迹”方面的比赛。我们已经看到,通过这类决斗便可以使印度僧侣与汉僧之间产生对立,墀松德赞赞普才决定正式促进吐蕃教理的发展：汉人禅宗的信徒们遭逐,随即便由此而产生了暴力行为(藏文古史的记载)。同一位赞普还主持了一次佛教徒和苯教徒之间的论争,它既是魔术之斗,又是神学之争。[177]

这些争论有时是各位祖师之间互相对立的结果。普尔巴(普尔布的畏怖神,具有魔法之橛)的仪礼受到了攻击,因为他们的教理是以被当作伪经的密教经典为基础的目标，而且也是用妖术而进行的真正斗争。热译师(约为公元1050~1110年左可)从其尼婆罗“外道”(印度教教徒)祖师巴若那里继承了学业,所以他既反对朗拉卜(拉达克境内)的喇嘛菩提金刚,同时又反对昆氏家族的萨迦洛卓大师,后者负责把这种仪轨传播到萨迦巴中。

其他神学争论是通过书面进行的。人们有时攻击某某教派或作者,答辩者也使用经书和小册子来回答攻击,而后者所使用的语言也常常是具有讽刺性的。宁玛巴,尤其是大圆满法信徒们首先不仅是争论(僧侣国工益西俄在11世纪的一道王诰中就已经这样做了,其外甥希保在1032年诏令中也承袭了同样的做法),所以宁玛巴写了一些批驳文。在14世纪中,仁达林巴写了一部宗教史,叫做《圣教之灯教法史》,又叫做《尊道僧格狮子吼》(见本书末参考书目中的第293条)。到了16世纪时,索都巴写了一篇很有学问的和宗教性的著作，其内容是对11世纪之控告的反驳文（见本书末参考书目中的第302条：《索都巴·洛卓坚赞文集》)。在另一部著作中,他又自愿地回答了八世噶玛巴弭药多吉(1507~1554年)的那些令人颇为棘手的问题。其他一些论战性著作是由格鲁巴所撰写,有时甚至使师徒之间产生了对立。

图64 莲花生，节日展出的大唐卡(不丹)

图 65　带汉字“寿”的大吉岭的喇嘛寺

# 第四章　西藏的宗教和习俗

人所共知,西藏的现代宗教是大乘佛教,这种宗教的的确确是渗透进了西藏所有的制度和居民中了,大乘佛教在西藏形成了一种独特的形式。除了蒙古、锡金和不丹之外,它与远东其余地区的大乘宗教均有所异,而上述三地也正是采纳了藏传佛教形式的结果。由于喇嘛在其中所起的突出作用,所以这种宗教形式又被称为喇嘛教,而“喇嘛”一词也并不是指所有的僧侣,仅仅是指大师(古鲁)而言。我们在下文将会看到,他们所起的作用确实格外昭著,甚至在教理方面也是这样。所以,我没有任何理由对这一称谓加以修正。

本文的宗旨不是意欲于此对这一宗教作比较完整的阐述。这是一个包括无数形态的极端复杂的领域;一种洞察入微和内容丰富的哲学,同时包括辩证法和形而上学;一种非常深奥的心理学,它与冥想静修和控制心理生理学作用(瑜伽)的修持法有着密切联系;不计其数的诸神;不胜枚举的仪轨;民间修持;宇宙形态的思辨和占卜术。对于其中的每一种形态,西藏人都曾编写过成千上万卷论著。由于这种观念的基础系由印度(部分是由汉地)派生而来,所以整个问题更加错综复杂了。因此,我只能依次阐述其中某些我认为特别有意义的题材、态式和行为。

由于篇幅所限,我要尽力避免作全面的论述,但也完全不应该忽视另外两种曾为西藏文明作出过贡献的宗教。第一种是苯教(其信仰者被称为苯教徒),人们习惯上都认为这是佛教之前的一种巫教。第二种是上述传统中的一整套观念和习惯以及全部宗教信仰者,但后者没有形成组织,没有教堂寺庙,没有教理,没有僧侣,甚至几乎也没有名称。但这并不是说我已经能够理解这种宗教的真正状态了。佛教是无孔不入的,它与其他所有巫教信仰(也就是非佛教信仰)重叠或并存,与基督教在欧洲的所作所为如出一辙。虽然它置身于喇嘛教外衣的掩护下,有时也部分地由一些古文献所掩饰,但这一切并不妨碍我们窥视到其中的一些内容。

欧洲的作家们常常把这种无名氏宗教和苯教相混淆,把二者一概称之为“原始宗教”。藏族学者们也应为这种混淆承担程度不同的责任,因为他们认为一切非佛教的事物必然是野蛮的和具有邪恶性的。然而,他们也保留了一种主要的二歧式,即在“神仙教法”(即神法)和“人间教法”之间作出了区别。前者主要是指(或者是曾相继指)苯教或佛教,而后者是指风尚道德方面的传统。

## 一、喇 嘛 教

**教理要素**

无论其困难有千千万，我也该首先阐述喇嘛教的某些教理基础。

两种印度教宗派统治了喇嘛教思想。尽管在宗派和教派方面有所分歧,但这两大教派都正式地被教宗所采纳。这就是龙树(公元 2~3 世纪)的中观宗(梵文为 Madhyamika,藏文为 dBu-ma)和无著(可能为公元 4 世纪)的瑜伽行宗或唯识宗。

如果把复杂的局面略作简化，那么在吐蕃两种理论体系的相对重要性中，我们就可以试图重新找到上文所提到过的那种双重结构或二歧式二学习和实践。前者(指学习)似乎在格鲁巴“改革”派中很有势力,而后者(指实践)在宁玛巴“古旧派”及附属的教团中则占有优势。格鲁巴的特点首先是擅长于理论争辩和哲学(mt-shan-nyid,字面意义是“相”,即梵文 Laks·ana·),其他教派的长处是修道和心理感受。但中观宗也具有直接和迅速的修持(净化或顿悟);瑜伽行宗也承认通向熟达的渐途和擅长于哲学。改革派的两位祖师尊者阿底峡和宗喀巴都强调过这两种教义体系的融合性。密宗的静修冥想或仪轨也会出现在格鲁巴中，而宁玛巴中也并不是完全不注重理论研究。

与两教派都有关的则是本体的性质和超越色的东西。为了方便起见,我在下文中将简称之为“绝对的”,即“法”,指的是达到其高度以确保救度。仅仅通过推论是不能达到这一目的的,但可以为破坏因袭观念和表面现象而开辟道路,它具有消极的一面。心理的修持方法则相反,它通过一种由于思辨而无法表达和难以捉摸的,但可以利用的积极感受而达到目的。

对于两个教派来说,我们这个色界的一切事物和因素,即一切法均无自性。对于真正的实际是不能够下定义的。在更无上策可取的情况下，我们权宜称之为法（Dharma 或 Dharmata）或“法身”（Dharmakāya）、“法界”（Dharmahāta）、空（sūnyata）、真如（tathatā）、规（藏文为 gnas-lugs）、智（jnāna）。令人非常奇怪的是这种现观有时又被说成是“自性”（Svabhāva）[178]。对于两个教派来说，只有通过瑜伽的修持方可实现这种现观。中观宗具有某种消极的倾向，即对于“法”无法作出任何断言，既非此，亦非彼。瑜伽行宗则具有积极的一面。根本性的现实即为思考心（Citta，纯净的智）。如同空间一样，它可以进入或覆盖一切，可能同只能反射自己光线的镜子一样。上述这种教派由此而又获得了另外两种称呼：“唯识”或“唯相”。在心所（藏文中的 sems 或 sems-nyid）的本体论面貌中又增加了认识论的面貌。“物”的色界仅仅是一种相，而相则是深度的心理能藏处（阿赖耶识）。从本体过渡到色，从现实过渡到幻觉（藏文中为 snang-ba），一个与另一个的关系，所有这一切均相当复杂，无法于此进行详释。但从某种形式来看，它们只不过是同一事物的两个不同方面。救度的条件则是回到“现实”中去，但这一过程则必须通过灭主观（思想者）、客观（思想）的二元性和空性的修持来进行。“成就”或“圆满”（梵文中的 nispatti，藏文中的 rdzogs-pa）可以导致“完全的”和“完成的”本性（圆成，即梵文中的 Parini spanna）。我在修道过程中和古代吐蕃一教派名“大圆满法”中也发现过这些术语。

中观宗则必须与外道作斗争而自保。在肯定空的同时，则必须保持在两种“错误观点”之间的中庸。这两种错误观念之一是导致虚无主义（任何东西都不存在，无论是世界还是自我）的过分否定，其二是一种过分软弱的否定，允许一种永恒的存在（自性或一种“我”，即梵文 ātman）。真正的“中”是在各种“事物”中都不要采取肯定态度，惟有当它们没有本性时例外。最为巧妙的解决办法是提出两种真谛：其一为“胜义谛”（梵文中的 Paramārtha，藏文中的 don dam-pa），根据这种观点来看，“事物”即色界是不存在的。它相当于“法”，既是难以下定义的，又是超越理解之范围的：“圣者的沉默”。另一种是“世俗谛”，即“欲谛”或“世谛”（梵文中的 samvrti，藏文中的 kun-rdzob），即表面上看来是相当的真实。从这一观点来看，“事物”则是存在的。这就是说组成我们这个世界的各种要素都缺乏固

图 66　未婚妻的舞蹈

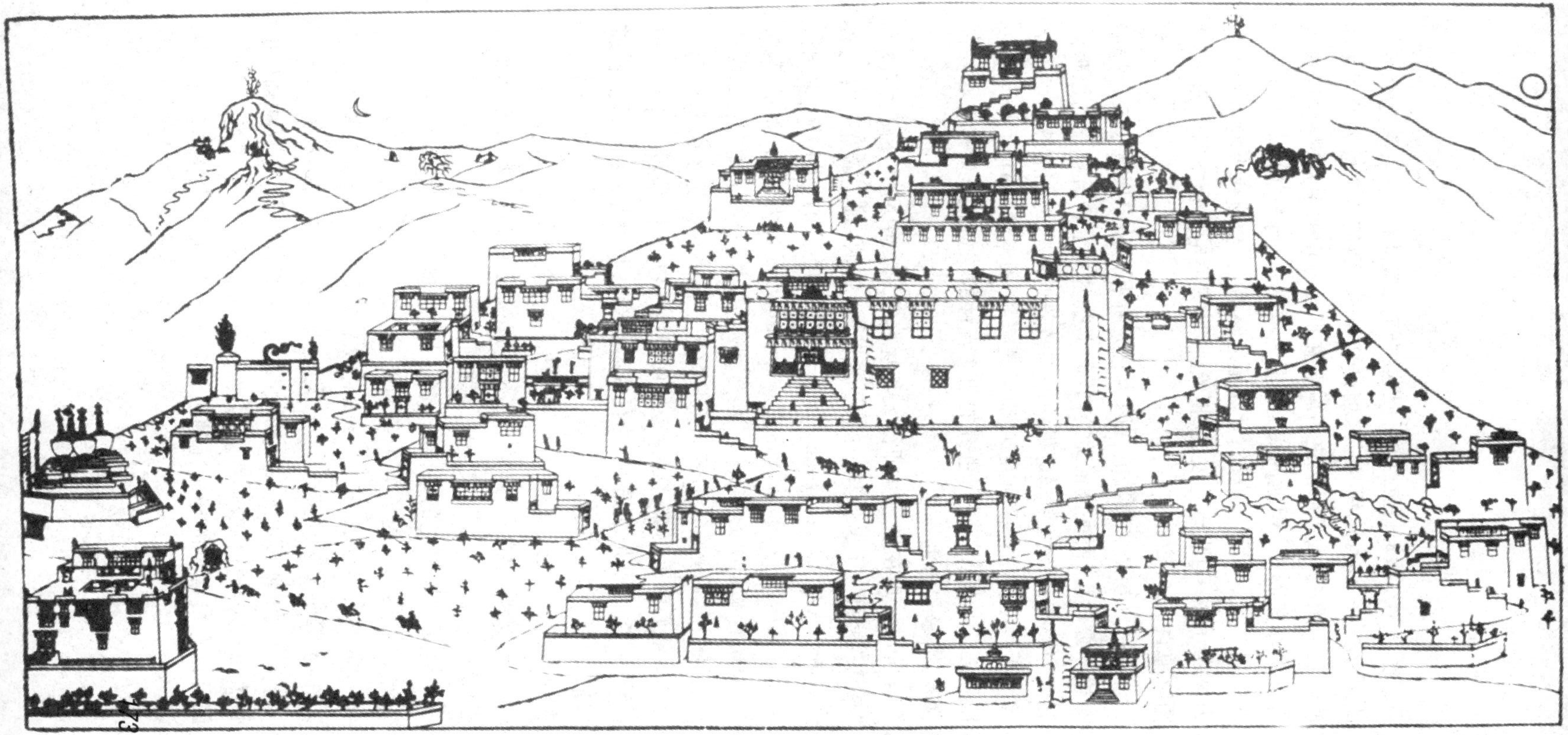

图 67　代表萨迦派第二个圣地泽当的寺庙图

有的真实性,都是幻觉性的,但这种幻觉却是存在的,是完全真实的,至少在尚没有达到"法"之前是这样的。我们这个世界的存在如同幻觉一般,当人患眼疾之后就会在自己的食物中发现毛发,虽然根本不存在毛发。但他的幻觉却是真实的,只有当他痊愈之后才能发现这一点。然而,这种幻觉却是危险的,它会使病人发生不当行为。因为他一旦发现毛发,就拒绝进食,只要毛发存在那里,他就试图除掉它。

这一立场是实质性的,因为它为所有信徒们保留了宗教的道德和慈善行为,而在世俗谛的内部,那些基本上符合科学的原理尚有效,那些有关因果报应做法的佛教普通观念仍在继续支配着宗教生活。我们已经看到,那些面对异行的"改革派"僧侣们所关心的也正是这一概况,进行色界的非实观性的修持就会发现这些异行(如吃屎尿和杀生等等)。

所以,现在必须立即深入了解喇嘛思想中的另外两大概貌。"真谛"就相当于出自其中的"了义"、"肯定的,真正的意义"(梵文为 nitārtha,藏文为 nges-don,即经过证明的意义)。"世俗谛"则相当于出自其中的"不了义"(梵文为 neyārtha,藏文为 drang-don,意为"需要解释和证明的意义")。但是,甚至在这一"不了义"内部,吐蕃人还区别出了正常行为和非正常行为。前者是指世俗信仰者们的行为。他们敬重喇嘛,认为(在轮回转生的链锁中)获得人体是相当困难的,生命不是永恒的,善行或恶行会各得其果;后者是指普通僧侣们的行为,他们皈依了佛、法、僧,表示了要在自己身上产生菩提的心意,并通过忏悔而涤除自己的积恶,奉献了自己的"二障"(知识和功德)。至于"真义",它是保留给那些通过"尊师的瑜伽"而进行修道的人,我于下文还将继续阐述。

所以,我阐述的基础应该是"义"(梵文为 dharma,藏文为 chos),而不是人;是真知或绝对智慧(梵文为 jnaā,藏文中为 ye-shes)而不是识(梵文中为 vijnaā,藏文中为 rnam-shes);是了义经文,而不是不了义经文。

但是,根据每个人力所能及的这一条或另一条,这两种真谛也必然会把人类分化成等级。因此,所有人都被分成了三类,每种人都可以在最常见的分成九种乘的等级中得到三种救度之道或乘

(梵文为 yāna,藏文为 theg-pa)。这并不是由于从原则上来说没有任何人会难免最高救度,我们所有人的佛陀之本性,无论是处于潜伏还是可能状态,从理论上来说都可以实现之。“思想的本性在所有地方和所有人中都是一样的,但其特点不同”[179]。根据他们过去无数代生命之后的发展情况来看,所有人都有分成三种不同类型的智力:上、中、下。对于智力低下者,注定要得到声闻者(梵文中的 csrāvaka,藏文为 nyan-thos,指世俗信徒)、“缘觉”(梵文中的 platyekabuddha,藏文中的 rang-rgyal,指小乘)和菩萨(byang-chub-sems-dpa,指普通大乘)的三种乘。他们都曾领受过历史上有名的佛陀释迦牟尼的说法。

另外两个种类则相当于密教经典。中类还是“外部的”或公开对外传授的:它包括“作怛特罗”或“事续”,(梵文为 kriyā tantra,即藏文为 bya-ba'i rgyud 尤其是指巫术),“方便怛特罗”或“行续”(梵文为 Upāya tantra,藏文为 spyod-pa'i rgyud,尤其是指仪轨书)[180]和“瑜伽怛特罗”或“瑜伽续部”(梵文为 Yo-gutantra,藏文为 rnal-'by-ors rgyud)。前者已经向喜马拉雅山地区的神和人类的“持明”(梵文为 Vidyādhara,藏文为 rig-'dzin)们显灵,中间者已经向天上或喜乐(Tusiita)天堂(指甘丹寺)的神所显示,后者已经向 33 层天和色究竟天(梵文为 akanista,藏文为'og-min)的神和菩萨所显示。在这一相对的高度中,只有第三类才是“内部的”或不外传的。根据我于此所研究的史料来看,它也包括大瑜伽、无上瑜伽和最极瑜伽。我甚至还可以从中补充以第十种乘(毕蒂瑜伽,即藏文 spyi-ti-yo-ga)或者是由三种乘所组成的一个新的系列:毕蒂(spyi-ti)、精炼(yangti)和边大(mitha'-chen)。我们于此无法涉及到详细情节,但应该指出,中位乘和上位乘都属于十“地”或者是菩萨的圣心阶段。三种中位乘(作瑜伽、方便瑜伽和瑜伽)都是向第三、四和五“地”的上人传授的,以此类推。

“世俗谛”承认现观及其法则,它不仅仅在激励低下人的道德品质方面有益,而且作为菩萨的活动范围也是必要的,菩萨出于怜悯心而一直在这一色界中活动。已经达到“法”和“空”的具有灵感的上人并不处于这种状态,而是回到世俗界以帮助其他人。

但是有些人认为,接受色界必然会引起为逐渐向圣心上升(道

图68 珠巴派活佛十二世珠振活佛的坐床仪轨

图69　已变成博物馆的布达拉宫

图70　在布达拉山脚下的煨桑供

图71　通灵人每年的出行

次第)的纯道德的义务。其他人则认为,如果发现了事物是空洞的,不仅是一种空性或绝对事实,那就必然会导致把绝对和相对视为一体和摆脱普遍性的规则。这是一条迅速的和即时的道路,也是“深奥的教理”。对于那些达到“法”之状态的上师来说,涅槃和轮回(梵文为 samsāra,藏文为'Kor-'das)本为一体。他还认为,在善与恶之间也不可能具有区别。为了证明一切皆空和在一切事物之间都没有任何区别,所以他就沉湎于各种异行。为了得到“法”,实际上则必须逾越主要障碍,即我们那种建立在对思考行动的错误印象基础上的思辨性思想。辩证法在其中已经起了作用,因为它引起对世俗观念的破坏,导致离开正路和迷失方向。但是这种方法的后果受到了限制,因为它更好地是要一些宗教行为(如信仰)所保证,我在下文还将继续论述它。

密教又向前迈进了一步,当吐蕃人前往印度求法时,密教在印度正处于繁荣发达的兴旺阶段,那里的佛教密宗与湿婆密教和普通瑜伽共同享有佛教的修持法。在这种思想体系中,“法”(“绝对”)引起了两种积极特点,从推理上来说是无法辩解的,但却由在生理机能控制之下的关于冥想的心理修持所发现。这就是乐、大乐(梵文为 mahāsūkha,藏文为 bde-chen)和慈悲(karun· ā)。前者是“法”所固有的。但我认为可以说,辅助应该从两个方面去考虑“法”,其一是作为一个单一的东西,其二是认为它尚包括两种补充原则。它在这两方面都被看作是阴性的。当把“法”看作是统一整体时,那么其高度的纯洁性、法身、真如和“法界”都是母亲(yum);但从另一方面来看,还有一条阴性的和消极被动的原则。智慧(梵文为 prajā,藏文为 shes-rabs),它为了显现出来,还需要积极主动的阳性原则,即“方法”或“方便度”(梵文为 upaya,藏文为 thabs)。我可以这样说,当方便度离开智慧时便是色界,但如若向相反方向发展便会成为神秘的合体。必须指出,这是与湿婆密教相反的作法,因为后者的消极原则是阳性的,即自在天;而其主动原则则是阴性的,即能力(sakti);而自在天也是通过能力而实现的。所以在象征性的表现中,同一个 yum(母亲)字也指正妻或妾。这二者的合体便产生了大乐或菩提心(梵文为 bodhiicitta,而藏文为 byang-sems),一般指菩提的思想,但有时也与“滴”结合在一起使用,指精液的一种精神对应物。

这种理论可以解释禅定或修道的做法，或者是相反，禅定或修道则以它来进行解释。色界具有一种用途。空(s´ās´nyata)没有积极的慈悲是不能存在的；如果没有色界的存在，那么绝对的真实也就不能存在了；但色界没有空或绝对的实也是不能存在的。当时把这种表面世界比作是未婚夫，若没有他，那么空(未婚妻)就如同死亡一般。反之，如果未婚妻离开了未婚夫(即使是一时一刻)，那么未婚夫就永远如同桎梏加身一般。后者就可以使表面现象与空性同时存在①。

如果禅定修持一直在重复（假定我可以这样说的话）空性或"法"与色界之间一直存在却从未开始过的关系的话，那么这种禅定修持就是一种"成就"(梵文为 Sadhana，藏文为 sgrub)。其主要内容是由两部分组成的：由空而来的(思想)"创造"，它就相当于色的存在(生起次第，梵文为 utpan-nakrama，藏文为 bskyed-rim)；"空成"或恢复"法"的统一(指圆满次第，即梵文为 nispannakrama，藏文为 rdzogs-rim)。只有第一部分才比较容易理解和修持，至少在地道的吐蕃方法中是这样的。第二部分中包括中瑜伽的心理—生理性的做法(尤其是在"呼吸"和性之势力方面)。

因此，禅定的作用在于它不仅可以对最高的真实、空和"法"进行实验证明和获得亲身体验，而且还可以证明和亲自体验色界存在的本质——精神创造物。这样修持，尤其是实现空或大乐第二部分的目的就是救度和解脱。但是，通过精神创造的色界存在的第部分，这种修炼也有一种副产品，即超自然的神力(成就)。这类神力并不是本质性的，但上人可以利用它通过奇迹来皈依，以保护宗教和反对人类或非人类的敌人，或者是为"全人类降福"。通过禅定而实现空实际上是为了本人，但有时也是为了别人。通过积极主动的慈悲，便可以利用由此而产生的力量以为众生效劳。

我想大家很容易地就会联想到，从这些教义基础出发，并从中吸取最终结果，那么某些大师或某种教派就可以被导入出乎寻常的仪轨和巫术之修持。但事实是，甚至像阿底峡或宗喀巴那样的

---

① 见书末参考书目第 273 条：《瑜伽行者珠巴衮雷的生平和道歌》，第 205 页注⑤和第 348 页。——译注

“改革派”也都研究和接受这类教理。当然，诸如1748年的松巴堪布那样的格鲁巴大学者并不以赞许的眼光对待这一切。然而，甚至松巴堪布也总结了他对宁玛巴密教教理的批判性论述，第二世(1475~1542年)和第三世达赖喇嘛(1542~1588年)不久之后也研究了他的批判，尤其是著名的五世达赖对此特别关心，因为“他变成了整个西藏的总堪布”(从政权角度来看)[181]。事实上，其全集的第二部分完全是宁玛巴的教义。这一部分确实后来被当作秘典而保存起来了，所以很难弄到手。

**宗教的修持**

我们立即就会发现出自以上内容的喇嘛教之一大特点。宗教活动的主要内容是僧侣和修道者们的事，对于一般信仰者们来说则是高不可攀的。后者深刻的信仰是以僧侣为基础的。世俗信仰者们一般并不参加宗教性服务和仪轨，仅仅是有时作为普通旁观者而出席。他们既不去听说法，也不在私下个人做祈祷。他们属于那些思想之根的等级不允许超越“世俗真谛”的阶级，仅仅希望改进自己的羯摩(karma)，即在来世活动之果，所以，他们的宗教活动主要就在于积累功德，其手段是向寺庙和贫穷者布施，在神像前面燃灯，朝圣进香或围着圣物周围转经，要求喇嘛们祝福和施展佛法。他们懂得根据人的行为而转世的原理，根据本世的善恶行为而在来世转生于不同的六道：天阿修罗、人、畜生(傍生)、饿鬼和地狱。即“六道轮回”或“六趣”。这种转生的境界被称为“世界的轮回”，我们到处都可以见到其形象。有关地狱的惩罚和对死人的判决之说，在一些流浪说唱艺人的推动下得到推广和普及，因为人们一般都认为说唱艺人是曾进入地狱之后又重新还阳的人(至少从15世纪以来就已经出现这样的人了)。最后，为了教化信仰者，某些假面具舞蹈①中也出现了一些处于死者和来世转生者中间状态（中阴)的神。

世俗者和文盲僧人自己也拥有一些用于诵读或抽象转引的真言，这就是神咒，我们可以认为它们表现了相对应的神。转读经文既可以是真实的，又可以用机械的方式进行：用手力、水力或风力

① 指跳神，下同。——译者

来转动法轮，制造佛像的模型。最著名的神咒是用来召唤西藏守护神观世音菩萨的六字真言：嘛呢叭咪（或嗡嘛呢叭咪，即梵文 Om mani Padme hum 之对音），但也有其他神咒。在密教中，人们认为这些真言具有召唤并使之出现的能力，几乎是以自动的方式进行的：只要正确地转读并伴随以适当的禅定修持即可实现。对于广大信徒来说，这主要是一种信仰活动，其中也包括诵读经文，这种信仰可以使"我"集中或消失。在近代西藏，如果读或写"嘛呢"成了广大信徒中的一种通俗信仰，那么以前（12 世纪时），这种作法就如同宗教的其他修持一样，也完全是宗教专家们的事。"嘛呢叭"（ma-ni-pa）系指具有观世音菩萨之奥义（指具有转读真言的"能力"，在藏文中为 dbang）的僧侣。在现代，"嘛呢叭"又是指一些流浪的说唱艺人，他们指着某些绘画的片断说唱一些教化人的故事，但同时也表演一些能够说明他们特殊能力的仪轨（在胸部击碎一块很重的石头，躺在两口刀刃上等等）。

另外，每当宗教干预成为必要的时候，一般信徒们都求救于宗教专门家进行占卜。当发生疾病或中邪的时候进行治疗或驱邪逐魔，当死者处于中阴过渡阶段时要帮助死者，利用结婚和其他机会召来运气或长寿、保护牧畜和庄稼收成，祈求或制止雨水冰雹。此外还有其他各种活动。我于下文将再来论述某些信仰，虽然这一切都纳入了不可分割的诸说混合教义和喇嘛教中，但它还保留了某些并不完全是佛教的特点，我可以单独进行论述。

**信仰和祖师**

这是一种为普通信教者和那些甚至是非常著名的宗教人士共同享有的宗教形式，也就是无数文献都肯定其绝对必要性的那种信仰。初看起来，人们可能会感到奇怪，因为其中缺乏一尊神，并且还具有所有神人的幻觉特点，而这些神人如同其他所有色一样都是思想创造物。但其中却明确指出了这种必要性的原因：这就是通过无条件的信仰狂热便可以克服自我，停止（至少是暂时性的）思辨思想的活动。因为恰恰正是思辨思想而产生了这个自我的幻觉，从而使它成为获得解脱的主要障碍。当然，我们可以根据这种狂热的目标而作出区别。对于所有那些活动在相对现实世界上的人来

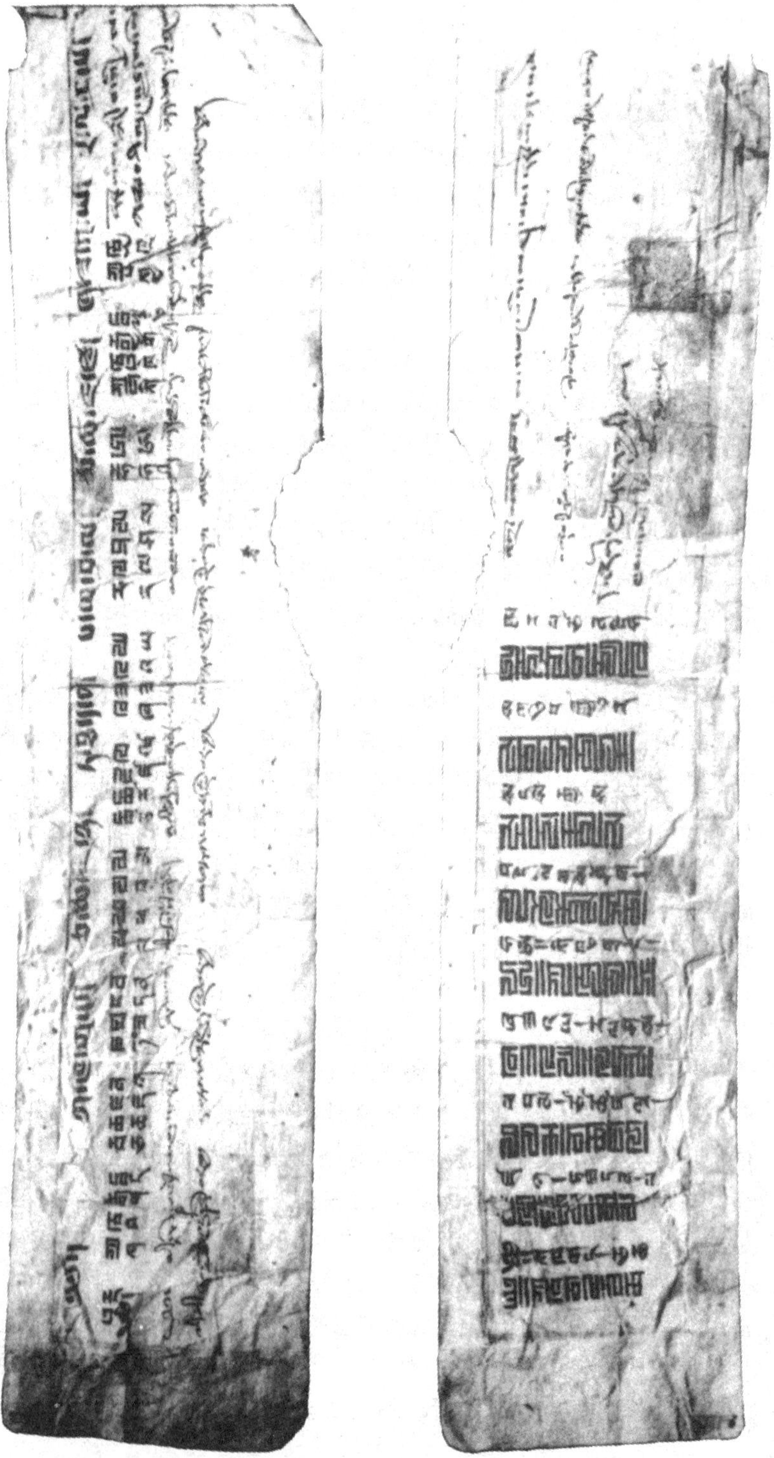

图 72 藏文草书样本

图 73　礼仪形象,代表一座坛城之基础的几何图形

说,信仰与某神有关系,如佛陀、菩萨、神或女神。如果其支撑物是通向超度的跳板,那么它的意义就不太大了。万神殿中神的实体仅仅是出自空和"法"的思想创造物,也可以说是以个别的形态而代表之。禅定修持的力量可以创造这一切,但这是一种非常困难的做法,也是长期训练的结果。在完成一次类似的禅定之后,信仰还可以继续存在,它可以通过一股激情而创造神,而这尊神也就是客观真实存在的,如若它是通过禅定修持而出自于空,那就要消失。信仰丝毫不会引起对神的崇拜,也不会盲目地接受一种学说。具体指信仰的藏文字'dad-pa 从辞源学角度来说与动词 dod-pa(指与……有联系)有关。"信仰"一词应指相信或热爱。

据传说,五世达赖喇嘛曾有一次赴布达拉宫,居高临下地俯瞰到度母(女神)正在像平常一样对此宫巡回礼拜,这是西藏人共同的崇仰形式。在指出度母神经过的确切时间和下令进行调查之后,他却发现这是一位贫困的老翁。他便派人把老翁请去,并问他是否知道,这些年来他于附近散步时,度母始终经常陪同他。老翁被惊得目瞪口呆,连连作出否定的回答。当再次受到盘问时,他又宣布自己在心里牢牢记住了陀罗尼经,在 40 年来的光景中,每天围布达拉宫转经时经常诵读它。当人们令他诵读该经文时,却发现谬之千里,于是便强迫他学习诵读正确的经文。但是,当老翁一旦学会诵读,并用正确经文代替原谬误经文时,度母便不再出现了。于是又允许他按照自己的习惯诵读……度母又像平时一样地出现了。五世达赖喇嘛由此而得出结论认为:当老翁诵读谬误的经文时,其精神已集中到了度母身上,于是度母便出来向他祝福。但当他诵读正确经文时,其思想便依附于经文上。以上就是其区别之处。

禅定修持的所缘意义不大,禅定修持是由信仰所激起的,它不仅可以创造神并使之出现。因为神正是信仰的目标,所以它还可以产生发愿的吉祥力,这种力量可以自动由其中出现。通过他的意志和修持,修道者便可以以同样的方式进行和得到同样的成果。

对于那些寻求圣性和觉悟的僧侣来说,信仰同样也可以引起迅速见神(我们于此就回忆一下在吐蕃所发现的汉人禅宗教理的残余)。于此还应该补充一项密教内容,因为我尚未曾指出过,而它本来是值得进行研究的,这就是利用感情。尽管那些训练禅定修持的信徒是以特别严格的戒律和钢铁般的意志为前提的，但我经常发现他们在信仰和顿悟激情的感动下泪流满面。这种骤变经常发生在其他强烈的激动之后,尤其是当气愤时更是如此。

当然,信仰的激情也可能会运用到万神殿神像中,尤其是在世俗人中更容易如此。但对于那些进入圣道的人来说,信仰的目标首先是喇嘛或宗教尊师。实际上,喇嘛教(如同印度和其他地方的多种宗教一样)的一大特点就是喇嘛(祖师)高于所有的神,甚至是包括那些最为著名的神。

“崇仰祖师的一根毫毛比崇拜三时(过去、现在和将来时)所有佛陀的功德还要大”。这就是一位荼伽女(一女神)向贡保巴(1079~1153 年)上师所说的一句话。我这里所说的功德实际上是指从中所产生的好处和利益。荼伽女又向他指出不要怀有疑问,也不应该具有思辨性思想[182]。但这种思辨性思想确实产生了怀疑情绪,并保护了思想中的“我”之观念。然而,丝毫没有怀疑的信仰也可以使人放弃这些思想和执著于“我”。喇嘛(甚至高于佛陀)的这一占优势的地位属于所有教派共有,其中包括格鲁巴。任何“成就”,没有“尊师的瑜伽”,都是不可能实现的;弟子通过静修冥想而召唤喇嘛所选择的加持神,并使之与喇嘛密切地融合在一起;然后,由于使弟子与尊师联系起来的爱慕和归顺,弟子便与其喇嘛结合,而且还可以认为喇嘛吸收了神,从中得到了所必要的净化状态。

为了试探一下是否可以向玛尔巴传授自己的最后奥义，那罗巴最后变作了玛尔巴的 9 尊加持神，以使玛尔巴在他面前而清楚地看到他们。他问玛尔巴:“你是向本尊神顶礼还是向喇嘛顶礼？”因为当时玛尔巴仅仅看到了本尊神,所以仅向他们顶礼。那罗巴于是便说:“只要没有喇嘛,就不会有佛陀;甚至千劫佛陀也会在喇嘛的基础上出现”。“这些神仅仅是我个人的变形”。刚说到此,本尊神全都化入到那罗巴的心中去了。由于这一错误,玛尔巴绝了嗣[183]。当玛尔巴接受米拉日巴的时候，诸弟子都认为“喇嘛是佛陀个人(确实是存在的)”,他们都充满着极度的信仰。

所以,弟子必须绝对服从喇嘛,而喇嘛又对他施行一系列考验以证明其信仰的坚强性。他们之间的关系是命中注定的,也是不可

图 74　法器

图 75　法器

分割的,其特点既是父亲对儿子的宠爱,也是君臣之间的忠顺。人们用来指他们之间关系的术语不仅是“父”和“子”,而且还是“长官”和“臣民、民众”[184]。弟子精神上的“母”,即尊师的妻子对玛尔巴说:“再没有比你更为深情和忠实的弟子(近心者)了”。我们还曾记得,在最为古老的文献中,这第二种表达方式正是指附庸对其主之忠诚的。

弟子的顺从是全面的。他必须把自己的人生(身、语和意)和财产毫无保留地布施给师傅。从此之后,他便属于师傅所有了,惟有其师方可把他引向救度。如果他倾听另一个人的劝告,那必须使其师为其解脱自己的誓愿。因为玛尔巴曾拒绝向米拉日巴传授教法,其妻便以玛尔巴的名义写了一封信,命令他的弟子翱顿进行传授。米拉便在翱顿的指导下进行禅定修持,但因为“没有根据玛尔巴的命令而解除誓言,所以不会产生任何秘密的试验”。翱顿实际上是相信玛尔巴命令的真实性。所以对此感到奇怪:“你是怀着对我的信仰才来的,在我的(精神)世系中,任何人只要不受誓言的阻碍,都可以迅速得到理解之恩惠”。

玛尔巴强加给其弟子米拉日巴的考验是人所共知的。他不仅强迫米拉日巴从事各种无益的劳动,而且还千方百计地虐待他:打、骂、侮辱并将他推向绝境。但米拉的信仰克服了一切障碍,因为这种信仰是自动的、不经思考和具有感情的。当他到达玛尔巴所生活的地区时,却不知道此人是谁:“我刚一看到他,一时间便处于一种难以形容和无法估量的喜悦中,这一世界外表的变化动荡就被制止了”(这就是说进入了一种欢喜若狂的状态,可以进入“法”,既是色空又是大乐)。稍后不久,米拉日巴几乎被师傅的粗暴行为逼入了绝境,因为尊师拒绝向他传授教法。在他一再追问下,尊师才断言他同样也曾抵抗过“反对法的一次叛乱”。最后,在经过那样多的磨难之后,尊师最终接受了他,答应对他施教,并且还嘱咐他要完全将此记在心中:“在此时此刻,我在想这究竟是一种梦境还是真实情况。如果是一场梦,那么我丝毫不想再醒来了!我浑身充满了无限的欢乐,由于高兴而泪流满面,我向他致以敬意”。

美·噶瓦金(12世纪人)也具有一种类似的体验。他去请教登巴高孟大师。某一天,他发现该大师正在一块地边向一位和尚说教:

“信仰顿生彼身,双眼充满泪珠,由于震惊而瞪大了眼睛,精神上变得没有任何思想（指思辨思想，也就是藏文中的 sems mi-rtog-par song)”。在这种由于突如其来的震惊而引起的比较有利的心情下,尊师对他说:“放心吧!”在他身上立即就产生了冥想[185]。

我们将会看到诸上师的那种极为容易激动的心绪。玛尔巴是一位身强力壮和性格暴躁的人,动辄发怒。但他为自己弟子的忠诚和失望也常常偷偷落泪。进入“法”尚不足以消灭色的各种形式,其中包括感情。最后,玛尔巴解释了其恶行,并声称他的愤怒与“世界的”愤怒不同,尽管是表面现象,他实际上“却是沿着菩提的道路前进的”。这似乎并不是简单地说盛怒始终是为了考验弟子而假装的。虽然也有这种因素,但玛尔巴的暴躁性格也是不容置疑的。

我们会经常发现,无论什么样的激动情绪都是可利用的。索穹瓦强加于登巴高孟各种各样的侮辱,如在脖子上压一大袋石头,然后再一起抛出去等等。某一天,索穹瓦甚至当着一个外人的面怀疑他行窃,弟子一股怒气涌上心头,抽出刀剑径直向其师傅扑去。其师躲在一扇门后,对他言道:“汝之心(思想)已在盛怒中成就,请向那里看一下!”当时,“一眼瞥过之后,立即产生了一种非常清晰的理解,这种理解是真正地看到了思想真性和固有状态。所以,洋溢着一片不可抑制的喜悦心情,他扯住师傅的衣角边舞边歌”[186]。

尊师肯定是考虑到了其弟子的性格才这样做的，这是在利用心理现象时经常的和必要的作法。上师故意激起其弟子的盛怒,徒弟在其师的激怒下可以说是已置身于本人之身外，他的普通思想(思辨性的)便由此而消失,这样一来就为能直接获得“法”的纯粹观想留下了位置。我的译文无法表达原文的风味。藏文 rdzogs 一词是用来描述被思想的盛怒所吞没的专门术语，意指观想修持的最后一个阶段,也就是修道与“法”融合之阶段,如果说他那简短的教诲未向我们提供有关这位弟子的任何特点，而我们也知道同一宗派(断和希解)的其他上师则是以他们的暴虐性格为特点的。如勒布准玛是西藏断(cho,gcod)派的女祖师,她的儿子珠贝最早也是一个秉性暴虐的偷羊贼。她的儿子在青春期打架斗殴虚度光阴。美·噶瓦金在青年时代行迹“非常恶劣”。玛尔巴在年轻时的性格也很粗暴和野蛮,喜欢寻衅闹事,打架斗殴。

所以,弟子择师而拜尤为重要。上师一方要根据弟子性格而向他传授教法。由于西藏人明显喜欢数字分类法,我一共录下了五种主要感情(愤怒、愚笨、激情、羡慕、恶意),并且还将之归于代表着“法”的5尊原始佛陀和相应的五部教法(金刚、真如、莲花、七宝和羯摩)。事实上,五种感情并不是简单地与之相联系,而是被考证成了万神殿中的一些人物,以至于使“色”与“法”融化为一体。

这种可以把任何一种“色”界追溯到相应“法”界的可能性引起了某种的后果,即不仅产生了根据其性格而分别属于五个种姓(梵文为 kula,藏文为 rigs)的必要性,而且还出现了万神殿的多样性。曼陀罗和它们的神根据家庭不同而有所差异。喇嘛所选择的加持神根据弟子性格的特点及感情与知识的动向而有所不同[187]。然而,惟有和加持神集聚在一起的喇嘛结合起来,弟子方可到达“法”。

祖师传授的教法是阅读某部经典和实行某种观想的能力,这种能力还应补充以阅读的自动相承。祖师的这种能力是直接从师承世系继承而来的,一般都要毫无分别地追溯到一尊最高的神。所以,为了使自己的行为得以验证,观想修持者在仪轨中绝不会忘记召唤这一世系。

**观想静修持和仪轨**

宗教专家们利用一切机会和怀着各种目的而履行无数的仪轨。毫无疑问,在某些低下等级中,仅仅是墨守成规和完全是形式主义地履行某些仪轨动作以及诵读经文。但是,当阅读这些仪轨的著作时就会发现,他们在原则上只是以修持的方式方可获得这类仪轨的效力,观想修持则必须伴随仪轨同时进行,而仪轨仅仅是修持的表现形式。

事实上,观想修持是僧侣宗教的主要修习形式。寺庙中几乎普遍附设有修道室,位于山中偏僻的地方,僧侣们可以在那里隐遁一段时间以过与世隔绝的幽静生活。这种隐遁生活的期限从数日到数月直至数年(如三年或十二年)不一,甚至还可能是终生性的。其方式仅限于隔离在一单间中,甚至还可能是幽禁在四面以高墙环围的有限空间中,没任何光线,惟有一个小门洞可以向内传递很少的一点食物,或者是通过手势而与守候在附近的弟子进行联络。

图 76　在庭院中进行的考试辩论　有两名主考住持，站立的和尚提出问题，应试者坐着回答

我们尚不太清楚这样一种修持的目的和程序如何，实行这种修习的人不能是饶舌者。但是，我们根据一些文献可以对其中的某些内容做出解释。

喇嘛教的基础著作都是印度文的，如《佛说大悲空智金刚大教王仪轨》或《喜金刚怛特罗》，即梵文 Hevairatantra 或《秘密集会怛特罗》(Guhyasamajatantra)，这些经文始终把整个修道程序分成两部分：生起次第（梵文为 utpatti[utpanna-]krama，即藏文中的 skyed 或 bskyed-rim）和圆满次第（梵文为 nis patti-krama，nis· panna,s·ampatti 或 smpanna，即藏文中的 rdzogs-rim）。第一个阶段是比较容易理解的，就是思想生起的渐进过程，也可以说是它自觉自愿地创造了色界的存在（即“有”，也就是梵文 bhāva 之意译）。其目的是为了“法”、本体、绝对智（梵文为 jāna，藏文中的 ye-shes）进入相对、色界、相对智或觉（梵文的 Vijnāna，藏文的 rnam-shes）。通过心的生起，可以使一种以各种面貌出现的神自“空中而出”。为了使欧洲读者们更容易理解，我们还可以把这一过程与上帝想到的创世学说相比较，喇嘛教中只不过是既没有上帝也没有惟一的创始或创世。这种修道的益处不仅仅在于对我们世界之幻想特点做真正的试验，而且还在于从本身从中解脱出来，从而在道途上得到救度。在解脱“生起”或心之产生时，便自色界而追溯到本体，这样就可以分解色界的固有束缚（如羯摩等），在融合之后就可以到达“法”，而“法”则是空、实和大乐。

第二部分是圆满次第，对于它则是不大容易解释清楚的，其原因大致如下：当时的修道手段（至少在西藏是这样的）包括瑜伽的心理生理作法，而经文中只是暗示过这种技术。就目前的情况而言，我尚只能领会一些表面现象，但它们也可以使我对此有一个梗概性了解。用来指这种作法的词包括一种成功、成就、完成和完善的概念。宁玛巴的分支大圆满法教派一名即由此而来。这一教派的目标“大圆满”实际上就是佛陀以及他与“法”融为一体的状态。在上文所列举的九乘之中，“生起”的做法属于最后三乘之首，即大瑜伽；大圆满却是属于第三和最后的乘，即阿底瑜伽（“彼世瑜伽”）[188]。然而，不要认为这类修道仅限于“古旧派”（宁玛巴）。格鲁巴“改革派”的创始人宗喀巴的主要著作分成两部分。第一部分传播得比较广，也比较为人所熟识，这就是《菩提道次第广论》，它注意根据不同根而把人们加以区别，注意向那些不能有更高要求者推荐通向道德的缓途，无论如何也是向所有人指出这是通向道德的必不可少的预备性基础。但第 1 卷卷末和第 2 卷（《秘宗道次第广论》）却是论述两种生起和圆满之做法的。

我现在再回到“生起”的问题上来论述，这是所有仪轨的基础。

为了使这些仪轨有效，就要要求神的出现，而神也正是通过这同一事实而把一种 “加持”(梵文中的 adhis·t·h·āna，藏文中的 byin-rlabs)和行动的力气赋予了尊师。人们常常把这些仪轨的术语“成就法”(梵文为 sādhana，藏文中为 sgrub-thabs)译作“强制”，这又引起了我们对巫术咒法的一种错误看法。这里更可能是指一种召唤。确实不假，神一旦被创造出来或受召唤，他就可以强行“呼叫”或召来某个魔鬼、某个敌人的灵魂。

在喇嘛教中，心的生起(更正确地说应该是“修道的做法”或“想像的做法”) 的仪轨比作为其基础的印度密教经文更具有细微的差异。它共包括两个或三个阶段。首先要进行“自我生起”，个人认为如同神仙一般。然后就是“自我面前的生起”，在把世界看作是自己的宫殿之后，便使神出现在自己的面前。这样一来就可以对神进行顶礼了。除此之外，我尚可补充以“犊瓶中的生起”，在那里神被引入一个容器中，以便向后者传授今后可以利用的一种力量。

在真正的“自我生起”之前，所有仪轨都要经过某些必不可缺的准备阶段。这类准备工作的顺序、数量和内容根据不同的教派和目的而有所异，但一般都可以发现以下几种(人们常常称之为“七支”)。我首先所陈述的是可以证实这些仪轨的祖师世系；然后依次是在佛陀和菩萨中寻找避难所(皈依)，重新达到感悟和使用自己的功德以解脱众生之誓愿(菩萨的誓愿)，通过忏悔和神咒而洗涤自己的罪孽。

经过这样一番准备之后，首先就会创造出“空”来。主持仪轨的神即出于这种空之中，一般是由被当作“种子”的一音节出发(如 om、ā、hūm hri 等)。然后，通过一种瞬间的冲动和所谓的“傲气”或坚振，那就可以与此神结合在一起。惟有这种状态方可使仪轨变得有效，例如可以召唤妖魔等[189]。这时人们就具有了闪闪发光和一切皆空的神的躯体；一旦密切地与神融为一体之后，便可以通过神而参加真如(如来生)[190]。“我纯洁的身体在‘生起次第’中显得光辉耀人，犹如神仙的身体一般”[191]。

但是，在瞬时间坚信自己与神的一致之后，应该是心的“自我”或“自我面前”生起。这是一尊神的色界，也就是他的“誓愿形式”(梵文中的 samaya，藏文为 dam-tshig)，因为惟有在这种形式下神方可行动以实践其帮助众生之誓愿。这是一个必不可缺的所缘,而神就是通过这一所缘而联系在一起的。也可以这样说,所缘之物是一部分一部分地建造起来的,并有许多附属物和四周装饰物(这就要求甚至对最为细节的地方也要有明确的看法)。从外表上来看,这一建筑则相当于对神的图像或现观(梵文 abhisamaya,藏文 mngon-rtogs)诵读,它既是静修的基础,又是绘制和雕刻圣像的基础。

在“誓愿”的形式下创造了神之后,就要求他们脱离其本体的状态,也就是离开“法”界。神仙们本来是以“绝对智”(梵文为 jāna,藏文为 ye-shes)存在于法界,到了此时,神仙们便前来与“誓愿形式”融合在一起了。这一出现引起了其信徒们的“认可”和祝愿。只有在这种融合状态下并通过这一出现,仪轨方可有效。当一切均结束之后,便辞退“智的形式”而使之回到“智界”中去。

这种论述仅仅是一种很有限的梗概。事实上,这种观想修持也包括许多根据弟子进取的程度而出现的不同形式,而这种进取程度则相当于所使用的密教经典的内容。在作怛特罗(kryiya-tantra,低级程度)中,神是在自己面前生起的,而对智和誓愿两种形式未作区别。信徒自己不会形成神(即所谓“我神”)。他请神赴坛城,并用一法印(mudrā,一种手势)神咒和将神缚在那里,该神咒即“咋、吽、班、号”(dza hūm bam ho)。在举行仪轨并向他进奉供品之后才解开缚绳,让他继续出发。各尊神之间互相有一段距离,就如同君主一般。在行怛特罗(Caryā-tantra)中,即在较高的级别中,神与信徒之间的关系就如同主仆一般(而且还是保持距离的)。在这一阶段或下一阶段中,即在瑜伽怛特罗等级中,它又变成了亲属或朋友(这两者是平等的)之间的关系[192],信徒自生成神。由于这一原因,他成了神的誓愿并在其中要求智慧的形式。在所有这些情况下,神在仪轨的最后离开了他的所缘,又回到了“空”之中。在大瑜伽的神变中,信徒的身体本身(神的誓愿形式)变成了坛城,神又以智的形式而进入其中。这二者当时不可分离地混合在一起,但神最后还是离开了。在这种情况下,人们都在为各自准备供品(五种甘露)。所有这些作法不仅仅能说明生起次第 (梵文 kyerim, 藏文为 bskye-rim), 其中也包括神的生起及其分解在空 (静心冥想。即藏文的 duns)中。但有时也会出现用法印把“法”留在自己之中,以使具有智之面貌的神不再离开。

我们感到不合常情的是,人们不能说神在此时是“真正”存在的,即真正具有此字在欧洲的那种意义。例如,曾有人介绍说,为了证实这一点,在利用观想修持而召神之后,在画面上所出现的神便出走了,走了一圈之后又返回。这样一来就可以从画面中看到,他们的服装和所持物品都是杂乱无章的。菩萨祖桑耶寺的观想修持(即三摩地[Samadhi]或集中精神[ting-nge-'dzin])非常认真,以至于使各尊神“客观地”出现在所有人的眼前[198]。所以,在“断”(chö)的仪轨中也包括在静修中把自己的身体切碎而献给众生的做法。但是,只要未处于“我生”(自身变成神)的状态中,就千万要避免进行这种想像中的身体切割。因为这样作就等于切割了神,因而造成了一种罪孽。当米拉日巴感到失望时,便产生了自寻短见的念头,而翱喇嘛劝他打消这一念头:“喇嘛拉住了我,眼泪涌了出来。他告诉我:不要这样做,大巫师!秘密神咒的教理(密教)是佛陀说法的结果。据他认为,我们的身体及其各种器官都与神不可分割。如果提前进行‘往生’或‘转移’(即从一个生命转移到另一个生命或极乐世界),那就会犯有杀神之罪孽。所以再没有比自杀更大的罪孽了。”同样,玛尔巴那处于弥留之际的儿子正在进行精神“转移”,即“往生”,他实现了结合。“我的身体、器官和感觉都变得光辉发亮了,这是神仙和仙女的本性”。他说,这是因为他正处于“生起次第”的状态。为了进行这种转移,那就要过渡到“大圆满次第”。他说:“如果我在‘创造次第’中进行这次转移(它会引起身体的死亡),那就会犯有杀死加持神的罪孽”。高僧传记载说,这些神在身体上出现时就会特别发光,即使普通的旁观者也会看到[194]。

实行神真正存在的这一原则就是某一所缘的“自我生起”,而这一所缘正是修道者的身体。例如,在一种畏怖驱魔仪轨中,先制造一些果子(多玛供,或遮食回施,即藏文 gtor-ma 之意译)并且还要当作进攻武器而投向魔怪。但是,只有这些果子获得“加护”之后才会灵验有效,也就是说具有神力。代表神的一幅小画像固定在一根插在果子中的小桩或箭竿上。人们通过修道而在这幅小画像中产生神。这种神的出现便会赋予容器一种力量,即使当神离去之后,这种力量仍停留在那里。只要神还在那里存在,那就要避免投

图 77　未被考证清楚的戴面罩的女性人物，大昭寺地穴中的壁画

图 78　以金刚橛实施“解脱”仪轨的密教经（巫师）

图79　布达拉宫的青年修复工

图80　大昭寺2号门带石头装饰的大梁

图 81 钵状豪华复合高座，常见的法器装饰（华盖、旌旗、法螺、鱼、轮、吉祥结、钵、莲花）

出作为武器的食子。只有在把带神像的木桩拔走之后，方才可以投掷。这是一种外表的做法，它在修道方面则相当于神的“消失”(如同彩虹消失在长空中一般)。

既然自己变成了神，那我们就可以询问为什么这还不够，为什么要立即使神投影于自己面前呢？当论述仪轨中的这种作法时，所涉及到的详细情节比前者还要多，它似乎成了其中的重要组成部分。有一部著作为我们提出了一种理由：“我生”是为自己而作的人，“自我面前而生”是为其他人的福利而行事的，“容器中之生”是为二者的共同利益而作的[195]。

因此，人们总是在自己面前造神，神是根据肖像一块一块拼凑起来的，并且还有其附属物、极乐世界、弟子和随从。这种作法具有前所未闻的精确性和复杂性。为了实现它，就必须要特别集中观想。事实上，观想修持者的幻觉应该是非常强烈的，以至于神及其附近的装饰物如同“客观地”出现一般，与修道者独立无关，如同在我们所认为的实际中会见一个人一样。人们于是便向他奉献供品，从而也会得到神的加护。举行仪轨的目的正是有求于神的效力，如求雨、驱魔、延年益寿等等，不一而足。宗传仪轨举行完毕之后，观想修持也就终止，幻觉也就消失了，但普通的圣化和净化，甚至宗教利益尚存在。所有这一切均会给信徒们一种印象，即神是在某一方存在的，并常来常往。

在大多数情况下，这种修道是不会坚持很久的，因为他们的目标仅仅是为特定目的而执行一种仪轨。但是，如果这类修道在隐遁中进行到底(隐遁生活正是为此而服务的)，那就可以把它看作是对我们这个世界本质的实际试验。实际上，如果修持能够成功，那么心理上所创造的神就可以出现。它如同独立于创造他的人一般，是客观存在的，不仅可以看到，而且利用各种感官都可以触及到。更有甚者，这种神可以行动和向修道者说法，如同是他之外的另一个人一样。如果他最终相信了这一切，那肯定也就完了。但是，如果他清楚地知道是他自己创造了神，如果他将神吸收在自己的思想中，那他不就是体验到我们这个色界的本质本身了吗？这就如同一个精神分裂者明白他的处境，并可以随心所欲地使其发作和停止一样。

在大圆满次第(相当于无上瑜伽的神变)最后一个阶段,即阿底瑜伽阶段(也就是大圆满或大成就)中,还能做出什么更多的东西呢?这种修道被称为“成就”或“大圆满”,因为它确实使信徒成为一位持明(梵文为 vidyaādhara,藏文为 rig-'dzin)。为此目的,于是便使用了瑜伽的作法,又称为“动脉”(rtsa)、“风”(梵文 prána,藏文 rlung)和“滴”(thing-le,指精液)。这些作法最后导致了信徒身体的一种转变。据隆多喇嘛(18 世纪)认为,生起次第是为使弟子“成熟”(smin-byed),其他地方又用这一术语来指王(神圣的力量),而大圆满次第则是为了“解脱”(sgrol-gyed,这一术语在其他地方又指道路和修持)。宗喀巴具体解释说,在生起次第中获得的神的身体也是“神咒的身体”,而在大圆满次第中所获得的身体则是“智的身体”(见《菩提道次第广论》第 436、457 和 462 页)。这两种等级之间的区别始终未能明显地解决。所以诸家作者对于以下一点的看法始终不一致,即需要知道它在特定的条件下(如某一部密教经典)究竟是指哪一部分(同上引书,第 454 页)。

本文不打算于此阐述佛教密宗的瑜伽教理, 但仅仅提及其中的某些主要术语。在人的心理—生理实体中,我们可以从中区别出一种主动脉(多少与脊柱有所混淆),人们一般称之为中脉(梵文为 avadhuti 或 sus·umnā,藏文为 dbu-ma),它们分别位于另外两根动脉的两侧,后者分别被称为伊拉或拉拉那(梵文为 id·a 或 lalanā,藏文为 rkyang-ma)、品加拉和拉萨那(梵文 pingalā 或 rasanā,藏文为 ro-ma)。这些动脉均与六“轮”或身体中的神经中枢相联系,从前颅顶一直到性器官的基部。两根侧动脉又与一系列的补足双动脉相联系:id·a 相当于白色、月亮、元音、智、精液等;pingala 相当于红色、太阳、辅音、方便、血液等。我们应该将这二者结合到主动脉中去,这种结合可以产生大乐、“法”和菩提心。这种结合又被称为空乐双运(梵文为 yuganadha,藏文为 zung-vjug)。在西藏的那些代表着神和作为观想修持之所缘的绘画中就已经出现了这一图式。在上部,即在主要神灵以上,我们于中间发现一对最高神正在交合之中,在左右两侧分别为白色的月亮和红色的太阳。

融合的做法有时纯粹是观想性的, 但它一般还总是伴随有一种技术,它可以使人把“风”(出入息)和“滴”(精液)也上溯到主动脉，而这一过程既可以独自进行，也可以由一位女性同伴配合进行。除了实现“法”之外，这种作法(根据各宗派而又出现了许多不同形式)还可以得到各种能力，如产生高热，轻升浮起或快步如飞。尤其是一种“虹体”，它如同金刚石一样是不可摧毁的，长生不死，可以不抛弃躯体的“死亡”(升向乐土)。我已经指出，此外还有许多不同方式，其数量既大，又可以以各种不同的技术来实施。17世纪的一位多题材作家指出了6种属于6位不同祖师的“圆满法”。其中之一包括那罗巴的“六教义”：热、光、幻身、死亡与新生之间的过渡状态(中阴)、精神的往生和选择新鲜尸体而附另一人之身[196]。一般来说，第6种教义是梦义，我刚才讲到的名表中的最后一种，是被当作是主要一种而增补的。“光”之术的目的就在于维持一种心的状态，但却没有思辨性的思想，也就是说是一种观想修持状态，甚至在沉睡中和死后也是这样。在入睡的情况下，它首先可以监视，然后是诱导，最后是消灭梦，并置身于我上文刚才提到的那种修持的光辉状态。这种修持的目的是，即使在死亡的情况下也保持这样一种状态，以便能抓住最强烈光亮出现的一瞬间，以此从生死轮回中脱身出来，而不是被拖入中阴之中。



**出神入化和假面具**

当然，这些作法仅仅是由一些精明人物来实施。但是，它们也维持了包括世俗者在内的所有人的宗教生活，无数高僧传中的故事都可以说明这一点。这都是一些著名上师的故事，他们为了凡胎众生的利益制造了一些奇迹，以便皈依他们或者是向他们证明自己修持的真实性和所用方法的有效性。这种有效性可以确保信仰者们间接地参与神界。我们尚可记得，由于在修道中的思想创造与我们这个普通世界的创造或存在是一致的，所以对本世不会不留下基本是自然的结果。由此可以产生一种“加持”，也就是说是一种超自然的神力，它可以滞留在一容器中。当喇嘛获得这种神力之后，他便可以再传授给信徒们，例如可以用向信徒摩顶的办法而传授。喇嘛还可以供奉神像：绘像的里侧写有三个单音节的神咒——嗡、阿、吽(om′ ā hūm)，有时则又是喇嘛的手脚印记。人们在塑像的内部放置了一根叫做“生命之树”的轴，或者是一些写有真言的经

图 82　流浪说唱艺人

图 83　不丹的嘛呢筒

卷。这都是神的“身体所缘物”(圣体种)。信徒们对它们进行顶礼。对于这批信徒来说，这是能够看到和崇仰最高神佛陀和菩萨的惟一一种表面的手段。实际上,人们还是区别出了不再进入人体之所缘物的“出世间神”,以及还没有达到这种程度(非出世间神),却仍然直接出现在人体中和所有人都能见到的神。

这些神都叫做“佛法守护神”(藏文中的 chos-skyong,梵文中的 dharmapala,或者是藏文 srung-ma)。所以,它们一般都是战神和畏怖性的神,即使它们附身于女性通灵者身上也是这样。这些神确实经常降临到一些通灵人身上，使他们失去知觉并进入一种中魔般的因兴奋而狂舞状态。他们那作为人的自我已消失,他们的身体成了神的所缘物,神鬼占据了他们的全身并通过他们的嘴巴而说道。所以,这些通灵人和神本身一样也称为“身体之所缘者”(圣体种)或“佛法守护神”。那些信教者们被神仙选择之后便会接受一种特殊的修持。每个人都专门精通一种特定的神。这种表现形式的益处仅在于可能会从这尊神口中得到神示或神谕。所以,甚至西藏地方政府也使用这种办法,如著名的通灵人奈迥身附白哈尔神。神鬼附身而使人出神入化的这一现实，已由通灵人的所作所为而得到证实。通灵人不仅面目会改变:头部充血而变红,两眼也布满血丝,舌头变厚而垂下等等,而且他还具有超人的力气,可以头戴一顶特别重的盔,手拧刀剑等等。在这种状态下,他口中含糊不清、结结巴巴地念念有词,这些神谕又被其他宗教信仰者搜集和诠释。另外,他们为一些谷物祈祷之后就抛向信徒们，而信徒拣起来之后便可以得到在其中所表现的神力。

此外,还有其他一些通灵专家,他们可以使一些小神附身。虽然他们身穿喇嘛服装,但却属于民间的无名宗教。他们于某一日被神灵所“选中”,从此之后便可以代神灵而行事。他们处于一种神鬼附身的出神状态,说唱不止,但他们所代表的仅仅是一些土著神,我于下文还将详细阐述,如天上的神、地下的神(龙)和大地的神。通灵人也由此而分别获名神种和龙种。还有一件非常奇怪的事情,他们有时也会成为史诗中英雄人物的化身,而且在 18 世纪还利用一切机会这样表演。另外一些相似的通灵人也被称作“英雄”,他们可以与前者相竞争,而且还是处于他们与史诗的说唱艺人之间。他们的名字是属于喇嘛一类的，此名最早及后来都是指莲花生上师乐土中的舞蹈家和音乐家，同时也是杂耍家、竞技师和兵士。此名要追溯到神秘相合中的一些密教仪轨，并伴随以盛宴和两性交合、“英雄”们为荼伽女们男伴侣的“轮座”。

真正的说唱艺人有时也会处于出神状态，其原因或由于他们当时亲眼看到了英雄们，在他们于业余时间前往某些地方时目击了英雄们的生活场面，并在自己的歌词中以此作出形容。或者是由于某些英雄附于他们之身，并通过他们的口而说唱。尽管他们的做法与喇嘛有所区别，但西藏人还是认为这种作法与喇嘛们的观想修持完全一样。在观想修持中，神从“智慧的身体”和本体的存在转移到了它那可见的色界（“誓愿”的形式），这就叫做“智慧的下降”或“下落”。其中暗含的意思是：落到作为所缘的修道者身上（令人奇怪的是“下落”一词则相当于梵文的 avatāra，即“化生”）。同样，当谈到喇嘛或民间通灵人的出神状态时，也称之为“神仙下降或落凡了”，而当谈到处于出神状态的说唱艺人时则说：“史诗中的神下降或落凡了。”反之，当出神状态结束和神仙离开之后，又称之为“史诗中的神仙消失了”（如同长虹一般）。这里也使用与指修道时神仙消失在“空”中一样的动词。更有甚者，因为在观想修持中的“生起方法”是以一段一段地建造神为前提的，而这种建造与念诵相应的圣像同时进行，说唱艺人也是这样，为了进入出神状态和将英雄们召至自身，首先要用祈祷和演唱描写英雄们的歌曲而开始。但史诗中的主要英雄格萨尔从来未曾这样出现过。因为他在生命终结时“变成了佛”，从此之后便生活在世界之外或冥世间，再也不能依附于一位通灵者了。人们只能以供像的形式来向他顶礼。

现在我再来谈纯粹属于喇嘛的一些表现方式。虽然通过观想的仪式而使神灵出现和表现出来，但在世俗凡胎者的眼中当然是看不见他们的，除非是在高僧传的故事中才会出现这样的情况。但是，一方面为教化世俗者，另一方面肯定也是因为假面具具有方便神灵出现之特征，于是便发明了一些假面具舞蹈（跳神），并且在大庭广众之下表演。我可以说，这是一种模拟的仪轨，其中以观想修持召来的神同时由一些戴有幻觉的假面具的表演者所代表，剧本是由一些有幻觉的宗教家所创作，其中最为著名者就是古如·管·

图 84　金刚瑜伽行者，苏黎世大学博物馆藏

图 85　生命之轮(世界之轮),苏黎世大学博物馆藏

旺(秋),又叫曲吉旺秋(法自在,1212~1273年)。

在墀松德赞时代,桑耶寺内除了供奉圣像之外,也供有假面具。它们并不是代表随便一尊什么神,而仅仅是代表“佛法守护神”[197]。以下现象并非事出偶然:假面具肯定与通灵者一样,也具有方便神灵出现之特征。“佛法守护神”白哈尔与一种保存在其寺院内的假面具有密切联系。萨迦班智达和八思巴曾遇到过一位年轻和尚,其面庞酷似萨迦高茹木寺庙的假面具。他们很快就想到这是萨迦的“佛法保护神”古尔贡布附身于人[198]。这一假面具又叫做“黑色飞舞者”,可能是由一位印度祖师赠给仁钦桑布(公元1000年左右)的,其目的是为了充作吐蕃的加持神。当仁钦桑布回到拉达克的时候,他便将此假面具连同有关崇拜它的训示一并传给了其他僧侣。当举行这次传法时,在一次舞会中戴上了这一假面具。该假面具最后落到了萨迦寺的第一位住持手中(1111年左右)。19世纪时尚收藏在萨迦寺,在那里享受香火,如同四个“奇迹显示的所缘”之一[199]。他所代表的神是萨迦寺受崇拜的大黑天或大神王的一种特殊形式,更确切地说,它还是假面具舞蹈中的主要登场人物。同一尊神仙还曾以益希贡布的面目而出现。在15世纪末,当第七世噶玛巴座主在门巴塘看到了益希贡布那顶叫做“黑色松巴”的假面具时,他也看到了贡布本人[200]。

这样看来,假面具可以把某些守护神召出来。在假面舞蹈中,大神王以这样或那样的形式而出现,一般都充任主神。当珠巴衮雷谈到这些祭祀司宰僧时指出:“他们说自己是大神王的身体”[201]。虽然假面具舞蹈在不同教派中的风格和出现的神不同,但它们主要是为了禳灾仪轨而举行的。有一尊小型人像叫做“男性生殖器崇拜偶像”,这是一尊丑陋的裸体像,手脚缚住仰光而卧(用面膏、纸张和兽皮而做成)。它代表着邪恶、敌人和魔鬼。首先由一尊主神用短剑刺伤它,然后又由神侍者(一只鹿)将它切割碎尸。过去在寺庙中举行的仪轨却向那里引入了魔鬼或敌人的“灵魂”。但是,用以指这次处死的词之意义却是“解脱”,即藏文中的sgrol或bsgral。这是西藏密教中一常用词汇,用以指所有仪轨性杀戮。密教教派(如11世纪时的“山贼僧”,参阅上文有关段落)的某些杀戮仪轨也如同史诗中的英雄除魔,而史诗中英雄既是一尊神,又是一位巫师。事实上,他们仅仅杀死人的身体和这一恶魔的部分，但一举也就“解脱”了有效部分，即心的本原，并将之送往“乐土”[202]。这一主要行动是通过双重渠道进行的，即一方面是通过由一位戴假面具的演员所代表的主神来进行，另一方面是通过祭祀司宰僧而进行的。惟有这一祭祀司宰僧及其助手绝不能戴假面具。事实上，这是由他们召来了以戴假面具形式而出现的神。他们戴着大黑帽子，身穿一件装饰有新鲜黑头颅和已干燥颅骨的服装。旅行家们很乐意地称之为“巫师”，甚至是苯教徒。事实上，这都是一些祭祀司宰僧，即神咒师（密教徒），他们为自己的苦修而经常出没于墓地。

假面具舞蹈一般要持续两天，有一乐队伴奏，以使舞蹈家们的步调有所节制，有的人跳得很慢、很庄严，其余人跳得很活泼、很快。在“解脱”敌人关键时刻的前前后后，神灵也就这样在大众面前络绎不绝地游荡。但有一件事是令人奇怪的：由于出现这样多的神圣事物而使他感到吃惊的激动情绪，又经常被一些丑角们的活动所打乱，丑角以他们所引起的哄堂大笑又使他得到一丝宽慰。这些丑角们也戴有假面具，但这类假面具却是为了使演员们非常逼真地化装成印度上师。尽管这些上师们受到了尊重，但他们使藏族人发笑的地方仅仅是他们那外来人的奇怪相貌：深凹的面庞和卷曲的头发。他们百般戏谑，而且还是临场即兴现编现演的，他们还要模仿密教祭祀司宰僧们所有仪轨行为，甚至包括那些最为隆重的行为。

我们现在尚不知道这类假面具舞蹈是以什么方式和在什么时代发明的。历来所观察到的和所描述的假面具舞蹈均属于不同的教派（宁玛巴、噶举巴、格鲁巴、萨迦巴、苯教，详见书末所附参考书目第244条：《西藏的宗教舞蹈》），而且根据地区不同，其表演风格也有所变化（西藏、蒙古和不丹、锡金、尼泊尔）。所以，仪轨及其所代表的神也在变化。邪恶（指卢陀罗耶魔）的传播者是由一尊小塑像所代表的，对他的“解脱”要使用短剑匕首，而后者又代表着畏怖神（金刚普尔巴[pburpa]，即金刚橛[vajrakila]），这是黑茹迦（饮血者）的一种形式。这种仪轨已由10世纪时的多卷密教经典所描述，其起源甚至可以追溯到8世纪或更早一些时候的《秘密集合怛特罗》经。这类假面具舞蹈中的另一因素就是寺庙舞蹈，这是“平定”

或“占领”土地和通过一金刚围篱(或是橛)而划定圣地的加行道仪轨,这一因素同样也已经出现在古代密教续之中(8 世纪时)。其中包括有一种不戴假面具的舞蹈,被称为“金刚舞”。所有这些仪轨均起源于印度。

“解脱”(处死)或“结合”(性之交合)的仪轨,以及某些戴假面具的舞蹈,都属于密教的集体信仰(轮座),这一切都要保密。在大庭广众之下表演舞蹈,以及以这些仪轨的字面解释为基础的弊端,从 11 世纪中叶起就在西藏(吐蕃)出现了,因为它们当时就已经成了被激烈攻击的目标。

对于宁玛巴来说,金刚橛的仪轨可能是由莲花生从印度传入吐蕃的(我在一卷敦煌写本中就已经发现了这一故事,见书末参考书的第 206 条),这是在建筑桑耶寺时用以“平定土地”的。从莲花生开始,经过许多世系遗传,最后传到了宁玛巴的祖师们(11~17 世纪)。许多祖师都撰写过有关寺院舞蹈的详细教科书。但最重要的世系之一是从莲花生起直到昆氏家族的某些喇嘛,他们创建和占据了萨迦寺。在这一教派之中,金刚橛和假面具舞蹈的传统曾一度非常强大。这一教派的大师萨迦班智达(13 世纪人)曾做了大量工作以寻求其起源。噶玛巴—噶举巴也为这种舞蹈的传世和形成做出了巨大贡献。格鲁巴教派的五世达赖喇嘛曾深受宁玛巴的教诲,他于 1652 年写了一部有关寺院舞蹈的著作(见书末参考书目第 244 条),从而最后将这一传统确定下来了。

## 二、“无名宗教”和传说

正如基督教传教士们曾采纳和改造了不信教的欧洲的某些圣址、节日和万神殿中某些重要的神一样,喇嘛教既富有权威又具有特点,它还接受了许多佛教之外的因素,甚至还接受了印度密教的一些内容。在这一方面,它仅仅是继续了佛教本身在印度所做的一切。该宗教在很早之前就已经吸收了印度其他宗教的某些神和修持法,同时还吸收了一些不仅是印度的,而且是国外的民间传说。

然而,如果认为喇嘛教在吐蕃所吸收的所有非佛教成分均是土著固有，那也大错而特错了。西藏学专家们自己也把这一问题弄得错综复杂起来，因为他们经常从中混入两大内容：即苯教曾先于佛教而存在，并且认为在苯教之前的一切都具有“蒙昧”和不开化的特征，完全是一个黑暗时代的特征。欧洲最早史学家们的简单结论是从何而来的呢？他们都具有一种共同的倾向，即把苯教说成是吐蕃的原始宗教。另外，他们又把“原始的”与“蒙昧的”混为一谈，所以很快就出现了把喇嘛教中的某些令人恐怖的、异行的、恶魔似的灵媒一类的内容统统看作是苯教或原始的成分。从这一观点出发，再向前迈一步便会把一切都说成是“萨满教”的了。但实际情况要复杂得多，在很多情况下常常难以说清楚喇嘛教中非佛教特点的因素中哪些是土著的，哪些是外来的，哪些真正是苯教的内容，哪些不是。我于下文还将专门论述苯教，但我现在便可以立即指出，密教是自印度传入吐蕃的，虽然赞普们不信任此宗，但其中也包含有大量的畏怖仪轨和神灵，其中也包括某些带血的祭祀物。



**“人间宗教”、歌曲和传说**

所有的晚期西藏历史学家们，甚至包括那些特别强调苯教的人在内，他们都一致向我们描述说，在佛教传入吐蕃之前的聂墀和布带贡甲赞普时代，也就是在松赞干布之前的传说时代，“社稷政权是由苯教徒说唱故事的艺人和歌唱家们所保护的（也就是说是行使的）”。人们一般仅仅提到苯教徒，因为大家对他们的了解要超过其他专家。说唱故事的艺人和歌唱家们应该具有某种宗教特点，他们的职责与苯教徒很相似。然而，说唱艺人们也是一些故事表演者，而歌唱家们则歌唱一些隐晦的不解之谜，也可能还歌唱一些系谱故事。二者可能代表了一种所谓“人间宗教”，与其对立的则是“神仙宗教”，而后者则主要是指佛教。现在以这种称呼为我们保留下来的“人间宗教”的例证，仅仅是一些智慧格言，而这些格言又都是由氏族时代的敌人所讲的，而且始终是以诗歌的形式来陈述的，其特点是使用了隐喻、口头禅般的套话和俗语。大家都经常引用16条道德总则，并且还认为这是由贤明的松赞干布发明的。这种“人间宗教”常常被看作是对大宗教的准备。一卷古代编年史[203]记载说：“神仙宗教以人间宗教（佛教）的阵地为基础，如同一个果子在

212

图 86　调伏邪恶势力的法器标本

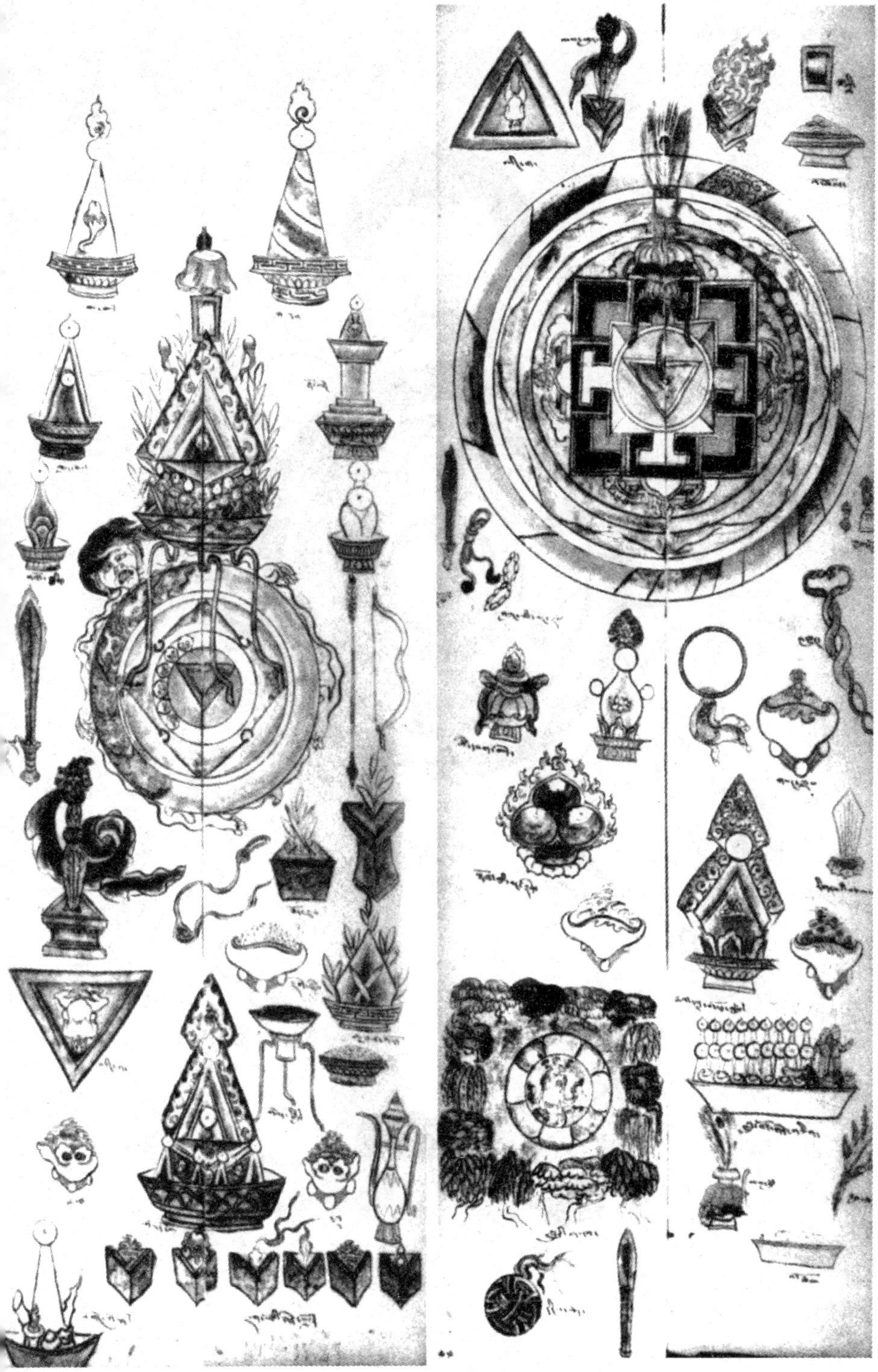

图 87　调伏各种邪恶势力的法器标本

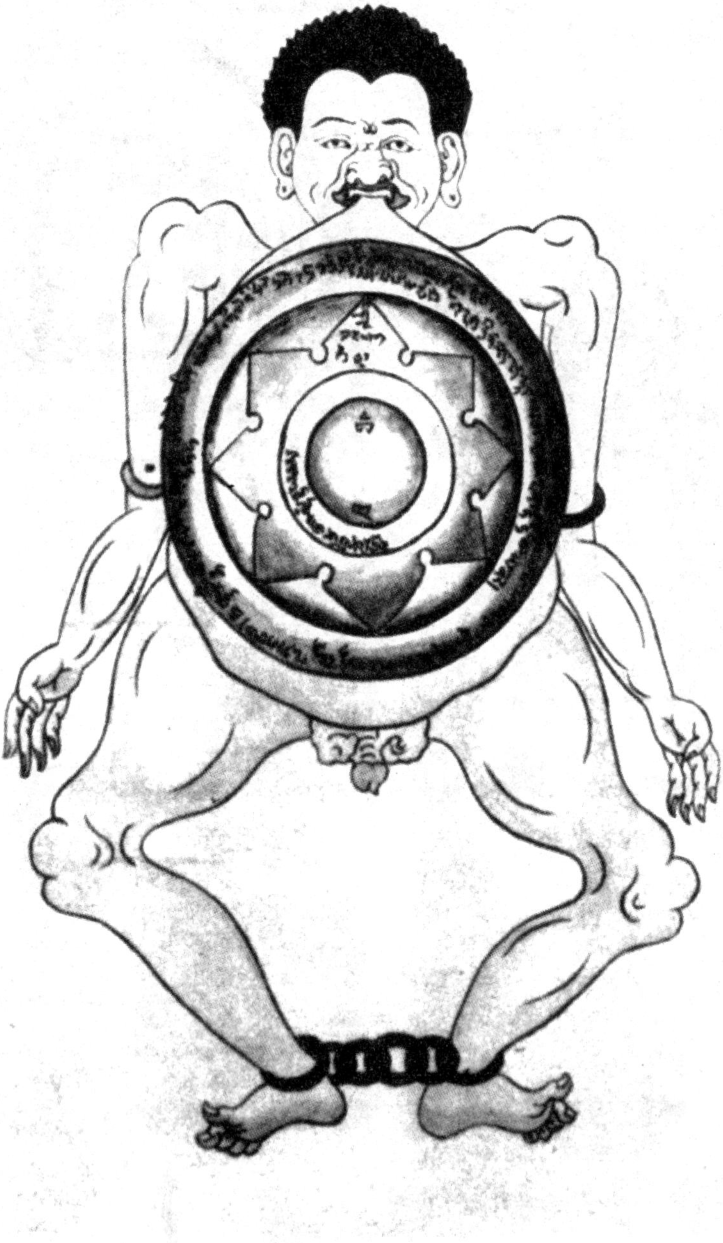

图 88　降魔巫术

那里生长一般”。在这一方面,吐蕃的说法大师仅仅是步龙树菩萨方法的后尘,龙树被认为曾鼓励别人和亲自写过一些民间故事,此外还有一本智慧格言集,在吐蕃经常传阅或引用。“人间习惯得到了严格的遵循,很快就达到了神界。攀登上了神和人的阶梯,被带到了救度的彼岸”[204]。

然而,后来却出现了“人间宗教”包括一种真正宗教要素的现象。在祈祷当地神仙的时候,保留了土著民族的神,尤其保留了歌曲的古老风格。据他人相告,在召唤当地神仙时,某种神仙在“人间宗教”中享有一种名称,而在“神仙宗教”(佛教)中则又具有另外一种新的名称。例如,这些宗教仪轨书之一向我们指出,念青唐古拉山在“人间宗教”中被称为雅秀山,而在“神仙宗教”中却被称为般查希喀。事实上,“雅秀”这一名词在敦煌古写本中就已经出现,而“般查希喀”一名在一部有关传说或神话的故事中以及在一部占卜手册中也都出现过[205]。值得注意的是吐蕃人并不将此归于苯教,而是归于一种被称为“土著宗教”的无名氏宗教中。

在敦煌写本及古代碑刻中,所提到的并不是“人间宗教”,而是“善法”、“习惯法”(lugs),或者是被称为“祖拉”或“祖”(gtsug-lag,有时也仅仅使用 gtsug)的一整套传说。有时还提到“前几代的人间宗教,优良传统”等[206]。曾经有人建议把“祖”或“祖拉”说成是君权时代的非佛教。[207]然而,就在这同一时代,“祖拉”这一藏文词似乎是以两种方式运用的。它经常是指政治手段、治国艺术、制度和道德准则中的智慧,所有这一切(如同晚期文献中的“人间宗教”一样)可以由松赞干布赞普的例子所证明,他的贤明尊号(赞普)即由此而来(见书末所附参考书目中第 6 条:《敦煌吐蕃历史文书》第 114 页)。在其他情况下,同一术语也指佛经、专门论著、汉地传说和其他教理(参阅上文注[52])。

根据 14 世纪以及更为古老的文献为基础的一部编年史记载,“人间宗教”是某一位赞普德政的标志。“人间宗教”之基础的 9 种形式都与一头狮子身体的模型有关。右脚:诵读世界诞生的形式;左脚:介绍了生物出生问世的方式;臀部:所介绍的是大地的划分情况;右手:所介绍的是君主的世系;左手:所介绍的是臣民们的世系;中指:所介绍的是(佛教)教理的诞生方式;脖子:所介绍的是各位君主(？)的部族(或村庄)；头颈：所介绍的是父母的家庭；尾巴：带有象征性暗示的欢歌"[208]。

"故事"肯定是有关"人间宗教"记载的组成部分。一位非常可靠的史学家作为例证而向我们介绍了有关玛桑的故事[209]。这一故事论述了玛桑(一种神)九族的起源。萨迦和其他贵族家族都仰仗这九族。以前,这是一个独立的故事,后来又编入一部喇嘛教故事集中,其基础就是有关毗陀罗故事的印度文集子,但其中的某些内容现在已出现于史诗中了。奶王玛桑是一个牛头人,出自于一位男子和一头奶牛的交合。他介入了神与魔的斗争并极力帮助前者。作为犒赏,他成为人间天子而投胎地上以入主人间。所以,当我们发现17世纪时的一部著作[210]把有关吐蕃人先祖的传说故事说成是"人间宗教"的时候,也就不会感到惊奇了。据一部相当古老的编年史记载[211],当在墀松德赞年间完成了一批佛经的翻译任务之后,"管氏大相说:'陛下传播了神仙宗教(佛教)。现在,作为人间宗教的故事,陛下将赐给人类一些什么东西呢？'于是便赐给了人间君主世系、国民划分(类别)、对宗教人士和三宝的顶礼膜拜、故事和历史、道德和王诰等"。

史诗和朗氏大家族的世系(《朗氏家族史·灵犀宝卷》)也作为它们故事的来源,而引证了有关世界创造和带有意味深长的尊号者们的著作。当地的耆长和史诗中的英雄知道这一切,因为他们掌握有某些"母亲"的和"父祖"的著作。由于这些著作具有神圣性,所以人们向它们宣誓,它们阐述了世界和氏族的起源,以及以预言形式而出现的所有未来历史。这类著作之一叫做《世界身体之大开》。这一身体可能就是狮子的身体,人们把许多传说都归于它,或者是一头已宰割的动物身体,其身体各部分形成了整个地区。另一部著作的标题是《部族的口头传说或起源》,它论述了各部族以卵生起源的问题。在现代,这部著作仍属于苯教文献的范畴。但是,史诗恰恰是在有关由卵生起源的氏族问题方面引用了这一故事,却只字未提及苯教。同一故事还形成了郎氏家族世系的起源。这是一个"臣民世系",在简短地追述了"王统世系"之后又提到了这一世系。大家还记得,这就是"人间宗教"九位大相中的两位[212]。

在作为五行之精华的一个卵诞生之后,从外壳中诞生了上部神仙的白色岩石(在藏文中是阳性),内部液汁形成了大海螺的白色湖(在藏文中为阴性),所有的生物都是从其中间黏液部分诞生的。卵的软体部分共变成了18个卵,其中中间的那个(或6个)是一个海螺卵。这是一个无形的人,既无四肢又无感官,但却具有思想。根据他的心愿,感觉器官生出来了,他变成了一个漂亮的青年人,这就是益门赞普或桑保布木赤赞普。他与王后生了一个儿子。在经过数代人之后,终于变成了神,其中之一就是俄带贡甲,其他地方又认为他是从天堂降到凡间的王朝之先祖。两代人之后,到了延格时代,也就是大国(吐蕃、霍尔、汉地)的先祖时代,然后又到达了古氏族,其中之一就是朗氏家族的起源[213]。

这一故事的开头部分非常矫揉造作,与苯教创世神话很相似。外来的特别是印度的影响,甚至还可能包括伊朗或汉人的影响都是很强大的。对于12世纪支贡时代富有经验的一位学者来说[214],苯教这一自卵诞生的宇宙起源论是印度外道(指婆罗门教)的一种信仰。实际上,我们在《摩诃婆罗多》中也发现了这种理论。这一世系的剩余部分也很混乱,保存得非常不完善,其他世系传说的大部分内容都是根据同一模式建立起来的。有关先祖的传说如同贵族家庭的纹章一样。这些家族可能会互相竞争,每一方都称自己是神的起源,并试图与一个著名神仙祖先攀上亲缘。其中的变化和变种更是非常常见的,在为庆祝当地神的节日而进行各种比赛的时候,总要诵读这些传说故事。至少从14世纪[215]到现代,在赛马时进行的空泛议论说明了用赞歌和赞词表达的氏族或家族的欢乐。在史诗中保留下来的有关卵生传说的另一种不同说法中,所讲的是两只鸟。在鸟巢中有18枚卵,6枚白色的,6枚蓝色的(世界的3层及其神仙们的颜色)。从中间的6枚卵中出生了人。当时出现了3个铁匠,而每人又都属于上(天,白色的)、地(黄色的)和地下(龙,蓝色的)三界之一。除了这三者之外,还需要补充来自中界的一个铁匠。我们应该承认他们加工了卵。但故事仅仅讲到此为止,下面重新谈到的只不过是提供了各种说法中的一些片断。

如果古史作家们认为古代故事说唱艺人以与苯教徒同样的名义"保护(即行使)了政权社稷",那是因为正确诵读起源故事是为维持世界和社会秩序而必要的宗教行动。人们把"谜歌歌手"当作是第三种专家,其职权也可能完全相同。一位掌握有丰富资料的史学家向我提供了有关他们表演方法的例证：这都是一些令人不解之谜。但“谜歌(Lde’u)”一词的辞源却意味着它实际上是指以问答方式进行的轮唱,其中涉及到了创世问题以及神和人的世系内容。在史诗中,我又发现这类歌唱专家(于此却又写作Le’u)是在竞技比赛时表演其艺术的,而这类竞技又是在圣地的节日中举行的,它们的目的是把得胜者选为当地之王。

有关诵读者的仪轨作用，以及介绍神秘人类及仪轨性物品起源之必要性问题,从敦煌写本古文献中完全可以得到证实。在史诗中，有关卵的先祖传说形成了林地男青年和汉地少女轮唱歌曲的内容。林地的一个青年“口若悬河”,他抓住了一位姑娘,威胁说如若她不能回答他所提出的问题就绝不会放开她。后来在这一猜谜比赛中又增加了一系列的其他竞技活动:力气比赛、巫术比赛、幻术、长跑、掷骰子和弓箭比赛等。由于这种谜歌存在各种不同版本及其不连贯的片断性的特点，所以事实上就说明各个对立的歌手每次对于同一故事的说法则各有所异，以说明自己一方的某些先祖关系，同时还可以说明由于诗词的启发才使歌手们接触到了其中的内涵。如果故事的内容及一系列惯用语经常是固定不变的,那么自由的即兴临席演唱则取决于歌手的才能。

在近代，这种男女青年之间轮唱歌曲的内容主要是一些神话或居住地的起源,而这类活动又主要是在新年间举行的。但是,它们又是婚礼中必不可缺的组成部分。许多男青年代表未婚夫,在拉达克地区称他们为“买手”(但在霍尔巴和康地则称之为“未婚夫的中间人”,即藏文nyi’u)。他们必须赶到未婚妻家中。一群少女堵住了大门，惟有等到她们以歌唱的方式所提出的问题被小伙们也以歌唱的方式相答之后方才开门。这些歌曲中充满了隐喻和谜一般的内容,有关世界的各种知识都可以成为歌曲的内容。例如,在一次长时间的轮唱中,未婚妻一方可以首先向另一方提出挑战。

既然您说是根据真理之言(具有魔力的誓言),(因此,请告诉我们):

谁用角捕捉野牦牛?

谁空手捕捉老虎？
谁用套马索捞水？
谁以流沙建造塔？
谁以剑击水并伤害它？
什么巨禽可以生崽？
什么肉食兽能生蛋？
谁在岩壁上沿雉鸡爪痕而逐？
谁为磨盘石裁衣？
谁敢应战并认出我们是谁？

未婚夫一方的回答则是：

以角捕野牦牛者是玛钦仁巴。
赤手捕虎者是萨耶白曲。
以马索捞水者是夜叉准推。
修造沙塔者是布谷鸟。
以剑击水并致伤者是水本身。
生崽的鸟是蝙蝠。
产卵的肉食兽是鼬。
在岩壁上沿雉鸡爪痕而逐的是野草……
为磨盘石裁衣者是巧匠(毗者羯摩,神之工匠)。
向你们应战并认识你们者是我们。
这一答复难道不完美？

未婚妻一方再次唱：

既然您于昨天来，来到了城堡，
告诉我们何谓三种城堡，
告诉我们何谓三种场所，
告诉我们何谓三种湖，
告诉我们何谓三种地区，
对这一切都可以回答吗？

青年男子们又回答说：

既然你们于昨天来，来到了城堡，
琼珑·俄喀尔·卓木·
亚东城和玛象·支布喀，
这就是三种城堡。
无边的天、无碍的法、无穷的财，这就是三种场所。

可沐浴的玛法木错湖、有毒的拉昂湖、有海螺(可能为海螺色)的高茂湖，这就是三种湖。

兜率天的神地、瞻部洲的人地、阿耨达的龙地，这就是三种地区。[216]

这些歌词值得全文引证，但令人遗憾的是本书篇幅有限。这些歌词是本世纪搜集到的，其中当然也混杂有一些常见的喇嘛教观念、某些典型的苯教成分、史诗传说和民间概念。歌词中论述了每一层分别有一些神仙居住的三层世界，各有一种典型动物(冰川的白色母狮等)所代表的各自然领域、四尊护世神和统治四方的四大神话国王。尽管其面目已经近代化了，但这些歌词还可以向我们提供一种有关古代谜歌表演家的梗概看法。

因此，苯教仪轨、故事和歌曲因其宗教作用而被看作是“保护政权”的，它们表达了古人的智慧，而且其真实性也证实了世界和社会的秩序、居住地的构成以及该地的居民集团。婚姻歌曲始终是以暗示“真谛的语言”而开始的，这是一种佛教术语，它在通俗语言中具有誓词和带有魔力证言的表达方式之意(诅咒的术语，如“如同……一样真实”，或者是“如果我方有失真之处，那将会受到惩罚！”)。对于史诗来说，正确的诵读如同在喇嘛教中的魔咒和仪轨一样重要。史诗、有关竞技的歌曲和故事以及在收获时所表演的戏剧一样会使当地神仙(圣山)感到喜心悦色，并且在它与参加节日的大众之间建立一种联系。为了证实这种仪轨，最重要的应该是把每个故事都追溯到某一制度的起源，而这种故事又应该是真实的。这甚至也是喇嘛教仪轨的情况，它始终可以使人追述起其起源和神话般的先例，它甚至还可以使这种仪轨正常化。有一点令人摸不着头脑，这些有关仪轨著作中的故事始终具有悲剧的特点，并且由于它那诗歌作品非常细的文学表达方式而引人重视。在史诗中，有许多长篇诗歌故事都是有关说唱艺人的帽子、马匹和英雄宝刀的起源及象征性的解释。婚姻歌曲讴歌了姻缘、服装、帽子和"吉祥绵羊"的起源，有关竞技的颂歌则是赞扬了竞技及参加竞技氏族的起源。这些故事通常被藏族人称作"谚语"(gtam-dpe)，该术语的最后一个字的字义为：典范、隐喻，谚语、故事和书籍。在那些空泛的议论中，经常作为权威而引用古人的一些"格言"(dpe)。在论述"人间宗教"时，狮子身体的不同部分形成了各类传说的楷模或隐喻。根据最初时代的楷模和先例，便会置身于世界的秩序之中并以此而维持之。

我可以举召吉祥的仪轨为例，为此目的常常要使用装有饰带的箭、镜子和一个"吉祥袋"："吉祥袋的原料是羊毛。其父是淡红趋白色的天羊，其母是淡红色的地羊。它们二者结合之后便生下了一些小羊。羊羔共分5种"。下面是在高地上举行焚香的仪轨："神香的歌曲，啊！神香的起源，这一起源自何而来？神香的起源，它自天而来。天空隆隆作响的巨雷(龙)为父，地上一驰而过的巨大闪电为母。它们的儿子是野马，是冰川的精髓、大洋的水泡、玉色的玛法木错湖的泡沫、最上良药的药效"[217]。

以上仅仅是古代歌曲的一些片断，甚至喇嘛教作者们也认为应该保留它们。我在敦煌写本中发现了一些这类古文献，其中有关起源的记载非常长。例如，它们论述到了野牦牛和马匹、从马上下来和从天堂下凡到人间的对立与区别。其他一些写本也介绍了死亡的起源和殡葬仪礼的必要物品。这些故事存在有多种不同的文本和大量不同的说法[218]。

令人遗憾的是，这些文书的古老语言，使翻译工作变得非常艰难了。

## 誓词和墓葬

如果传统的藏文编年史没有向我们提供任何有关古代宗教的情况，那我们就来看一下从唐代汉籍中所涉猎的史料吧。令人遗憾的是这些史料丝毫不关心宗教问题，或者是仅仅记载了某些表现形式。它们所提到的少量资料都是指9世纪时的情况,当时佛教已经在吐蕃与土著宗教共存了。它们认为吐蕃人非常注重恶魔,相信巫师和巫婆。吐蕃人信仰一种长角的雄性的羊(羱羊,藏文可能为gnyan,它既指牡山羊,又指一种土地神)。他们喜欢佛教,宣扬祈神降祸的一套幻术[219]。

在822年唐蕃会盟条约的盟词中,曾引三宝、佛教上师和日、月、星辰为证。其间还宰杀牲畜以供祭祀。会盟条约全文由一位吐蕃僧侣宣读,该僧官居相位(钵阐布)。在歃血盟誓之后,又于佛陀面前举行了一种仪轨,但其他人在事前曾以动物血涂唇。在756年于唐朝京师举行另一次歃盟仪式时,吐蕃人也接受了以祭祀牲畜血涂唇的汉人仪礼,但他们拒绝在佛寺中举行。据一部非官方正史的汉文著作记载,在两次歃盟仪式中,吐蕃人带来了一尊神像并向它盟誓,这尊神像后来也被放置到了一座佛寺中[220]。

当时曾经过一种饮水的咒语,这一习惯(咒水)一直在喇嘛教仪轨中保留下来了。祭祀司宰僧"通过誓词把一些小神束缚起来,后者就这样变成了他的附庸和臣下"[221]。我们已经知道,吐蕃人经常以每岁一小盟、三年一大盟的办法来重新确认君臣之间的忠诚关系。巫师们当场就要进行祭祀(杀人、马、驴、牛、猴、绵羊和狗),其咒文的意思是说那些违背盟约者将会得到与祭祀中的受害者同样的下场。据汉文断代史记载,被祈求作证人的神可以是上天和地下的所有神,特别是天、地、山、河、日、月、星辰等。有关誓词的藏文文献也引天神、地下水神(龙)和地神(即年神)为证[222]。在822年唐蕃会盟条约中引证的神是日、月和星辰。为举行盟誓仪式而宰杀牲畜的习惯,在康地一直保留至今(盟誓祭祀)[223]。引用证人的咒文同样也沿袭下来了:"上天可知"。在康地和锡金所发现的那种在举行盟誓时立石(立石碑)为纪的近代习惯,在敦煌古代大事年表中也有记载[224]。在7世纪时,为了举行这种仪轨,在大相的墓前竖起一块石碑,赞普要为此而发表誓词,同时还要祭祀100匹马。这块石碑上肯定应刻有互相忠诚的誓词全文。墀松德赞碑文的大石柱子立于琼结,那里有许多古代王陵。我们可以在碑文的上方发现两个圆盘,可能是分别代表日、月。墀德松赞碑文的大石柱子也位于同一地方,上面刻有卐字符号的图案和人形面庞。在拉达克和拉胡尔

(lahul)有时也竖起一些带有人形的石碑以悼念死者[225]。

古代所竖起的石碑上有时刻有人像，代表着受害者的证人或者是守墓人(见上文第 3 章)。我们在蒙古的突厥人墓前也发现过这样的杀人石(balbal),它代表着死者生前杀死的敌人。我们还记得(见上文),五六位“共命运”的朋友也要殉葬在他们君主的墓中。如果藏文文献中记载说“守墓人”的行为如同死人一般,那么他就是代替了死者。一部古代汉文文献也证明,当一位军人在战争中阵亡之后,另一个人就要站立在尸体旁边,他回答人们向死者提出的问题,并且代死人接受食物和衣服[226]。仲宁岱如赞普的墓中陪葬有 3 位“臣子”,他们都是活着时与赞普的塑像一起被埋葬的[227]。在近代西藏,死者的一幅穿着自己衣服的肖像在死亡和转生之间 49 天的过渡期中要获得供品。

在古代吐蕃，坟墓是方形的。在那里有用石块砌成的平顶建筑,种植各种树以作为寺庙和祭祀地点而用。除了竖起来的代表证人的石头(在当代则变成了一种用石块砌起来的祭坛),还要把一些白石块交给誓词的受益者，这些石块将来要用作造他自己坟墓的基石。据唐朝的一位史学家认为,死在疆场上的人(光荣捐躯者)的墓四周都用白土灌注,从而与其他坟墓分隔开来。据另一位史学家认为,在墓侧建起的红色小房子中画有一只白虎像,这是战争功勋的象征[228]。

从松赞干布到墀松德赞之间，吐蕃大赞普们的坟茔已由晚期许多编年史著作所描述。这些土陵已被人们考证并允许参观。王陵大都位于琼结和雅垄地区,坟丘都是很大的圆形或方形坟头,每一座墓都有自己的名字，其墓名系由赞普名字的某些成分所组成[229]。墓中陈放着许多财富。但在 9 世纪时,这些墓葬都曾被打开过,甚至遭到过劫掠。吐蕃古代赞普们也可能是受了汉人大臣墓葬的影响,在举行殡葬的同时还伴随着其他一些仪轨,这种仪轨是由苯教徒们完成的,我于下文再来详细论述。我们已经看到(上文第 2 章),据吐蕃最早期的神话流传,赞普在死亡时以升天的形式而消逝,所以在人间不会留下任何王陵。修造王陵的习惯可能是后来由外来苯教徒们传入的,当时恰逢支贡赞普丧失了死后归天的神力。这一习惯一直维持到该世系的最后一位赞普(9 世纪时的微松),但后来又失传了。也正是在这个时候,吐蕃王陵被盗窃。

由埋葬而又引起了一大难题。传说中似乎是仅仅讲到王陵。大家知道,在近代西藏,死者不能埋葬,而是将尸体切碎陈列在一个地方以候秃鹰(和犬)来撕啃吞啄(天葬)。上师和大僧官们都被火葬,有时也要作防腐处理。而罪犯却要被抛进江河水葬。然而,在13世纪仍实行土葬[230]。那种把死尸交给鸟类吞啄的习惯似乎可以肯定是自伊朗传入的。大家都知道祆教徒们"沉默的塔",秃鹰要飞到那里去啄食死尸。在亚历山大大帝时代,这一习惯曾流行于叉始罗、大夏和印度河口,实际上主要是安息人的一种习惯。吐蕃是在什么时代和以什么样的方式采纳这种殡葬仪式的呢?我现在一无所知。唐代的一部汉文文书[231]曾把当时吐蕃的三种处理死尸方式(火葬、天葬和水葬)的起源归于印度。这一问题尚未稽考成定论,目前仍为悬案。

据一种口头传说认为,当时的苯教徒(至少在康地是这样的)对死人实行土葬(有时则是提前烧化),各族墓地四周均以墙为界。许多物品(碗、衣服)陈列在墓中,每年都要上供品。早在11世纪初,僧侣王子益西俄(智光)曾抱怨人们忽略了"向陵墓上供"(见书末所附参考书目第303条:《白琉璃除锈》第1卷,第441页)。我们还会看到,在古代苯教徒的供品中包括祭祀牲畜。早在14世纪,喇嘛教徒们还沿袭每个家庭都要祭祀牲畜的习惯[232]。

## 居住区

赞普的王陵建造于人们所确定的赞普世系起源的地方,人们有时也称之为"山"。还有人告诉我们,这些山"与天际相接,甚似天",它们"扩大了赞普世系(也就是说促进了赞普世系的发展)"[233]。另外,人们有时也把山比作一架梯子,或者是一根木神的绳子,这是吐蕃第一位先祖赞普下凡入主人间时所使用的。吐蕃的第一批赞普根本不曾有过王陵,或者是"在天堂"拥有自己的王陵,因为他们通过木神的攀天光绳如同彩虹一般消失在万里长空了。以后几代赞普的王陵相继建立在沿着山麓而直通天堂的自然阶梯中,由上到下依次埋葬。根据18世纪一位作者的说法,古代赞普的墓葬和宫殿可能是"以木神的方式"而建立,甚至是在支贡赞

图 89　大吉岭一幢房子屋脊上的得胜幡，上面带有湿婆戟

图 90　噶伦堡的一高地上的“风马”

图 91　新年的供品：酥油绵羊、蓝角、头上的宝贝

普时代斩断了木神之绳以后也是这样，因为所有这些赞普都是苯教徒[234]。甚至松赞干布赞普的王陵被称作“褐色的木神之山”(褐色是木神的颜色)。其原因肯定是这位赞普化作了一道彩虹，融合到当地守护神观世音菩萨的塑像中了。山脉与坟墓的性质很类似。如果真正的或以石头砌成的“证人”、看墓人指出了历史赞普(和神话赞普相比较)建造的坟墓，那么第一个王家城堡雍布拉冈之坟墓守护者是香波山峰[235]，此山肯定与雅拉香波圣山本为同一地，第一位赞普就是从那里下凡的。

圣山是“当地的神仙”或“当地的主人”。人们有时把它看得犹如“天柱”一般，有时也看得如同“地钉”一样。同一职能可能是由在墓前或寺庙附近所立起的柱子而代表。墀松的王陵中有一根叫做“固定钉”的柱子。由于它埋在了土中，所以没有看到。在桑耶寺中也发现了一颗非常著名的同类钉子，在为此庙开光时插入了土中，这颗“地钉”完全消失在地中的时候宣布了一个时代的终止。相反，在拉萨寺中，有两块石碑。其一为长形，这就是“天柱”，其二较短，这就是“地肚脐”[236]。

圣山也是战神，人们经常用一些意味着“首领”或“赞”（或者像古代赞普一样称为“王”）的术语来称呼它。人们认为它们如同一些已死去的强大英雄一般。接近历史时代的赞普之一享有一个意味深长的名字：拉脱脱日年赞（Lha tho-tho ri-gnyan btsan），其意为“神、境界石（或立石）、圣山、强大的”。如同赞普一样，史诗中的英雄叫做“天柱”，他的地区被称为“地肚脐”。他在自己身上集中了世界的三层：天及其白色之神、地面及其树和岩石之神（红色的赞神或黄色的年神）、地下及其蓝色和黑色的水神（龙）。所以，在近代西藏为神而竖起的石头与世界这三层的颜色是相联系的。在史诗中的神话地区，这样一种祭坛是由黑、红、白三块垒起来的岩石组成的。有时候岩石并不是垒起来的，许多用石头砌成的祭坛排列成行，而每一个祭坛都是敬献给一种神的，并且涂以相应的颜色。实际上，红色石砌祭坛（奉献给年神的）似乎是最为常见的：这是当地神的神祠，它一般都建立在村庄的中央[237]。

“天之柱，地之钉”这一术语也指家庭的土地神。对此则丝毫无需大惊小怪：天体的形状与人体的形状一样，是根据家的模式形成的。反之，人体、家和住宅同样也是互相结合在一起并是价值相等的小宇宙。这是一些封闭的、完整的世界。惟有它们才可以算作是个人或人类集团（家庭、村庄）：如果它来管理“宗教”，那就会在其中表现或感到自己的存在。普通世界即宇宙，仅仅是居住区这一封闭世界的投影或扩大。如果这个世界有一个理想中心的话，那么这一中心事实上是仅仅感到如同世界每个人的中心一样。所以，在表现这一世界的理想轴心和“地肚脐”的时候，各种形式的立石并不失其证人和占有标志的作用。这一在世界中心对自己、集团和首领的断言具有胜利的战争姿态，通常用上升、高度、建立和力量等形象来表示，其中的比较术语是天（参阅南日赞普之名，Namri 的意思是“天、山”）。Tho 的意思是“登录簿”和“境界石”。但是，吐蕃人玩弄了同音异义词的游戏，他们将 Tho 常常理解为（或写作）mtho（读作 tho），意为“高”。君权的象征是“强大的盔”或“抬高的头”。所以，对高度的崇拜可以用石块、树枝和插在房顶、山口或盔上的旗帜来表示。

图 92　神山及其上面的地神山塔　中间是畏怖神的相貌。前面是煨桑供。雪山由狮子代表，湖泊由“金

在有羊肠小道通过的所有山口，旅行家们常常会遇见大堆的石块，即山顶嘛呢堆，主要是白色的[238]。上面插有一些木棒，并用绳子牵向一棵树或一山崖，绳子上挂着一些布或纸条，上面写着咒文，叫做“风马”(rlung-rta)。从原则上来看，应在这些石堆上再增添一些模拟武器、木制武器，尤其是箭和长矛。人们也经常在那里放一些牧羊、羱羊、牦牛的角或整个头颅，如同在石堆上和祭坛上所作的那样。每当行人穿越山口的时候，便在那不成形状的石堆上添一块石头，若无石块也可以放一块骨头、一块破布、一撮羊毛或头发。同时，他还要大声呼叫：“神(天神)必胜，恶魔必败。叽叽嗦嗦(ki-ki so-so)！”最后这句欢呼语是战争的呼声。其原因正是由于神的好战性格以及对一个具有战略意义而又难以通行的山道的解释。出于同一原因，也以同样的方式(挂在绳子上的布)标志其他通道、渡口和桥梁。

这些石堆被称为“武士的城堡”(dpa'-mkhar)，有时还具体解释说是“战神的城堡”，(dgra-lha)，人们在那里唱赞歌或证道歌。人们也称之为“赞府”(btsam-makhar，或者是 gsas，或者是 bse-makhar)。它们最为常见的名字却是“山顶嘛呢堆”(labtse, la-btsas、la-rdzas)，一般人都解释作“路途和山口通行税”或“道路境界石路标”[239]。此石堆可能使人联想到坟墓。我们还记得白石曾在誓词中起过重要作用，但也用在一位赞普或沙场捐躯者的坟墓中。在史诗中，我们也会看到用白石掩埋尸体的情况[240]。

嘛呢堆代表着山上的战神。所以人们也尽最大可能而将之建在山顶上。在布达拉宫的一地下室内，当地人曾向参观者们指看山顶嘛呢堆，此山即“红山”，布达拉宫就矗立在那里。这样的石堆明显只能位于可以攀登的山岭之上。这里的实质思想仍然是“高度”、“升高”或“竖立”的同一观念，真实高度并不计算在内。与石堆和圣山相联系的神分别叫做“山顶上的神”、“地神”、“男神”或“战神”，它们同样也占据人的头顶、肩膀、坚强的头盔和屋顶上。

我们在屋顶上还可以看到石块祭坛、旗帜、树枝、动物角和小香炉，香炉中焚以刺柏树枝，以其袅绕的香烟来对神表示崇拜。另外，“地神”或“地主”并不一定是一座山。因为山上没有这种神，很可能是一平原、一棵树或当地的某种地貌。在若尔盖宁玛(安多地区)的村庄里,共发现了两个小山和草丘,有一人多高。人们经常跪在它们面前,对它们焚香顶礼。其中第一个土丘属于村社长,第二个属于喇嘛,而第三者则属于所有居民[241]。

焚烧刺柏树枝(煨桑)和召神以进行焚香顶礼,这是当地神的特点。在这些顶礼仪轨中完整地保留了古老宗教的特征和万神殿。在对当地神圣山脉进行如此崇拜的时候,没有国王的村社耆老或长老向天神请求一位赞普,于是这位神的一个儿子便自天或自此神山而下,成了吐蕃第一位赞普。史诗中英雄的情况也基本如此。史诗中也提到当地没有国王,耆老们所供养的神香烟柱迫使天神派遣他的一位儿子下降凡间,这就是当地的英雄和未来的国王。如果不算其在凡世间的所谓父亲(此人仅仅是其母的丈夫)之外,英雄还有两位作为神的父亲,也就是天父(即白色梵天王或因陀罗)和当地的一座神山。

所以神山与世族谱系的创立者有密切联系,人们一般都把后者当作"祖父"来供养。这些神山自创世以来就存在,如同第一个石堆和老祖一样;在史诗中,"世界之长"无所不知,他是"三代人中的长者、三代神的老神、所创三世中的老祖、创世冰川中的老山,创世之始祖"[241a]。

许多具体情节大不相同的传说却具有较近似的结构,其内容都涉及到了居民区的创立及第一位首领或先祖到达的情况,我们对此不应感到任何大惊小怪。人们对于一般性的创世学说并不太感兴趣,每当谈论起这一问题时,总是借用佛教的宇宙论。但人们却关心与生活在那里的住宅区和居民集团同样多的小世界。每个氏族和每个贵族家庭都有他们的先祖世系,如同一种可以证明其贵族身份的告身一般,每个小地区都有它们的神山。焚香供养的经书中也含有真正的地名和民族学名称目录,同时也包括有关于地区和居住中心以及山、川、著名地区的其他形态、氏族和部族的一系列长长的名表。

这些有关起源的传说从来未曾被统一和系统化过,其原因是因为没有任何有组织的教派,更不曾有过权威性的僧侣来进行这项工作。但那些大宗教却将此攫为己有,对它们进行了改编以使之适应本宗本教。我现在所了解的情况则是以其喇嘛教或苯教的伪

图 93　尚地(多尔波人)喇嘛的“金身”

装而出现的。史诗或某些大氏族的世系谱中都保留了大量不同的说法。

16世纪时的一位“疯子”上师和诗人珠巴衮雷曾提到过苯教徒们有关神香供养的仪轨著作。“从前,在世界创始的时代,在白色冰川带修造了一个石堆。这是两尊人间守护神(我将于下文再论述)道路的界标”……“然后,人们又在自己的地区和村庄内修建这种石堆,这是当地强大神的路标;然后又在湖旁或山岩中修造,这是地神之路标”。所有这一切都包括在对各种因素的佛教解释中了。但我们还可以发现其中所记载的四方、穹顶和天底以及召请上界神(天神)、地上神(龙)和中界神(赞神)的情况[242]。

按照喇嘛教对这种仪轨进行同化的结果，完全可以使人看到把起源神话与印度古老的常见说法结合起来的地神的战争特点。我于此所研究的一部典型著作的标题是《神的香,国王的赞歌(或胜利)》。与此有关的神话载于有关战神的一章。在重新提到了导致世界中央之山苏迷庐山(即须弥山)的佛教宇宙起源论之后,又描述了山顶上的因陀罗神和山下的非天(阿修罗,即梵文的Aasura)之主。阿修罗们对长在山峰上的大树之果实垂涎三尺,由此便产生了天神与阿修罗之间的战争。清晨,阿修罗们获得了胜利,而下午则是天神获胜。如果说天神最后获得了胜利,那是因为密迹金刚菩萨向他们指出尚缺乏一尊“战神”,他们可于获得武器的同时获得其中之一。“于是便出现了天的白色,然后又出现了地的蓝色,接着出现了冰山的白色。最后又出现了外部的大洋。在此洋中间产生了9个皮袋。这些皮袋张开了口,从中出现了9种武器,而且还是自动出现的,绝不是由铁匠们锻造的”。于是便为它们起了名称。“随后,在中间创造中,又创造了生起世界的9种防御武器”。紧接着便是他们的名字。“随后,在最后一个创造中,祖父是发光的白云,并伴随以雷鸣和闪电;父亲是上界神,也是‘暴虐的降雷者’,其母是地下女神(龙母),名叫‘海螺的保护者’。于是便作为儿子而产生了战神九兄妹”。紧接着又是他们的名字。在对他们进行顶礼时,因陀罗取得了胜利。人们用祭祀向他们奉献了武器以作为自己的所缘,这是些用木制品仿制的武器,被插在几堆石头之中。

这类石堆的神话先例在仪轨中也曾正确地提到过，这是创世的嘛呢堆。由此把这种石堆说成是苏迷庐山,以被说成是“域神”。它的四周由四种象征性的动物所围绕:东部是白狮,南部是蓝龙,西部是虎,北部是野牦牛。另外还有一种不同的说法(以金翅鸟这种鹰代替了牦牛),这些动物同样也出现在“风马”像的四个角落里,人们一般都把这种像贴在石堆和高地上。但在神话山的峰巅,有一棵垂直的树,种植在世界的中心,树上有白色海螺般的小鸟(即白色金翅鸟或鹫)。在史诗中,这种鸟就是加持神,它保护了英雄盔帽之顶。

在喇嘛教仪轨中也记载着关于天神与阿修罗斗争的印度题材,它代替了我们已经知道的一些不同说法的类似土著内容。在史诗中,那些对立双方轮流分别在早晚取得胜利的斗争是在神与魔之间进行的,它们二者都是山,后来又以分别呈黑白两种颜色的两头牦牛和两只鸟的面貌而出现。但神(白色牦牛或鸟)战胜魔的决定因素是一位英雄(当地的一位耆老)的干预,后者杀死了魔(黑色的牦牛或鸟)。为了犒赏英雄,神(虽然是山,但也是天神)根据它的要求而向它派去了自己的一个儿子下凡,以入主尚无国王的人间。

其他传说也认为失败的恶魔如同被杀和被宰割的动物一样:其身体的不同组成部分变成了世界、居住地或王宫的相应部分。因为在占卜中曾使用过的流传最广的形象起源于中国中原或印度,所以它实际上是一只乌龟。但据其他传说(尤其是史诗中的传说)认为,这一地区诞生于魔鬼的切割块,它似乎是一种反刍类动物,或者是由蟾蜍、“喝奶和吃人”的母虎或一只狮子中诞生的。每个氏族都有自己的一种不同说法,而这类氏族的起源又与其地由某种动物起源的创世联系在一起。

另外,圣址或圣地一般都包括两种配成对的成分,即一尊男神(山、岩或树)和一位仙女(湖、泉、江)。这两者婚配结合在一起了。人们有时也把它们与英雄或国王那作为神的父母相混淆,山同时也代表天、神和湖泊、地下范围及其神(龙)。如果某些传说追述了两尊其地方神(有时是两座山)之间的婚姻关系,那么其他一些传说也介绍了两座山之间的争执和战斗。从其先祖和圣址中便可以辨认出居住在某一固定地点的各个村社。

神山的战争特征和它与氏族、先祖的联系,也可以表现在为此

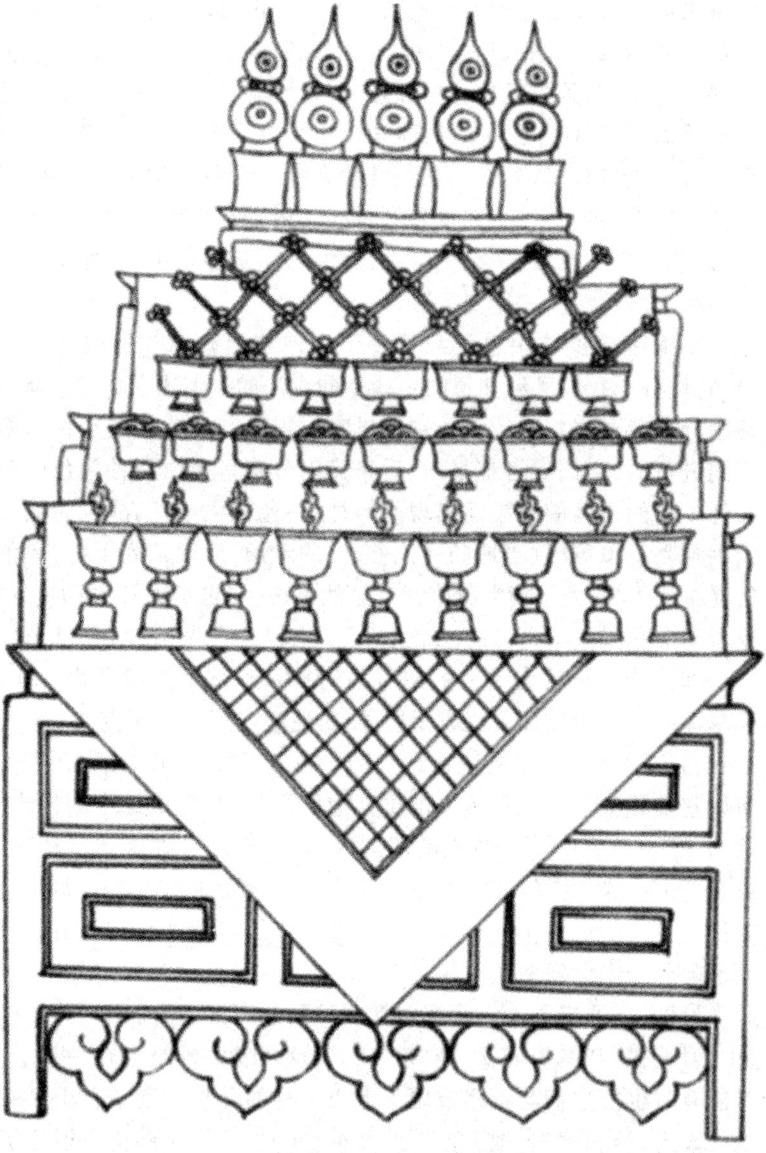

图 94　向三宝奉献“五供”　祭坛上是 3 个放灯、水钵和粮食的架子。上部是幡柱和鲜花，还有一个盛多玛供的案子

目的而举行的节日活动中。在喇嘛教的假面具舞蹈中,一般都要为他们保留以幕间插剧。它实际上指一种不戴假面具的兵士舞蹈,经常分成轮唱的两组。在这些歌曲中,人们一般都赞扬国王、贵族家庭及其先祖的世系。另外一种节日,即著名的香节,实际上是全族人在圣山上的一次欢聚。许多比赛也是这一节日的标志:跑马、轮唱、射箭等等。有些赞歌歌颂取得胜利的人和马匹,以揶揄来欢迎失败者[243]。

1954年12月22—23日(藏历10月28—29日),在甘托克(锡金)观察到的假面具舞蹈即如此。歌词中赞扬了国王及其神山,即矗立在舞场对面的干城章嘉峰。这些歌曲未公开刊布的手稿叫做《证人和对战神的歌颂》。它深受喇嘛教(宁玛巴)神话的影响,是以歌颂干城章嘉峰而开始的,而且还把该峰说成是"父亲"莲华生,后者是锡金的守护神和畏怖神的降伏者。它也是翩翩起舞的兵士们的"战神",可以使在位国王稳固掌权。继对大神王的颂歌之后,又是一首赞扬"战神"的颂歌,然后就是以诵读刀剑而进行的"激励"以及另一种对枪的"激励"。全文是以"激励"罗目侯星而结束的,它是地神(龙—妖)的战胜者。

以上就是由村民或部族集团居住的小世界的主要宗教面貌。一个更小的集团——家庭也占据一个类似的小世界——家宅。这一有限的空间特别重要并具有宗教的激情,因为它提供了有关小世界与人体的大部分形象和表现。如果神山是世界的中央支柱、天柱或地钉,那么这两种表达方式均来源于家庭与帐篷,也是家宅"地神"的同义语。帐篷的中央由一灶台占据,旁边有时也有一根柱子。灶膛升起的烟柱从一个恰恰位于中心上方的屋顶洞而直冲云霄,帐篷中的光线也是通过此洞而进入的。在家宅之中,也使用连接各层之间的大门。

这一连接通道可以通过一根独木树干组成的梯子而攀登,在树干上挖上槽口以代替阶梯,梯子稍有倾斜地(几乎是垂直地)放在门洞上。梯子不是固定的,在遇到敌人攻击时便一层一层地撤去,以依次禁止进入各层。所有这一切当然是发生在多层的高大防御塔中[243a]。

整个世界的或部分的人体都是根据这一模式而设想出来的。

上天和地下世界都各有数层，一般是上有9层，下有9层；或者是上有9层和下有7层，这是古代汉地、汉藏走廊土著人和亚洲北部人中流传很广的图式。天有时也有13层，这一点似乎是典型的苯教观念，但使用这一数字来指一个集合数字（如同3和9一般）是一种非常普通的现象。为了进入这9层则必须通过“天门”和“地门”，“天门”意指房顶通光和通烟的洞，而“地门”则指灶膛。通过“木神之梯”或“木神之绳”即可攀天或下凡，而人们又认为梯子是一种具有彩虹颜色的光柱。人们有时也称之为“风梯”，有时又认为它如同山一样，先祖和赞普就是从此山一阶一阶地下来的，此山实际为天柱[244]。在高地（房顶或山顶）的供养神香的香气迫使天门开放。

联系天地间的绳子或梯子（我于下文将要看到，它位于人类的头上）的名称“木”来自同一名称的一尊神的等级，它居住在天之一层内。与木神有关系的另一尊神——恰神肯定居住于另一层天。这两个术语可能由羌语中指天和天神的一个字（mubya,mbya等）派生而来。所以，攀天光绳有时也被称为“恰神之绳”。吐蕃早期赞普的先祖，有时被称为木神，有时又称为恰神。

对于木神与恰神之间的亲戚关系，早在一卷敦煌写本中就已经得到了证实。其中记载了恰族人的使者是如何前往木族人住地，途中跋涉了一条艰难的道路以向他们为那些尚处于群龙无首的民族请求一位首领。为了实现这种要求，必须向木族人的神之首领进献仪轨供品[245]。在晚期，同一内容还曾出现在格萨尔史诗的开头部分。该史诗中也提到英雄有一位天神之父，自天而降，但他还有一座被称为“本命神”的神山为“父亲”。晚期的许多仪轨书也都暗示了指木、恰、祖[246]的三位一体神。第3个术语“祖”也曾在古文献中出现过，它在文献中有时也与恰神、神山和圣神赞普相联系，但似乎并不是指神人的种类。此词包括有“高度”、“升高”、“建立”等语义定义。它有时也适宜于指神山，但主要是指人之头顶。我于下文谈到人的宗教地位时将会再次遇到这一问题。

我们已经看到，而且下文还将会论述到，赞普的先祖们是如何自天下凡至神山的。

男系（父系）亲属是由恰神（或者是具有神性的第一批人）所代

表的,女系(母系)亲属世系是由木神所代表的。其他的所有贵族大家庭也都具有类似的传统，他们有时作为一个旁系分支而与王家传说的人相联系,有时又声称自己属于一个特殊的血统。喀拉克·纽氏家族的神仙先祖是一只自山上下来的白鸟，以回答那些正在寻求一位君主的人们所提出的问题。他与一木族女子婚配。昆氏家族(即后来的萨迦巴)同样也是出自天神三兄弟之一,他在与一位木族女子结婚之后就成了人间之主。如同在王家传说中一样,第一位先祖常常是六位或七位兄弟集团的组成部分，而他正是其居中者或最为年幼者。

就各种文献的现有情况来看，这些神话的片断仅仅包括对家宅结构的影射。笼统地来讲,在关于占卜的词汇和某些禳灾招福的仪轨中还保留了那些隐喻。在占卜之中,木神之绳被证明是“攀天光绳”或者是用于占卜神谕的一些同名绳子。在仪轨中,“天门”是由一颗羊头所表示的,而“地门”则以一颗狗头代表。在某些情况下,必须打开“天门”而拧紧“地钉”,其目的是创立一居住区和接受吉祥的影响。当出现恶魔威胁或为某人降灾的时候，相反则要闭“天门”,剪断“攀天光绳”和拔掉“地钉”[247]。早在敦煌古写本中,有关殡葬仪轨和占卜的著作便已经向人们许愿,“已经伸开的上天木神之绳是不会剪断的”;或者相反,威胁人们要“在远处剪断白色的木神之绳”[248]。在苯教术语中,“结木神之绳”系指一种占卜的召祥活动。另一方面,专门术语“恰”一般是指神谕、财富的各种精华和吉祥性。

**一年的节日**

我尚不知道古代吐蕃的节日周期，但我至少知道每年夏季和冬季举行祭祀加持神的活动[248a]。到了近代(甚至在近代之前),文献中向我们介绍的那些节日几乎都是喇嘛教的：由宗喀巴所创立的新年期间的“大祈愿法会”、四月八日或十五日佛陀诞生和圆寂(入涅槃)的周年纪、七月十日莲花生诞生周年祭、九月二十二日佛陀自神界返归日、十月二十五日宗喀巴圆寂日,以及此外的其他种种节日,不再一一列举。但其中的某些非喇嘛教因素也在不同程度上维持下来了,我于本书中仅想对此加以介绍。

令人遗憾的是古代汉族作者们没有告诉我们，为表示效忠盟誓(并且伴随有祭祀)的每岁一小盟、三年一大盟是否都有固定时间和地点。这种仪轨肯定包括有参照神话时代所确立的秩序，也就是说参照了有关先祖及其取得政权地方的起源情况。在近代所流行的节日中，我们所知道的一些仅仅是此类对历史的追述，尤为喜欢在圣址举行，其时间为每年的两个关键时间，即冬季和夏季，尤

图 95　为新年或某一重大事件而演戏时的“吉祥供”。两个钵瓶和两个米酒碗(可以看到酒沫)。后面是小麦面盘，带有麦穗和带装饰的麦秸。

其是新年。

我已经说过，在数世纪的历史进程中，西藏新年的时间肯定有所变迁。现在和数世纪以来，西藏正式的年节时间就是汉人的新年（春节）期间，这肯定是在蒙古时代传入西藏的。这就是“国王新年”，确定在农历元月初（一般是冬季）。但古代“农业者的新年”也非正式地保留下来了，尤其是在边陲地区（如拉达克和锡金），一般确定在冬至，即在农历十月末和十一月一日，据说是谷物收打入库之后两个月、野牦牛及绵羊肉入库10周之后。我们还记得，据古代汉人记载，吐蕃人是以每年的麦熟为岁首的。

现代“农业者的新年”仅仅由村民们进行庆祝，在像日喀则那样的城市里则由农田的地主们进行庆祝，其特点是形成了一种非常明显的习惯作法。在数日之间，仆人们不参加劳动，穿戴起华丽的服装，受到了他们主人的尊重，主人向他们赠送礼物并设酒肴宴请他们。这一切完全如同古代汉地的一种狂欢节（大傩）一样，形成了一种颠倒的社会，它是王位空位期间和每年辞旧迎新时代的特点。我们还曾记得，在宇宙的时代周期（kalpa，劫）中，本时代的结束也是以推翻一种既定的社会结构为标志的，但其主要特点是仆人暂时居于主人之上（见上文第3章）。

如同在亚洲或其他地方的许多文明中一样，新年占据着突出的地位，它标志着一个过渡时代。在举行了结束仪式和驱逐邪恶及古老的道德之后，便开创了一个以复兴精神和对未来的保证为标志的新时代。每年夏季中期都会出现的一种不太明显的堑壕，恰恰相当于这一时代。但节日也根据地域和环境不同而具有各种形式，一些明显的差异尤其存在于城市和农村之间。下文就是18世纪一部汉文著作所载在拉萨发生的情况，意大利传教士们于同时代的记载也可以证明这一点。

“以初二为年节。每遇年节，商民停市三日，各以茶、酒、果等食物相馈为礼。其日（指新年），达赖喇嘛设宴于布达拉上，延汉番官会饮，有跳蚀钺斧之戏[249]。（为此目的）送幼童十余人，着彩衣，戴白布圈帽，足系小铃，手执斧钺。前列设鼓十余面，司鼓者亦装束如前。凡觥筹交错时，相向而舞。听鼓声之渊渊而缀兆疾徐咸中节拨。越日，观飞神。乃后藏番民供此役，以皮索数十丈系于布达拉山寺上下(并一直垂到山脚下)。人捷如猱,攀援而上。以木板护于胸,手足四舒而下,如矢离弦,如燕掠水,亦异观也”[250]。

“过此,择日大诏(Jo-Khang,即拉萨的“大经堂”大昭寺)内,聚集众山寺喇嘛,拥达赖喇嘛下山谒佛,登台讲大乘经,谓之‘放朝’(使其自由)。凡番民越数千里来者踵相接,以金、珠、宝玩陈列炫丽,举于首而跪献之。达赖喇嘛若受,即以麈尾拂其首或手摩其顶者三。出则夸耀于人,以为‘活佛’降福也”。

“上元日,悬灯于大诏内,矗木架数层,安设大灯万余盏,缀以五色油面为人物、龙、蛇、鸟兽[261],极精巧。(这一场面)自夜达旦。视天之阴、晴、雨、雪及灯焰之晦明,占一岁(下一年)丰歉。十八日扬兵,集唐古忒马步兵三千,戎装执械,绕诏三匝,至琉璃桥南,施巨炮以驱鬼魅。炮大小不一,中最大者铸自唐时,……[演时,牛山支黑帐,贮羊一只不欲命中,云是年若中羊口,则大不利也。①。演毕,于商上出金、银、绸、缎、布、茶劳之,并布施僧众为诵经之资[《竺国纪游》卷4第15页上中于此还加入“凡支银三百六十余两”)②]”。

“越二日或四日,噶布伦(bka'-blon)、戴琫(mda'-dpon,即将军),及喇嘛各出幼童,选快马驰骋,自色拉山寺东麓至布达拉后,约三十里(十五公里),疾驱角胜,先至者受上赏。复以幼童裸体跣足,自布达拉西至拉萨东约十余里,一时争道而趋,亦以先后至者较胜负。如力不胜,亲友旁观者以冷水灌顶为之助。此为一年夺标之戏也”。

“三十日,诵经毕,送(即驱逐)老工夹布(glud-'gong rgyalpo),即《通志》所谓打牛魔王也。以喇嘛一人伪为达赖喇嘛,于番民中择一人,面涂黑白色,作牛魔王③直诣其前,诋其‘五蕴’(Skandha,属于色界之物)未‘空’,诸‘漏’(àsrava,属于存在,系苦厄之原因)未尽(即他尚未变作圣者阿罗汉)。达赖亦以礼折,彼此矜尚法力。因各出骰一枚,如核桃大。达赖三掷皆‘卢’。魔王三掷皆枭,盖六面一色

---

① 此段文字实引自《竺国纪游》卷4第18页下,石泰安先生误与上文引在一起了。——译者

② 石泰安先生误引在一起。——译者

③《竺国纪游》卷4第14~17页又记载为:“有一种人年年愿当此差。先数日沿门募化,代带灾晦。番人争以钱布给之”。石泰安先生未作说明而引于此。——译者

也。[①]魔王惊惧而逸。于是僧俗人执弓矢枪炮逐之。先时，于对江牛魔山(肯定与牛头山本为一地，一只绵牛在黑帐中等候)到帐房待牛魔窜入，击以巨炮，迫以远而止。[②]”[252]。

所以，在王位空缺时期，以在一被驱逐的替身上排除陈腐的道德并在竞技中与之相对抗的方式，政权便可以永葆下去。另外，在新年期间还举行其他竞技活动，如舞蹈和男女轮唱，而在轮唱中则要追述创世的问题。走绳索也是一次在走绳索演员与一群观众之间进行轮唱的机会：其中要暗示天神、地神，并且还在其中加入大量的笑料(如在日喀则就是这样)。世界各层的这些神(天神、龙神等)占据了住宅区，当时也附身于一些民间通灵人，他们会进入出神状态并说说唱唱地跳神。

其他一些具有专门活动的人在新年期间也演唱一些创世的内容并祝吉祥愿，同时也进行一些取笑活动。他们都是一些戴假面具的人，被称为“白魔”。他们的面庞有时变得半黄半白，如同一只替罪羊一般，头戴一顶尖帽子，其状酷似我们西方的小丑。他们有时也戴有三角形假面具，这是用山羊皮制成的白色并戴有山羊胡子的帽子。他们经常向剧团借用的类似上面所说的那种“猎人”假面具，也呈三角形，颜色为深蓝色，上面画有日月。假面具代表一位瑜伽行者，在舞台上由故事说唱员和小丑们佩戴。我于后文还将有机会谈到这些具有既神圣又诙谐的双重性格的人。他们完全与从旧年到新时代的过渡一致，这是一个未定的时代。该时代，人和神、活者和死者于竞技的游戏中互相混杂和对立。他们有时是“猎人”或“白色魔鬼”的假面具，有时又是“小丑”，其面上涂有灰泥或灰土以代表死者；或者是牧羊人的一副喜剧性面庞，带满了铃铛，牧羊人以舞蹈驱赶着一头狮子、两头狮子或两头牦牛。这些牦牛代表着神山之神，而狮子或更具体地说是长有青绿色鬃毛的白色母狮代表着冰川：其“奶”是被当作长命药的冰川之水。

---

① 《竺国纪游》卷4第17页上有一段：“赌掷之时，必用藏王嫡支(即正宫的支系)童男女二三人，华服执幡，陪坐假达赖之旁，似作中证然”。石泰安先生未加分别而于此引证。——译者

② 《竺国纪游》卷4第16—17页有：“一年之后方得回藏，下年又复谋充，盖美差也！”石泰安先生未作分别而引用于此。——译者

各种表演和民间文学的特点也混杂在大傩节仪轨和喜庆活动中了，我于此无法进行详细研究。我应该指出一件事实，它可以说明一些非佛教的、从很早以来就完全是地道的吐蕃因素，但却是外来起源的。在隆冬，全身泼有冷水的赤身男孩长跑的奇特风俗完全是伊朗新年节日的特点。它是经由萨马尔罕(康居)和中国西域在8世纪之前传入中国中原地区的。狮子舞也是于同时代传去的，其目的是为了驱寒。狮子舞一直在中国、日本和越南保持下来了。在西藏和日本，这种狮子舞甚至与往赤身男孩身上泼水和长跑而同时保留下来了。雪狮或冰川狮也在西藏起了相当重要的作用，成了该地区吉祥的保证。诗人米拉日巴在一些受某种民间影响的歌词中就已经对此作过颂扬。正如我们所看到的那样，有关“人间宗教”的传说都涉及到了身体的各部分。我们还将会看到，一些古老的传说似乎可以解释在拉萨大昭寺屋檐下所雕刻的一系列奇形怪状的狮子。

西藏并没有狮子栖息，那里仅将它看作是一种神话动物。有关狮子传说的很大一部分内容明显是从印度起源的，但新年的节日活动却说明伊朗也在其中施加了一定的影响。

新年节日活动的大部分特点也反映在那些尚未很好确定的节日活动中，而后一类节日活动根据地区不同而继续在夏季中期前后举行(每年5~6月)。这类节日活动同时又是大型集会，到时神人混合在一起，对住宅区的建设和祖先世系进行赞扬，各集团在各项竞技比赛(轮唱、竞走)中互相对垒，一些开光活动经常与游戏和滑稽同时进行。具有战争特点的一些表演又不禁使人想到了人和当地保护神的本性。最后是一些娱乐活动，尤其是舞台节目表演，以使土地神从中得到欢乐，并且保证那些附属于该神的村庄五谷丰登。

上文所引的18世纪的历书告诉我们：“六月三十日，哲蚌、色拉两寺亦悬大佛像，有垂仲(Chos-Skyong)降神(降到自己身上，以使神附身)。番民男妇皆华服艳妆，歌唱或翻杆、摔跤……七月十五日，任碟巴一人以司农事，其地之头目从之游，佩弓挟矢，碟巴前导遍历郊圻，观田禾射饮，以庆丰年。然后，土民刈获，亦所以重农事也。七八月间，各临河遍设凉棚帐房，男女同沐于河”。

新年期间向达赖喇嘛进献的戏剧节目在六月末再重新表演一次。另外,例如在巴塘地区,到七月末,也就是恰恰在秋收之前要表演戏剧节目,以利用这样的方式来感谢地神所赐给的好收成。据其他史料记载[253],在巴塘地区是收获之后于八月间进行表演的。同时,人们也集中起来野餐,青年男女们进行对歌比赛,并且为了得到有关婚姻的预兆而举行竞技比赛。



理所当然,岁末则以驱邪为标志。如果说在拉萨驱逐替罪羊或喇嘛教的假面具舞蹈于二月间举行,那么其他那些包括有驱邪的假面具舞蹈则在新年之前举行。在锡金,幕间的喇嘛教仪轨是一种战争舞蹈,并且配有赞歌,以颂扬神山和统治家族的先祖。其他那些比较大众化的仪轨肯定也曾存在过,或者是现在尚存在,但至今尚无人对此作出过描述。我所知道的惟一例外是拉达克。在卡拉泽,十月三十日(即在农民的新年之前)夜间,把某些人装扮成“巴巴”(ba ba),面部涂有炭黑,头戴草帽,人们向他们奉献三场舞蹈,“巴巴”们不断向一堆大篝火添加柴薪。等到天将拂晓时,他们前往域神的祭坛上并进献供品,祭坛肯定为一些石堆。农民们又请他们前往赴宴。十一月三日,再组织7次赛跑,然后攀上屋顶,用供品祈祷丰年并鸣枪。七日夜晚,再跳一种戴有三个假面具的舞蹈,其中有两种假面具被称为祖父和祖母(对于第三者,我一无所知),最后是以驱逐他们而结束的。但当回到村庄参加盛宴时,仍要护送祖父和祖母前来(对于第三副假面具的下落,我仍然一无所知)。男女青年们跳起了吉祥舞,而巴巴们在遥远的地方听到喊声和人群中的枪声之后,便带来一些用以祭祀的礼物(多玛供)。此后,他们自己洗手洗脸,再次穿上华丽的服装;这时新年诞生了。

有一种仪轨没有很好地保存下来,或者是没有很好地遵守,至今尚无人作出解释,惟有在有关告别过去一年中习惯性问题上例外,这是一个踌躇不定的时代,其标志是在高地上的竞技比赛和迎新。戴面具的三个人很可能是与藏族人灶间的三块石头有关,这一神圣的灶是家宅的地神。

## 个人的地位

我们还可以记得,神话时代的吐蕃首批赞普是从某一层天下

图 96　经变壁画一

图 97　经变壁画二

图 98 “风马”的木刻版印本

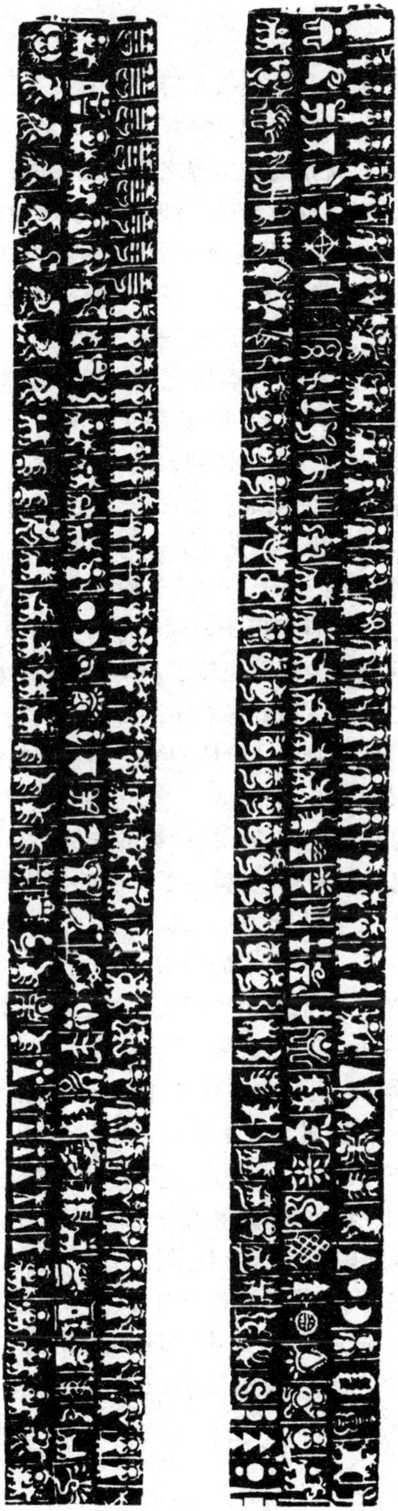

图 99　为面团像作记的拓印工具

界到人间的神仙,他们与本族人和恰族人有关系。辛饶·米保是苯教的祖师,他们有相同的血统,也属于同一世系。这一下界有时是通过攀天光绳,有时又是通过木神之梯而完成的,而人们有时把这一梯子看作是风柱、烟柱或光柱,有时又考证成神山,即"当地的君主"。然而,在他们自己成为当地(世界的中央)之主后,木神之绳就再也不会离开这些赞普们了,一直停留在其头顶或盔顶。这种绳索分别被称为"高头"、"强盔"、"天柱"等。他们把联结天、人和地的之间的枢纽化为己身,这样一来就确立了他们的统治和政权。在他们生命的末日,身躯便化为一道寒光,融化在木神之绳中,到了上天。所以,他们的凡体肉胎没有遗留到人间,在凡世间也没有他们的王陵,或者是说他们自己的墓地和王宫是"木神式的"。但在某一天,这一根攀天光绳被斩断了。支贡赞普与他的臣子之一进行了一场决斗,在挥动刀剑时,由于一时疏忽而斩断了自己盔上的木神之绳。从这个时代起,木神的绳子如同卷曲在上部一般,成了"神仙之桥"[255],赞普死后便需要修造王陵了。据一卷苯教编年史记载,光绳被斩断并非过去的惟一和最终事件,而是时代终了之恶劫等待人类的厄运,一切都不如意:"恰神的绳子和木神的绳子也自下而上被天神所斩断"[256]。

支贡赞普的故事仅仅是一次神秘的先例,它可以解释为什么尽管赞普们具有神仙特点,也留下了自己的尸体和需要修建王陵。但这并不意味着人类从此之后永远失去了木神之绳及其有利条件。一些苯教专家、善于咒术的外道赞普(正如在史诗中的门巴族国王新墀一样)和上师都保留了通过木神之绳而攀天的本领,至于普通凡胎俗人,也并不排除这种可能性。但现在他们需要一些占卜和殡葬仪轨以确保自己延续生命的这种可能性。我在上文已经谈到,在古代时期,王权属于自圣天而下界到神山上来的神仙先祖,所以有时也会把先祖与这些神山相混淆。这种神人首先是恰神和木神。他们也保护赞普的生命和确保他的权势。他们似乎以"灵魂"或"人神"的形式而附在他的身上。藏文中的"祖"[(g)tsug]有时也与神山和祖神有关,一般是意味着"头顶"(前顶、颈背等)。正如人们所说的那样,"木神(或恰神)之绳"即自此而出发。在苯教徒的象雄语中,此神恰恰就叫做"木祖"(mu-tsug),此字的引申意义即为"不动的”或“持久不变的”和“吉祥的”[257]。在古文献中，同一术语“持久不变的祖”也指一座神山（恰神之山）、赞普“强有力的盔”、他的“善习”和赞普是“变成人类之主的神”这一事实[258]。因为赞普们的头盔是“很坚强的”，他们的“顶”是持久不变的，他们的名字经常带有“祖”（tsug）、和“赞”（brtan，意为“坚固的”）、“参”（btsan，坚强的）[259]等字。所以，在古代文献中，人称赞普们的政权“大”、“国”、“高”和“久”（藏文 g·yung–drung，梵文为 ŝaŝvata）。赞普“不会变化，永不轮流交替”。他的圣体可以“长寿”，他的政权具有永久性。我于上文已经谈到，即使是在当时那个时代，当歌颂神山，即政权的保护神“战神”的时候，人们也认为赞普的身体“不会变化，永不轮流交替”。古代的保护神（sku–bla）也属于这一整体，后来变成了 skt–lha，即“本命神山”，指神山或先祖，轻而易举地就具有战争特征了。

在古代敦煌写本（8~10 世纪）的史料与晚期文献中的事实之间没有任何鸿沟。在前一种史料中，我就已经发现了大神山的名称：雅拉香波、俄岱贡杰、唐古拉·雅秀山和野猫塘大平原。我们还可以从中发现于此所提到的主要神仙种类：“战神”、“保护神”、“灶神”，还不要忘记各种“仙女”或“女神”、“天仙”、水中的“水仙”，此外也不要忘记在喇嘛教文献中每前进一步都遇到的无数小神小魔。因此，我就从重新提及传说中的这一著名连续性开始而再次论述这一问题吧。

如果在居住区这个小世界中，神山（也就是“国神”）往往要同木神之木梯和人体这另一个小世界混淆，而且是根据同一模式对它们进行观察的。人类共有 5 种或者有时是 6 种“保护神”，其中之一恰恰就是“国神”。理所当然，“国神”停留在头顶上，木神之绳即由那里展开。肩膀上停留着“战神”和“人神”。如果支贡剪断了木神之绳，那是因为他在头上包了一块黑头巾和在肩头上放了一只狐狸和犬的尸体而沾染上了污垢，这一污垢会使相应的三尊保护神（歌神、战神和阳神）变得无能为力[260]。

惟有晚期的作者们才真正向我们提供了有关这些神仙的情况。他们列举了一些不同的名表，但对于这些神在身体各部分所占位置问题上的看法并不一致：男神和女神、舅神、生命神、战神（字面意义是：保护人对付敌人的神，即 dgra–lha）和国神。

这些神把人与他在空间和时间方面的集团联系起来了。因为在空间方面,因为这些神与统治居住境域、住宅和地区的神是一致的;在时间方面,他们主宰了从先祖到后裔世系的命运。对于人类本身来说,这些关系正好在此交叉,如果一切都是正常的,那么这些神就可以确保其生命力、权势、长寿和成功。

在屋顶上,有两个用石块堆砌起来的祭坛,它代表着人神和女神。旁边插有一面旗帜,它代表着战神。这就是"顶上之神"。在屋顶上的宗教活动与在山顶或山口的石堆上举行的宗教崇拜一样,同样的"叽叽嗦嗦"之欢呼声,同样的神香供品,同样象征彩虹的五色饰带装饰,同样的"风马"。

"通过男子之神便可以增加男性,可以确保许多后裔世系;通过女子之神可以增加兄弟姐妹,女子的财产可以得到增加;通过舅神便与其他人保持良好关系,拥有充分的幸运;通过战神可以多得财富和少树敌;通过生命之神便可以得到长寿和坚强的生命力"[261]。所以,"风马"的形象也带有轮回标志的名称,它们可以指出人的诞生时间及其心愿:"生命力、身体和权势也如同新月一般的增长",或者是"某年所生的人连同其财产和周围的人像风马一样成长",或者是"生命力、身体、权势、风马、长寿、宗教功德和威望都在增长!神必胜!"

因此,"风马"也代表着一个正处于显示其生命力和情绪激昂阶段的人的所有面貌。实际上,"向上增长"是通过著名的"木神之绳"而进行的。在对已变作著名神的史诗中英雄格萨尔实施的宗教仪轨中,"风马"成了战神型旗帜的形式,同时又具有普通"风马"的相同组成部分。然而,为了使之有效,针对战神而又写成了下面一句术语:"向上提木神之绳。"这种作法相当于一位国王在世界中心的胜利,即在空间方面得到确认并确保时间方面的持久性:"'风马'之荣耀旗帜的主人是战神的大王和魔鬼的镇伏者,使最优秀的人物格萨尔受到尊重!伟大和强有力者,或受到尊重,或受到赞扬!让他成为我们强大的人间之神吧!……风柱立于天上。把长寿的木神之绳向上提!愿在三世之顶响起了举世无双的强大荣光之雷!望世界变成我们的奴隶!"另外一种祈愿说明生命的这一增长被当作是绳子的延长……"随着增长,木神之绳变长了!"[262]我认为这是为了登天。

### 灵魂和生命

藏族人中“风马”中的“风”(气)是生命的本原,完全与汉族人的“气”和印度人的“生命”(prāna)相类似。它既是指人们所呼吸的空气,也指人体内的微型液体,人们可以使用深呼吸和观想修持的办法来镇伏和使用之。我们既可以在印度的瑜伽,也可以在汉人的道教中发现这种作用。

有关“风马”和人间“保护神”的文献都是相当晚期的了。因此,我不知道这种观念是否具有古老性和地方性。即使事实果真如此,也就是说产生了诸说之混合现象,那么这种现象本身就是很有意义的。我们已经看到,在喇嘛教中(而且在道教中也是这样),解脱圣者和那些不在人间留下凡胎尸体或化入彩虹体中升天者的最后作法,与神话赞普们在木神之身中的作法相似。这种诸说混合论至少起源于11世纪,因为米拉日巴就已经谈到了“解脱救度攀天光绳的中断问题”[263]。对于到达吐蕃的瑜伽修行者们是否使用了土著隐喻和观念的问题,我尚无法作出决断。对于吐蕃人是否根据这些技术而解释他们古老的神话观念问题,我也无法解答。但我可以指出,吐蕃人的隐喻在整个远东和北亚地区是非常著名的,如房顶留洞以备灵魂化作五色线的彩虹等等。当然,许多印度密教徒都一致认为,从龙树菩萨到那些著名的大成就者们(蒂罗巴、那罗巴、因陀罗普提及其父札哈尔国王),他们个个都得到了永生的“彩虹体”。当然“获得一种如同神仙所拥有的那种彩虹体而又不抛弃自己的体”(一种微小的身体,介于肉体和灵魂的身体之间,一般被称作法身,但其中不包括彩虹形象),这就是持明(巫师)。但吐蕃人关于木神之绳的观念则与此无关,或只具有相似性。

有关神话中的赞普通过木神之绳的彩虹而登天的方式经常被人提及,尤其是两种文献对此作了明确的描述,认为这种作法具体则相当于瑜伽的某些作法。据一卷苯教编年史记载,最早期的赞普“全都在他们的前颅顶有一根木神的光绳(也叫做‘木祖’,即藏文中的mu-tusng),这是一条很长的(伸开的)绳子,为淡黄色(褐色)。在他们逝世的时候,便自足部开始而(如同长虹一般)逐渐消失,融合在前顶的木神之绳中。发光的木神之绳也要融化在长空之中”。此外还有一种很近似的传说，但令人遗憾的是我仅知道它在蒙古人中的具体说法，并且具体指出：“当转世的时候到来时，它们便自足部起而消失在长空，而且是通过出自他们头顶的一条被称作‘圣绳’的光路而消失的，他们变作万里长空的一道彩虹而去。他们的尸体就这样在神域中变成了翁(先祖或坟墓)”[265]。

为了一般众生，“战神”或“人间之神”所重复的正是这一过程，它们用“风马”(气)而把木神之绳扯向上方。但令人奇怪的是，古代赞普们半透明的神从足部开始离开前顶飘摇而去，这就相当于上文所讲过的“圆满作法”的瑜伽修持术。确实不错，“滴”、“卵”或“菩提心”的上升是通过性器官开始而从主动脉进行的，最后达到前颅顶，中途要过“精神中心”的三个“竹节”。但文献中同时提到了“风”、“风神”或如同在神话赞普们身上那样从足部而升起的光。这类活动的结果是彩虹之身躯的“灵魂”(本原、意识)转移到了上天。人们用一些意味深长的隐喻描述了这种转生，有人说是“不抛弃其身体而前往净土(天堂)”。米拉日巴的传记具体解释说：“如同一只鸟从开口的屋顶上飞出去一般”。一些被称为“开天门”的教科书或手册论述了这种作法：人们从中发现光明之“灵魂”通过天上的“房顶之洞”，像离弦之箭一样飞向长空。但这种技术则属于经过修持的专家。至于普通众生，却是由喇嘛通过在死者的头顶上钻一个洞而进行这种转移。在史诗中，那位主角英雄也用同样的方法驱逐了已经败北的恶魔。最后，仍然是在假面具舞蹈中，祭祀司宰僧在捏的面团人中对召来的敌人实行这种惩处。

喇嘛教深知各种内容之间的关系，它也在自己的诸说混合论中并入了古代的譬喻和瑜伽的做法。在史诗中，南部门巴族的新墀国王在某种程度上可能是喜马拉雅山的苯教外道，他对“风梯”或

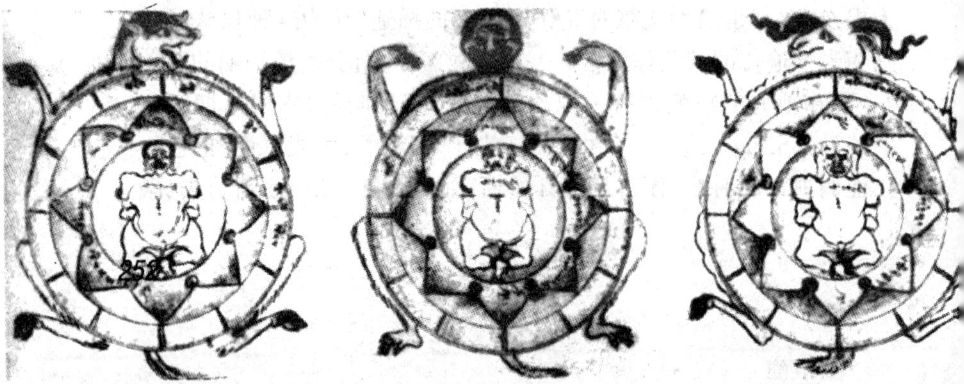

拴在其宫殿中的“魔鬼之木神”具有控制权。当他受到格萨尔的威胁和城堡被包围时,便企图溜之大吉。“新墀尽力向神进行祈祷,而畏怖恶魔的木神之梯便竖在了天上法宫(藏文为 Chos-nyid,梵文为 dharmata)。新墀国王令人转动了身上的三轮(精神中枢,即梵文的 cakra),这样他就变得满面春风、精神焕发和英姿勃勃了。他登着梯子上了天”。但是,格萨尔乘自己那由彩虹般天篷所环绕的千里驹紧追不放(也运用了其对手同样的本领)。新墀赞普从木神之梯的第 13 层台阶频频向他射箭。

喇嘛教经文都忠于传统佛教,否定灵魂和人格的做法,它们在谈到“解脱”或“转生”时,都注意仅仅谈到意识的因素。然而,他们也承认其他观念,肯定程度不同地都具有土著特点,都与一个或多个灵魂和生命本源有关。它们有时候也把“生命”或生的本原和灵魂混为一谈,甚至有意识的心有时也简单地等于灵魂。但是一般来说, 藏文中用来指灵魂的 bla 一词仅指一种程度不同地与身体、尤其是与气相联系的灵魂,而生命本原却与血液有关系。某些作者甚至还把 bla 与高级灵魂,即汉人所说的“魂”作了比较,后者一般也与气有关。

正如在中国内地和远东其他地方一样, 大家都认为灵魂可以离开身体而游荡(丧魂或失魄),如在一次受惊之后便会出现这样的情况。在此情况下,人便会抱病卧床。为了使其痊愈,则必须举行“招魂”仪式。一些巫术行为也可以强行把敌人的灵魂召去。这种灵魂居住在人体中, 据某些系统地掌握了这种观念的喇嘛教作家们认为,灵魂每月都有规律性的变化。令人奇怪的是,据那种以《时轮》为基础的理论认为,灵魂于每月的三十和初一(新月)居于脚掌的中央(男左女右)。然后每天都上升,如同字母表的字形一样,最后于每月十五或十六日(满月)升到头顶,接着再回到其原来固有的位置上去。灵魂的这种运动与为增加生命力(如同新月一般)而在“风马”中所表达的心愿是一致的。它同时也描述了在半透明神阶段从足至前颅顶的上升路线。

在死亡的时候,灵魂在墓中或其他的地方继续生存。在敦煌古文书中,谈到过本命宫和灵魂在墓中的天幕。在近代文献中也是这样,经常提及本命宫。在一个故事中,死者的灵魂还可以去会见他那尚活在阳世间的女友[271]。我们还记得,在古代吐蕃经常向死去的武士提问题,某一个人代死者回答。在近代西藏,死者是由一幅图像代表的,他在中阴期间也要享受供品,对于那些容忍这类观念和习惯的喇嘛教来说,灵魂如同生命的本原,而与此同时则是意识因素归附了羯摩并通过中有,在地狱中接受审判并再生。

在这一系列的概念中,"灵魂"与"神"没有任何区别。藏族人经常把这两个字相混淆,因为它们发音相同(一般都写作 dgra-bla 和 dgra-lha,古代的 sku-bla 也就相当于晚期的 sku-lha)[271a]。如果人类的保护神,尤其是战神和人间之神寄附于身体内,与人体同时诞生,那么它在外表上也就由一些诸如石头、幡幢或树木一类的物品所代表。另外,如果它们与居住地(房宅或地区)和保护神相一致的话,那么灵魂或生命的本原也就同时依附于肉体或外表物。这样一种物品就可以是一个人、一群人或一个地区的"表象灵魂"或"命宫"。

在某一家庭中,9 个儿子都有相同数量的"马魂"、"牛魂"和"鸟魂",而马、牛、鸟都与儿子同庚。除此之外,他们还有 9 种树魂和 9 种湖魂。只要他们的世系能够持续,它们就会处于"生"态,但只要其中的一种灵魂消逝,相对应的树和湖就会干涸。一位喇嘛教祖师曾有一山魂和一命山,别人在那里掘土就会使该喇嘛卧病。甚至喇嘛教的那些"大神"(菩萨等)也有他们自己的表象"命"或"魂"。在拉萨的三大山岭中,药王山是密迹金刚菩萨的魂山,磨盘山是文殊师利的命山,而红山(布达拉宫就矗立在那里)则是观世音菩萨的命山,以上就是西藏的三大保护神。另外,竖立在拉萨的三面幡幢也叫做"生命树"。因为它们确保了地方政权和宗教:在此情况下所使用的术语也指一座窣堵波或一尊塑像的中轴, 此轴可以使窣堵波或塑像具有生命力和富有活力。

经常是同一个人或团体拥有许多"灵魂"或表象"生命"。在史诗中,霍尔人的"生命"是一块铁或一块白石,但它也有一"树魂"或"鱼魂"。为了战胜它,必须敲打铁和砍倒树。为了制服阿达拉毛,格萨尔使其黑湖干涸并砍断了其"树魂",但她还是活下来了,因为她在黑绵羊身上还另有自己的灵魂和"命座"[273]。这些表象灵魂和命座自然是隐蔽和保密的。在故事和史诗中,英雄只是在对方的秘密被泄漏之后才战胜了恶魔和巨人。除了一些自然形(树、石、湖、泉)之外,表象灵魂一般是经过加工的和珍贵的物品,保存在一些互相联系在一起的容器中并存放在一个隐蔽的地方。人们经常提到“生命的绿松石”,认为这是家庭的财产,其生产和运气似乎都要依靠此物。

所有这些“命宫”与人类和物品没有任何差异,而后者往往又是神的住处或者它们本身就是神。一个人的“树魂”或“生命之树”与圣树或神树基本是相同的,人们常常对它们崇拜,当然严禁砍伐,它们之间惟一区别是神圣的程度或强度。它们有时是孤立的树[274],有时又是一些神树丛。至于湖泊、岩石和山脉的情况也基本如此。“国神”和“战神”在自然环境和人体中的情况也基本相同。人们常常认为它们是古代国王、英雄或死难武士,其受到赞扬的灵魂会得到永生并变成了保护神。所以保护神也自愿采取与表象灵魂相同的和真正的仿制动物形态,格萨尔的保护神与他同时诞生,如同同样多的灵魂一般。其兄弟姐妹都是动物:一只白鹰、一只赤虎、一条青蛇、一只小雌鸟。除此之外,还有一条九头黑蛇、一只白乌鸦(?),三只铁制的鹫、一只铜制的黑色母狗和一只青毛母狼。

## 三、苯　　教

苯教的历史特点尚不为人所熟识,许多内容相当不明朗,尤其是对于古代的苯教更为如此。我已经讲过,即使说苯教在佛教传入期间就存在于吐蕃的话,也并不等于说它是当时的惟一宗教,更不是原始宗教。有关这一问题的文献共有两大类:首先是相当晚期的(从12世纪起)喇嘛教和苯教著作,它们可以为我们提供有关该教的简单却并不连贯的历史概况,以及有关没有排除偏见的信仰的概况。另一方面,我还掌握有敦煌文书,其时间可以追溯到9~10世纪,甚至还在此之前,但它们仅向我们提供了一些片断而缺乏系统的论述。如果说这些文书比较古老的话,那么其时间肯定也仅仅是在诸说混合论尚未形成的时代。在这些敦煌写本中所发现的大事年表中，就已经包括了影射佛教观念的地方，但有时在论述仪轨的时候却只字不提苯教。如果根据晚期编年史来看，那么我们就完全有理由相信有关传说或相当忠实地传播的情况。苯教仅仅是宗教的一个组成部分，苯教徒是古代吐蕃的圣职者之一。除了全心全意之外，同样还存在一些“故事”和“谜”、故事和谜的说唱表演人和歌唱人、“人间宗教”和“善教”。当时形势很可能与中国中原地区道教的形式相差无几。道教除了它固有的教理之外，还有一种内部继承的倾向，或者是把一些分散和没有系统的民间宗教修持法和习惯均归于自己的倾向。我甚至在最为古老的文献中也发现了与传说和神有关的苯教和苯教徒，而我们又完全有理由把这些传说和神看作是属于土著巫教的，尤其是因为可以通过羌族的信仰和语言现象而得到证实。我们常常很难对此作出区别，所以在此仅限于把别人向我们介绍的那些显然属于苯教徒的情况都归于苯教一类。

**吐蕃苯教徒与外来苯教徒**

晚期的苯教史声称，吐蕃最早的名字是 Bon 而不是 bod。此说仅仅是一种忠实的重新设想，其目的是为了把苯教说成是吐蕃国教，而 Bon—Bod 之间的交替变化现象是完全符合藏语规则的，况且在一卷古写本中也确实发现了这样一种形式。它也可能致使把古代西藏的名称 Bod 转写成“蕃”①。根据这一假设，迎接了自天而下界的第一位吐蕃赞普的苯教徒们可能仅仅是某些人，按照有关这段历史的各种说法，这些人当时正在祭神山，他们之中包括祭师、小邦王、贤士和各氏族的代表人物。资料最为扎实的一种晚期传说[276]，向我们一一列举了不同地区和氏族的苯教徒，如色族、玛族和足拉族、象雄族和才米族的苯教徒。然而，在这些氏族名称中，象雄有一个外来氏族。当我获悉在才米族中也有“辛”(shen)，并且认为他们就相当于苯教巫师时，我就会感到惊讶不已。在脱脱日赞普执政期间，赞普私人的“辛”是本族苯教徒。在夏墀赞普执政年间，天上的苯教徒就是大“辛”。有些限定语具体确定了他们的氏族或地区，或者是其宗教特点。在苯教徒中分别有神仙苯教徒、人间

① 石泰安先生始终读作“番”，而不是 Bo，并认为古代读音为 biwan。——译者

苯教徒、马匹苯教徒、巫师(?)苯教徒、天神苯教徒、生起世界的苯教徒和父亲氏族苯教徒等类型,完全如同各种"辛"一样,如占卜辛、色界辛、巫术辛、生起世界辛和坟墓辛一样。所以,我们对于以下现象就不会感到惊奇了:在由敦煌文书中发现的一份汉藏词汇表中,把"苯教徒"简单地译作"师公"(指巫师)。古代写本中也证明了这一词汇。它向我们列举了一幅长长的名表,其中一些真正的地区毫无区别地与某些神秘地区接壤了,并且还认为各个地区都有自己的专家,如苯教徒或辛(玛族、汉族、达木族苯教徒等,但也包括贡苯、慕苯、都尔苯等);辛族、玛族、聂克族和达布族的辛等,但也包括御前巫师、岛辛、疾病辛、种姓辛。据晚期编年史记载,赞普的苯教徒是一些官吏,他们可以和其他人一样获得告身。赞普的医生被称为"(神圣)身体的辛",即藏文中的 sku-gshen 之意译;赞普的参事被称为"苯论"或"辛论"(gshen-blon);懂得三界起源者被称为"父—贵人"(phajo)[278]。他们与故事说唱人和歌唱家们共同执政或"保护社稷"。但他们的团结仅仅是一种表面现象,每种专家都肯定具有他们的历史。我已经知道,现在为这些历史所确定的时间都具有假设性(见前文第 2 章),但它们是各种要素的汇合这一看法始终是正确的。

吐蕃第一位赞普聂墀曾受到各民族和地区的苯教徒们的欢迎,他可能在此之前就已经"征服"了苏毗的一位苯教徒。就在这时出现了"神仙宗教",也就是苯教。紧接着的下一个阶段是支贡赞普及其三个儿子(尤其是夏墀)的时代。在支贡赞普时代,可能曾邀请过大食(伊朗)和吐谷浑(库库诺尔的突厥蒙古人)的一些苯教徒,其专长是"为生者而祭神,为死者降伏魔怪"。因此,这都是一些外来人,尤其是西方的那些人。实际上,第二个名字肯定是由于混淆而造成的。据一部可靠的史料记载,当时也可能邀请了一些吐谷浑"外道"苯教徒,那就是位于印度和大食(伊朗)边界上的古那瓦特拉[279]。另外,介氏的世系传说中就已经出现了一位吐谷浑国王,他是大食人和居住在象雄的突厥蒙古人国王们的后裔。因此,据传说记载,苯教徒一项重要专长起源于西南方,那是一个位于集合了印度和伊朗影响的地区。古那瓦特拉的"外道",苯教徒"通过他之口而宣扬了可以证明先知的神启,同时又飞向了空中;……他可以犹如砸断动物骨骼那样轻而易举地切割开石头;他用酒肉向魔鬼上供”。赞普将此人当作自己的祭司，授予他许多权力，并且作为职务的符印而赐给他一种绿松石的卍符、一张虎皮和一把刀。这个“苯教徒”很可能是个走江湖的魔术师或瑜伽师。

当时吐蕃人可能同迦湿（Rhache，指迦湿弥罗，即克什米尔）爆发过一场战争。吐蕃可能取得了胜利，但迦湿的一个人可能预见到了支贡赞普的死亡，因为其名的意义是“刀杀而死”。支贡同马倌首领罗阿木在藏地进行了一场魔法比赛，赞普被杀，其木神之绳被斩断，因此赞普首次需要在地上修造王陵。所以，“墓地的苯教”就是在这个时代由象雄和勃律“辛”们传入了吐蕃。据其他人认为，吐蕃的苯教徒原来不懂得为被刀剑谋杀的人举行葬礼。为了对此作出纠正，便邀请了一些外来苯教徒。其一来自迦湿（克什米尔），另外一位来自勃律（吉尔吉特），最后一位来自象雄。前者可能把对灶神的咒语当作基础，他可以骑跨一面鼓在空中飞翔，善于放血并用鸟羽毛割断铁；第二位可能是占卜专家，其方法主要有三种：秘诀通过自己的口而泄露出来的神谕（天神的旨意，在一卷敦煌写本中就已经将这一专长归于了男女苯教徒）和肩胛骨（sog-dmar）。最后，第三种占卜法的使用者可能已经知道了主要是在历史上所追求的殡葬仪轨，尤其是“镇伏剑”和召唤（？）死者的做法[280]，这实际上是指驱邪或安慰某些死者的灵魂。在支贡赞普被害之后，他的“剑魂”又返回了自己家中，并且还与其中一女子发生了两性关系，使后者怀孕生了一个儿子[281]。当然应该阻止这种梦中侵犯女身的情况。

西藏传说中把所有这些改革都看作是苯教第二个阶段的开始，也就是“变形苯教”。12世纪的神学家止贡巴为我们做了这样的历史“分期”，他认为这就是已形成哲学系统的苯教之起始，而且还认为这一现象是受了湿婆外道教理的影响。以上仅仅是一种看法，但也可能是论据十足的。据这位作者认为，苯教的第一阶段是“启示苯教”，但他却将其时间延续到了脱脱日赞普的前任时代。对于16世纪一位拥有丰富资料的史学家来说，这种“启示苯教”的特点就是崇仰恶魔，其时代是从支贡赞普之后才开始的，当时已经出现了“天之苯教”的大辛和首批苯教著作。整个这一教理的起源如下：在中藏（卫）的温地（阿木雪），一个12岁（或13岁）的出身于辛族的青年长有一双驴耳。一些魔鬼掠他而去，在12（或13）年的漫长岁月中，带着他跑遍了整个吐蕃。当他重新回到人类社会时，他已经懂得了许多魔怪的名字及其居住地。为了掩饰他的驴耳，他便蒙上了一块羊毛头巾[282]。这种头巾明显是苯教徒们的特殊标志，该传说的目的就是为了解释这类头巾。它再次使我们联想到了苯教中的西方影响，因为其中包括有关米达斯①的内容，我已经发现了其中用勃律语(吉尔吉特语)记载的一种说法。苯教徒们所仰仗的这一先祖长有驴耳，他们可能对下述仪礼颇为专长："在下部，他们降服了恶魔；在上部，他们崇仰古人之神(或者是老人，即藏文中的 rgan-lha，肯定是指先祖)；在中界，在发生玷污时可以净灶"。

据说，从此之后，所有苯教徒都自我以长鼓和钹伴奏，并且还擅长于各种幻术，如促使鹿行空中或骑鼓而行。同时，人们把这一切共分成了四大类。色界的"辛"罩有羊毛头巾，从事召祥和聚财的魔术；巫术的"辛"使用了各种颜色的羊毛小线，利用捕魔的小线幻网，并消除造孽的原因；占卜"辛"用秘诀，以预测未来的凶吉；最后是墓地之"辛"，他们拥有武装(？)和可以计算生死。这四大类专家形成了"原因苯教徒"(rgyu'ibon)。同时，从古代赞普们的时代起，就产生了"效果苯教徒"(bras-bu'ibon)，他们可能形成了一种很发达的教理，其目的是实行拯救和到达乐土。这一教理在很大程度上均取材于已知的各大宗教。然而，大家一般都把这种宗教的起源归于一位印度班智达，后者身穿青衣，可能也是他们把一些掺和有苯教的外道著作隐藏起来了，然后又被吐蕃人"发掘"出来。以上还仅仅是作者的一种看法，但却值得提及。仍然是据我们这位 12 世纪的史学家记载，第 3 个阶段是从墀松德赞赞普时代对苯教徒的迫害开始的。这场迫害的特点是把苯教的神学术语与佛教术语全面地和系统地同化了。这种诸说混合的形式被称为"经过改造的苯教"，它一直延存到现代，如同喇嘛教中一个脱离常规的派别，接近于宁玛巴，拥有大量文献经文和寺庙。我将于下文再论述。

我再回头来谈古代问题，在离开神话传说时代和进入首批吐蕃赞普们的历史时代时，我发现一些外来苯教徒继续起重要作用。东宁岱如赞普是松赞干布的曾祖父，他为了给自己治病而邀请了吐谷浑人中的一位医生和苏毗国的一位苯教徒，后一位苯教徒的

①Midas，指弗利治亚国王，曾因贪财而祈求神赐给他点物成金的法术。——译者

母亲是汉族女子。松赞干布本人是佛教的保护人，人称他也曾重视在拉萨寺庙中表演一些戏剧节目，而其内容则是引自“说唱艺人”、“谜歌表演者”和苯教徒们的传说，如“空中行鹿”[283]。当时还把许多绘画编成了合集，取名为《奶牛的乳房》或《犊瓶》(be-bum)，这一术语最早一直指苯教徒故事，然后指一些具有教诲性和仪轨性的传说。另外，甚至还有人告诉我们说，在从事通过把这一宗教移植到当地习惯和观念的办法来传播佛教的时候，松赞干布赞普也没有忽略苯教，他可能从象雄国请去了苯教徒拉登木，并且让他向另一位苯教徒(肯定是吐蕃人)阿瓦南赛学习修持。他们同心协力地投身于为病人而进行的占人、召神、苯教修持和驱魔等活动中。“他们之间互相学习，苯教就这样传播开了”[284]。当时所采纳的形式肯定是吐蕃的，而不是外来的。然后出现了一次决裂。在苯教徒与佛教徒的一次比赛中，苯教徒失败了，墀松德赞赞普决定在桑耶寺禁废苯教，宣布了苯教为“外道”，并且驱逐了苯教徒。然而，他们仍有权力修持某些专门特长，在卫地和藏地维持下来了。据一篇相当古老的大事年表记载，当在彭域(拉萨东北)为死者举行仪轨时，他们自身也就变成魔鬼了。他们的法术的这次失败，使得从此之后禁止修持他们的巫术了[285]。赞普降旨，象雄和才米族的苯教徒们今后仅仅修持苯教的某些驱魔仪轨，而且还是在每当需要排除赞普身上的某些“障害”(由魔鬼所引起)时才允许。最后还作出决定要为死者宰马祭祀，但并不真正地吃马肉，同时还要把苯教经书投入水中或是埋葬在黑色窣堵波下面。这一大事年表的现存写本在有关宰马祭祀的句子中可能忽视了一种否定关系。这道敕旨可能还规定，在举行祭祀仪轨中，必须以马像来代替真正的马，如同苯教和喇嘛教中的替身仪轨一样。但是，我们已经看到，据某些作者认为，在举行盟誓时，以宰杀真正牲畜进行祭祀的习惯却维持下来了。

现在尚很难确定纯粹吐蕃苯教的特点，它与传说中在很古老的时候就已经承认为吐蕃苯教的那种外来苯教是互相对立的。人们经常把这类苯教徒说成是萨满教徒，因为大家都考虑到了他们所骑的长鼓如同一匹马一样飞向长空，或者是联想到了他们青色的衣衫。从古代汉籍和敦煌藏文写本来看，我更倾向于把他们视作巫师或祭司，他们在举行葬礼和盟誓仪式时进行祭祀，同时也以驱魔咒而为病人治疗。然而,跨长鼓遨游太空的作法是萨满教徒们的典型特点。但在印度密宗教徒之中也发现过,后者直到 11 世纪还保持仪轨性的杀人习惯。另一方面,密宗教徒们同样也穿青衣,我们已经看到,这就是一位印度班智达的服饰,正是此人将某种苯教形式传入了吐蕃。据佛教传说认为,在阿育王监狱中拷打和宰割囚犯的刽子手们也穿青衣和留长发,完全如同密宗教徒和宁玛巴一样[286]。

无论如何,当发现喇嘛教和苯教传说都特别重视它们各自均是由吐蕃西南的外部起源时,谁都难免要感到惊奇,因为此地也正是天竺和伊朗延长地的汇合处。苯教的创始人——上师辛饶米保(Shenrab mibo,意为"辛世系的人")可能诞生于俄木隆仁,人们或是把此地考证在象雄,或是考证在大食(伊朗)。有一卷很难理解的大事年表确实把这一地区确定在吐蕃中部,但我们已经看到,有关这位上师的传说只不过是有关米达斯内容的另一种不同说法。有关用一顶帽子或一条特制头巾来掩饰驴耳朵的内容仅仅是为了解释一种特殊的头饰形式:这种头饰可能与现代的说唱艺人们的那种三角头巾相似。那些已被同化的苯教经译文中的外来语常常是象雄和勃律语(吉尔吉特语)。这样的外来语标题仅仅是一些忠实再现,尽管从其中能认出的那些字里可以揭示出各种藏缅语系的文字,但仍希望把苯教归于吐蕃西部的外地。所以,我就想到了伊朗、摩尼教或诺斯替教派们的影响,至少有一种已形成教理的苯教之中更是这样。例如,发光在其中起了巨大作用。但印度的影响与伊朗或吉尔吉特的影响同样巨大。

我们已经有机会指出,包括印度人的圣山冈底斯山在内的象雄地区过去曾存在过一种带有很深印度教烙印的宗教。这种形势甚至持续了很长时间。事实上,在 950 年左右,迦布罗(喀布尔)的印度国王拥有一罽宾(克什米尔)式的毗湿奴的塑像(有三颗头),他声称自己是从吐蕃赞普那里获得的,而后者又是从冈底斯山得到的[287]。这就是说,苯教以人们难以置信的方式为佛教传入吐蕃而准备条件,因为它吸收了印度—伊朗的一些因素,而这一切尚发生在喇嘛教的同类作法之前。

## 古代仪轨

我们现在把目光转向了敦煌写本。为了确定苯教同佛教发生对抗的时代,敦煌写本仍不愧为我们所掌握的最为古老的文献,我们首先会看到苯教徒似乎是与辛(Shen,苯教巫师)有所区别。

有一段长长的故事[288]相继介绍了各自属于吐蕃的某一小邦国或神地的某些人的冒险故事。其内容都是一些有关结婚和狩猎的故事:一般都是一位女子受到了许多求婚者的追求,其中也包括各种神仙和魔怪。彼女最后择其一而嫁,但结局一般说来是可悲的,有时甚至要用毒药进行报复。常常出现某种事故或某些人中毒,男女主角人物因此而病倒。所以,100 名罩白头巾的男辛自白山(在藏文中为阳性),也就是自阳坡而来;100 名戴帽的女辛自黑山(在藏文中为阴性),也就是自阴坡而来。他们却徒劳无益地求教自己的命运和阅读占卜术语,因为他们没有找到疾病的身体表现形式,也不懂得疾病之谜[或神(?)]。于是,便出现了一名苯教徒。他在冰中排除了嘴中的污垢,在湖中洗涤了手中的污垢。在占卜命运和阅读占卜术语中,他找到了疾病的本形,同时也明白了肿瘤之谜(或神?)。他解释了在狩猎中(通过天、星辰、日、月、云、虹)是怎样患病的。最后,(文献中非常含糊不清)病人痊愈了。苯教徒每次都来自故事中所涉及到的那些地区,有时是真正的地区,如玛地,有时又是神秘地区(如木神地区、天)。疾病是地下水神(龙)的出现和由某一魔鬼附身而引起的。完成某些仪轨之后疾病即可痊愈。所以,由于辛同样的无能、由苯教徒发现病因和能够治病的原因而出现了一个个的地区。每次以魔术治病的方法中都带有一个地名,每次所介绍的历史都被看作是对仪轨有效性的解释、辩护、证实或确保的先例。

现在尚难说清这些仪轨中苯教徒与辛之间对立之所在。这些故事的目的明显是为了诋毁辛而赞扬苯教徒。但在同一卷文书中这些故事的后面还附有两组很短的故事,后者的内容也都是有关神山(神)和各地国君的。这些国君们染病时,每次都是由当地的一位辛治愈,而辛每次又都是以对不同鸟或动物进行崇拜仪轨的方式来治病的。

如果这卷写本向我们解释了一些有关治病的传说,那么其他某些写本[289]又向我们介绍了有关殡葬的一些详细仪轨。一些苯教徒和辛同时举行宗教仪轨。辛有多种多样的,我已于上文列举了一张名表(个人的、家族的等)。他们举行奠酒,进献供品仪轨,有时也与苯教徒们一起接受殡葬物品：外形代表死者灵魂的一种未经考证清楚的仪轨物品、马、牦牛、财宝、乐器和其他许多东西。但它们没有直接涉及到尸体,一位专家负责处理此事。尽管尚未对此解释清楚,但我可以相信苯教徒负责处理其余事项。事实上,还有死者的替身,这是以宝石和贵重金属而形成其身体各部分的一只羊。其中要有一些已经宰杀准备进行祭祀的牲畜，尤其是马匹和陈列在墓中的一大批物品。此外，还有一些平息和驱逐恶魔的巫术建筑(施食、仪轨性的拼合物、多玛供)。除了带血物的祭祀之外,这其中的大部分内容都在喇嘛教和苯教中一直维持到了当代。

还有一件非常令人注目的事实，人们是以纯粹仪轨性的目光来看待这些葬仪的，特别强调了需要完成的仪轨范畴和详细的教规制度。我从中发现不了任何一位祭祀司宰僧有丝毫的出神状态。

从敦煌写本时代起，这些仪轨已部分地受到了佛教徒们的攻击,而一部分则受到了同化,其中还包括说唱的故事和作品。在这些仪轨中要召唤引导亡灵的动物,主要是一只绵羊,此外还有马和牦牛,这些动物肯定要用作祭祀。它们帮助亡者穿过一条艰险的道路而通向被称为“乐土”的死者地区。如同在病中一样,仪轨不仅可以向信徒确保染病者恢复身体健康,而且还可以比原来更为健壮,殡葬仪轨的目的是为了使“死者”复活。在仪轨书中所介绍的一个神话先例可以确保成功。一些苯教祭司也在这一故事中起过作用。其中之一即辛饶米保，他成了晚期有组织的苯教中的第一位教理大师。同样,晚期的一些文集中也保留了有关治病和死里复活者的传说(见书末所附参考书目第 163 条:《十万龙经》[290])。

近两个世纪之后，我们根据米拉日巴的歌曲和传说而得以形成的对苯教徒的看法显然仍是相同的，米拉日巴喜欢模仿他们的仪轨[291]。有一位卧病的富人受到了医生们和苯教徒们的治疗,而苯教徒们则有一个“仪轨专家”(仪轨师或念经者）的意味深长的称号。苯教徒们治病的仪轨是要宰杀 100 牦牛、100 只山羊和 100 只绵羊以作为替身,此外还包括建造一些捕获魔鬼的架子(幻网)和唱歌。我仅仅知道米拉日巴模拟这些仪轨的情况,他运用这些仪轨并加入了一种佛教意义。我可以从中看到某些大家族的世系。首先需要追忆世界的起始、堡塞、父母、儿女、弟妹、自然灾害、魔鬼和各种疾病,然后再过渡到治病之法。首先使用占卜术,而当时(11世纪)的吐蕃占卜术已经完全汉化了。神谕并不太吉祥,它泄露天机,声称有一个灶已经受污。由于这一原因,“人间神仙”消失在天上,“国神”和“战神”都离开了。由于保护神的远离而去,所有的魔鬼都可以作恶了。在作出了这样的神谕之后,苯教徒清晨铺开一“神毯”,并且用线做成了一个模拟的拼凑物(幻网)作为替身,此外还有一些小塑像。他唱起了一支歌曲,用初次收获的粮食作供养,向“人间之神”赔罪,向“国神”进行辩解,向“战神”供奉替身。其作法是把一颗钉子或者是一把剪刀插入“凶兆”之中,同时还用各种仪轨或魔术把戏(各色线的交织,鹿角、装饰有彩带的箭矢等)来压制魔性。这样就可以避开凶兆并将之改造成吉兆。当病人一日痊愈康复之后,作为谢恩的表示要举行一次盛宴。他把一头牛驱至山中以作为对“人间之神”的供礼,把一只绵羊供奉给“战神”,把一只山羊供献给“生命力之神”。在平原地带,他还要邀请许多客人,用酥油作一女子胸脯并供奉给(灶膛的?)女神。然后再到处插入装饰有彩带的箭,在神头上缠一条头巾,让一位苯教徒骑上一匹公马。牦牛、绵羊和山羊,当时都被一个“屠夫”所宰杀,他为它们打开了“生命之洞”(心脏),切断它们的动脉,剥皮之后剁成碎块。各位苯教徒把肉块装在一容器之中,放在用三块石头支起的灶上煮熟,于是开始盛宴来宾。各种最好的肉块都在那些具有贵宾等级者(包括苯教徒和医生)中进行分配,其余的各种下等肉块在普通人中进行分配。宴席间要向所有人斟米酒,施主和康复者要唱一首表示感恩戴德的歌曲。

米拉日巴传记中的另一插曲也说明,苯教徒会召唤亡灵并为他们引路。某个苯教徒村庄的一位富翁崇仰米拉日巴,他留下一了封遗书,表示把他的家产遗留给米拉日巴,以便后者在他逝世时为他指出通向天堂的道路。尽管遭到苯教村民们的反对,当苯教徒们举行殡葬仪轨时,上师还是受到了邀请。于是,便在他们的圈子中看到了死者身穿青色皮毛大衣在那里饮酒。事实上,苯教徒们确实吹嘘可以通过他们的宗教而召唤死者本人。但是,米拉日巴揭露了所谓死者真实地出现的骗局,他证明这只不过是苯教徒们用来夺走灵魂的魔鬼。由于该魔鬼大白天在路途中受到了追捕，所以在青色衣服中暴露出了自己的原形，即本为一只狼精。于是，米拉日巴对苯教徒们说："你们这些人，你们在向'刽子手'(指夺走灵魂的魔鬼)引路；至于我本人，我是在为死者引路"。话说到此，他便向他们证明死者已附身于一堆干牛粪中的虫子，于是把灵魂召回了本身。虫子逃生到米拉日巴胸间，米拉日巴向他传授了"转生"的艺术。虫子当时便死了，从其尸体中放出了一道光芒，接着又化入了上师的心脏，然后又从中钻了出来，向天空上升得越来越高，感谢米拉日巴把他引向了救度之道。

我们已经看到，尽管在墀松德赞时代发生了禁止苯教和把苯教徒驱逐到边境地区的事件，但是他们苟延下来了，由喇嘛教僧侣们所从事的改宗和适应工作也一直在持续不断进行。据一传说故事认为，米拉日巴还可能曾战胜过冈底斯山的一名苯教徒。米拉日巴前往那里进行观想修持，但苯教徒们却声称此地专属他们所有。这次争斗全都在巫术、运动竞技和灵巧比赛三方面进行，接着是绕山而跑，最后到达山顶。苯教徒们身穿青色皮大衣到达了那里，骑一面鼓，并敲击他们的长鼓。

### 已被同化的苯教

如果苯教徒和喇嘛教在魔术和幻术之争中互相对阵，那就是说他们是在相近似的教派中这样做的。长期以来，在这二者之间就发生了同化。古文献中列举的所有专门技术、用线绳做成的幻网架子、祭祀供品、从作为替身塑像一直到带血的祭祀品，所有这一切均由喇嘛教采纳了，并且由"巫师"和密教徒们的实施。其证据是"苯教徒"之名变成了"密教巫师"(sngags-pa，经常与 dbon-po 相混淆，后一个词的本意是"甥"或"侄"，但有时也指密教徒)。由于这一原因，许多欧洲旅行家(尤其是赴西藏东部旅行者)常常认为同自己打交道的是苯教徒(指这一名词的古义)，而实际上则是指"巫师"或喇嘛教中一些未经改革教派(宁玛巴)中的密教徒。另一方面藏族史学家不仅继续把吐蕃的真正苯教徒当作是苯教信仰者，而且还把一些巫师也归于此列了。据他们认为，在藏地某个苯教秘密石窖中曾经举行过一次巫师学者大会，其中包括伊朗、印度、汉地和吐蕃各地的人,其目的是为了起草一部苯教教理大纲[293]。这些作者们也习惯用“苯教徒”一词来指汉地的道教徒。

苯教徒们采纳了模仿佛教的政策,他们创造了自己的经文集(《甘珠尔》和《丹珠尔》),并且还假设这是从外文译来的。他们如同宁玛巴一样也有自己的“九乘”,自己的寺庙,自己的哲学和修道的专门术语,而且是模仿了喇嘛教词汇。只是他们并不像在喇嘛教中那样按顺时针方向围绕着圣物转,而是按逆时针的方向转,他们的时轮同样也以方向的相逆而与喇嘛的时轮有区别。他们的六字真言不是“唵嘛呢叭咪吽”(Om mani Padme hūm),而是念作“唵、玛迪、牟也、萨勒、都”。(Ommatri muye sale´du),在苯教象雄语中,这一咒语意为“救度母亲(?)的空间和光明”。在密教中的情况也如此,其中经常召唤“母亲空间”(yum dbyings),完全如同一条最终原则。尽管喇嘛教寺庙的权力在日益扩大,但几乎是到处都建立了苯教寺庙,其中有一部分已经延存到了今天,尤其是西藏东部和尼泊尔北部。在整个近一千年来的历史时期,苯教一直具有自己的圣址、信徒、宗教作家,甚至还有其传教者。这些人主要是接受了汉藏走廊地带的各土著居民,尤其是摩些人或纳西人。我在他们之中发现的不是原始的或古代的苯教,而是与喇嘛教派结合起来的苯教(宁玛巴或大圆满法派)。苯教徒们确认这些宗派均由他们产生。现在许多重要著作都已证明其文献的丰富和说明了他们的教理及仪轨(见书末所附参考书目第230~232,235~236条)。

因此,除了在专用名词和术语之外,系统的和已经改革过的苯教信仰与宁玛巴的教理相同。至于其他,这类信仰大部分都与我上文所提到的那种无名宗教相吻合。难道果真像人们平常所认为的那样,苯教独自代表这种土著宗教吗?或者是因为苯教徒肯定是参照了这种宗教并加入其中了吗?我已于上文看到了这一问题的某些因素,但在现阶段尚无法作出任何肯定性的答复。

在晚期的喇嘛教和苯教史料中,苯教第一位凡间祖师是辛饶米保(此名过去已经作为仪轨专家而出现过了)。在一卷苯教经文(《金钥——苯教源流史》,参阅书末所附参考书目第37条)中介绍了他的一生,但我们不知道其成书时间(其中一部分要追溯到11世纪)。[294]这一传记中的某些因素是模仿了佛陀的生平,而其他内容则见诸有关莲花生上师的传说[295]和格萨尔史诗。

喇嘛教作者们认为苯教徒“爱天”，从因果推理来看，木神和恰神也都住在天上。所以，他们便把吐蕃第一位赞普聂墀作为天神(天神和木神)而自天下界的故事看作是苯教性的。事实上，苯教著作（仅仅是指已经改革的和晚期的苯教经文，惟有这些才为我所知)在有关起源的问题上，提供了与喇嘛教传统相同的神话。最早的一对夫妇桑保和秋江木与朗氏家族史中最早的一对夫妇完全相同。正如在所有氏族的传说中一样，苯教祖师们世系出自“光明神”，尤其是出自9个或10个“木神”，其集合名词('then)使人想到了天的9所或9层。这一世系最后传到了吐蕃苯教的保护者和创始人辛饶米保。另一种不同的说法又使这一世系经过因陀罗(帝释天王)而到达摩诃桑摩多(众举之王)[296]。

在10世纪时，著名的佛经译师仁钦桑布出生于居住在古格(古象雄)的喀孜殊微(Khuatse Hrugs-wer)的一个苯教徒家庭。该家庭属于某一辛的世系，而这一辛的世系又出自神的六世系之一，即宁玛(“太阳”)殊。他个人的名字即由该世系而来。在象雄语中，“微”(wer)的意义是“王、君主”，而在藏语中，wer-ma则是神仙。从母系一方来看，情况却正好相反，该家庭与地下神(龙)相联系[297]。

苯教的另一宇宙起源论（参阅书末所附参考书目第301条：《内库》)却把第一对夫妇藏巴(梵天王)与秋江木置于生物和非生物之间的二重性之后，也就是光明与黑暗之后。第一对夫妇共有9个儿子和9个女儿。9兄弟首先与他们所创造的九位女子婚配，而9姊妹则与由她们所创造的9个男子成婚。从邪恶一方来说，这是一些由8兄弟和8姊妹组成的集团。由此而诞生了大量的神和魔。经过系统化的苯教经文中也包含有许多其他创世和各类生灵起源等方面的故事。

辛饶米保的诞生和生涯形成了一部苯教经文(即《金钥——苯教源流史》)的内容，他的历史是模仿了佛陀释迦牟尼的历史。通过两束光线(一白一红)而出现了一次奇迹般的怀孕，这两束光线分别从父母亲的头部进入。前一束光线是以一支箭的形式出现的，代表着阳性因素(精液)；后者是以纺锤的样子出现的，代表着阴性因素(血液)。有关受孕和胚胎形成的其余过程都与喇嘛教或印度的观念相符合。

但是，对于这次奇妙的怀孕，我们还掌握着一种喇嘛教的说法[298]。在开始时，由一位国王和一位祖母形成的奇怪的一对夫妇却被称为“9兄弟”或“9姊妹”。有关创世的所有不同说法均源于此。然后，辛饶米保直接(未经过渡阶段)从色究竟天宫以五色光(彩虹色)的形式而下凡。他降落到一棵树(垂柳或白杨)旁，树顶上栖息着一只蓝色杜鹃鸟。此鸟似乎是以另一种形式出现的他本人。此鸟栖落在“天宫王后”的头顶上，在三次击翅之后，从其性器官中发出了两道光线，一白一赤，通过头顶而进入了母亲的身体。当他诞生之后，便发出了一阵悦耳的声音，这就是杜鹃鸟的特点。

在由喇嘛教普遍采纳的传说中，这位“天宫王后”(贡甲)也是吐蕃第一位赞普聂墀的祖母。因为她在吐蕃是浦(Pu)地的王后，所以她通过祖父布带贡甲而与吐蕃赞普们的神话世系有联系，同时还与俄带贡甲山有联系。人们有时也把这后一座山与某位天王相混淆。

如果各种传说可以如此证实苯教徒“爱天”的判断，那么有可能是仅仅在苯教徒接受通行的土著客观的范畴内方为真实。另外，一部相当古老的著作，即提到辛饶出生于天之传说的那部著作曾指出，在苯教徒们的信仰中，最早期的吐蕃人出身于地下神和水神(龙)[299]。另一方面，流传最广的一部苯教著作甚至在稍微修改之后就被喇嘛教接受，其标题叫做《龙集》(Klu'bum)[300]。然而，正如从其标题中所窥察到的那样，其中涉及的主要是经常出没于住宅区的地神，尤其是地下水神(龙)。其中也介绍了具有许多不同说法的同类故事。这里提到的神受到了有关“文明化”工程的干扰，尤其是修造房屋、耕耘田地和其他骚扰土地的活动，于是它们便制造了一系列疾病。惟有苯教徒(这里使用了一个古老的术语dbyal)在发现病因之后便可以治愈病人，同时还要使用丝和偶像制成的仪轨性的幻网。还有一件非常明显的事实，这本集子中的许多故事大部分都是根据我于上文分析过的敦煌文书中的某些文献的式样而组成的。这些故事中尚部分地保留了古代词汇。如同在这些古老文献中一样，专家们——苯教治病者们就是这样出现在故事中的，而在那些非他们便难以理解的故事中则并非以表演者而出现。他们渗入了那些一般信仰之中，并以一种传说中的先例而为他们的艺术辩护。然而,新故事的特征仅在于地下神(龙,即藏文中的 klu,梵文中 nāga)所起的巨大作用。

有一个例证足可以解释这一陈词滥调。在某一地区生活着某一国王,但其名字在各种不同说法中各有所异。因为人们认为这个国王是非常出色的人物,于是便把他捧作“已生起世界所有的神”中的“已生起世界的变幻之王”(srid–Pa’i bskosmkhan)。他娶了一位女子为妻。某一天,一条青蛇出现了,触到水车之后便消失了。

“变幻之王”向一位专家和一个“思想敏捷的小孩”询问其原因。后一位孩子告诉他应该向水车中投掷宝石和药(向蛇供奉,实际上是龙的特殊供品)。后来,这对已婚夫妇进行耕耘,龙王以旱獭的形式而出现。男人想杀死它,但它消失了。“苯教徒”解释说这是一尊神仙。稍后不久,这对夫妇病倒了。于是,“苯教徒”便求卜神启和举行仪轨(gtod 和 pyad,一种治病和防病的措施),却无法找到作为起因的此神的名字。于是,便去请教一位医生。他开了一些药剂,却不见疗效。最后,男子去请教“世界之不可思议的王后”、“天之白夫人”(什巴变幻之女王),后者又向天王提出了问题,天王是两尊神,他们的名字早在史诗和其他传说中就已经出现了。天王在照妖镜中观察了一番就发现了病因:因为这对夫妇耕地触怒了龙王。但他没有送药。男子于是便请教“思想敏捷的小孩”,后者又向辛饶求救。最后,辛饶不仅指出了病因,而且也指出了用于治病之药。为了使病人痊愈必须为龙王恢复体力。为此目的而必须举行的仪轨与喇嘛教中的作法完全相同,并且受到了印度崇仰龙之习惯的影响。

地神动怒的原因始终是一样的，曾经有人做过这样的概述:“从前,‘生起世界之神’,即廷格王子占领了这一国家,将之分成了几个地区。当时益钦国王(辛饶的主人)为此地选择了一位‘协调员’(skos,第一位君主),这就是地神进行争执和产生仇恨情绪的原因。因为这位协调员利用撬棍而挖出了一些神石(那里经常有神灵出现),并且用来修造城堡,他引起了石神的仇恨。因为他用斧头砍断了神树以建造房屋,所以也就引起了树神的怨恨。因为他用镰刀连根砍掉了神灌木（或神草）以建筑草棚，于是便引起了灌木神(gzed,早在一卷敦煌写本中就已经提到了这尊神)的敌视[302]。因为他用锄头挖掘神土以在地上建造城堡,于是便引起了(tshon)神、域神和地神的仇视。因为他在作为域神的黑色野牦牛身上拔毛以作帐篷,所以引起了域神"守门神"的仇视。当他在土地上进行艾灸和放血时,便产生了争执。当我说:"'对地进行艾灸',这就是说在地域中央修造窣堵波、小塔(苯教小寺庙)和使某一地中央感到'难受'时,便与域主、地下神(龙)和地面神(年神)发生了争执。当我说:'对地进行放血',这就是在以土造水库(池塘)、挖土和以此而引水时,又发生了纠纷。在使用土地为池塘筑堤和通过灌渠而排水时,由此也爆发了争执。在起土和从中挖'窗户'(屋顶上的烟洞和光洞)时、在筛土和把大块土粉碎时,也出现了争执。当世界变幻之王在一龙王圣殿上修墓时……当他用不洁的容器在圣泉中汲水时,当他在一只龙的上部竖起架子(捕捉魔怪的幻网)并在那里焚尸时,当他如(魔)箭般地投出芥菜籽和利用带血的物品作为魔力武器时,最后在灶(受污?)、火(受污?)和被禁止的两性关系(肯定是发生在一圣址旁边)等三种情况时……"。

这一张有关违犯律令的表述恰如其分地概述了多种故事,我们已经提供了一个例证,所有这些故事都涉及到了可能的情况之一。吐蕃最早的居民或当地的占领者,代表或象征地势地貌的神发现自己受到了新来者——人类及其"工作"活动的排挤。它们便始终以向人间传播疾病的方法进行报复,而人类也一直在寻找可以发现其病因的专家,后者向人类传授药。介绍以上故事的目的就是为了歌颂这些专家们,专家们证明了他们驱魔的有效性。我们将会看到,正如在古写本中一样,人们很注意区别成功者和一事无成者。

这里所说的"人类"并不是代表着现代的人类。他们是现代人类的前辈,既属于神也属于人,既是现代人类的先祖又是居住地的创造者和整治者。藏文中用来指他们的名词 skos、bskosmkhan 与我们在古文献中发现的这些词同义。晚期传说中同时保留了 skos 和 phya 这两个字,它们既指神、抽签和懂得未来者,又指木工或建筑师(见注释[276a]或[245a])。

还有一种奇怪的事,即人类占领居住地的历史是很具体的,苯教著作中不厌其烦地指出的宇宙起源论是抽象的。据传说,完全如

图 100　苯教画：畏怖神，中央是金翅鸟

同在汉地一样,人们所关心的首先是治理世界而不是创造它。当苯教被迫把宇宙起源论看作是一种王家的大宗教时，它觉得这一点是很肯定的,但却暴露出了其外来起源。各种著作中还包含有大量独立的不同说法。

在一个既没有物体也没有现实的世界中，有一个奇迹般的人(或擅长魔术的人)出现于生物和非生物之间,他自称为“造物主,生物之主”。所以当时既不存在季节也不存在气候现象。森林自动地诞生了,但其中没有动物。此时也根本不存在日夜之别。上界的神仙没有权力,无论是魔鬼还是地下神也都一概如此。所以当时也不会有疾病横行。

在这一“三界自动生起”之中,苯教也自动地问世了。当时便出现了两条光束,一白一黑。它们各自变成了两粒分别为黑白两色的芥菜籽。然后又出现了或创造了一个黑如长矛的人,其名为“黑地狱”。他制造了一切恶行,分别是昼夜,爆发了雷鸣电闪,送来了疾病,指派雄鹰捕杀鸟类,让恶狼追食动物,让人类宰杀牲畜,让水獭捕捞鱼类,让恶魔殃害人类。他同时又创造了纠纷、斗争和战争,他反对一切并代表非生物[303]。

然后又出现了一个周身环绕光圈的人，他为自己起了一个名字:“热爱存在的主人”。他使太阳具有温和的光芒,重新分配了日月,协调了天体星辰。总而言之,他使一切都感到了愉快。他想修建一所房屋。然而,在动土时却触动了一尊地下神(龙),于是便由此而产生了与我们在上文刚读到的内容很相似的一段轶事。

我们将会看到，这一故事以极其笨拙的方式从善恶两条基本原理过渡到叙述整治某地区的具体情况。苯教经文集中还包括有许多其他不同的说法和宇宙起源论的故事，其中具有明显可见的外来影响。

从未创造的生物中冒出了一丝白光，从白光中又出来一只完善的和发光的卵。从中钻出一个人来,这就是“世界变幻之王”,他整治了世界和调整了时间前进的规制。

或者是,各种要素“轮”的继承——佛教宇宙起源论的“轮”、水、火、风等——最后变成了一只金龟。金龟生了6枚卵,呈6种不同的颜色,每一枚卵都是龙王6个种姓之一的始祖。最后是由空所产生的一位龙皇后,名叫"整治世界者",她用自己的身体创造了这一世界。她的头顶变成了天,右眼变成了月亮,左眼变成了太阳。当她睁开眼睛时便是白天,闭上眼睛时便是夜间。其声音是雷、舌头是闪电……如此等等。人们认为这颇似汉人有关盘古王的神话。

有人认为从这些故事中发现了摩尼教或诺斯替教派的影响,这是完全可能的。然而,还必须补充说明,这种宇宙起源论(非生物>生物>卵>由其各部分组成的世界)早在印度的某些古老文献(婆罗门教经文和奥义书)中就已经出现了。

# 第五章　文学和艺术

# 一、文　学

西藏的文学创作既内容丰富,又形式多样化。各种各样的文学形式与社会阶层的主要划分是相一致的。西藏文学不仅仅是书面文学,同时也包括口头流传文学。所以,为了了解西藏文学的表现方法,必需稍费笔墨略述一下西藏的语言问题。



**表现方式**

藏语在结构和词汇方面酷似缅甸语，同时与藏缅语系中的其他语言也有亲缘关系。这一语族主要是由喜马拉雅山区和汉藏走廊的一些小部族使用,如羌族或白族[①]、摩些族或纳西族、嘉戎人和古唐古特族等。藏语中的部分词汇也与古汉语相似。这是一种多音节的语言,从公元 7 世纪中叶开始便借助于一种印度字母而书写。在这种文字中，由单音节组成的词汇如同一个不能再缩小的词根(辅音和元音,辅音、元音和辅音),许多情况下是再在此词根上加上一个或数个前缀或后缀。我们尚不知道当建立拼写规则之后是否每个词中的所有字母都发音，或者仅仅是为了区别两个同音字而没加入某些字母。即使附有许多前缀和后缀,那些拼写、发音相同而意义相差悬殊的词相当多，这尚且不包括同一个词具有多种不同意义的大量例证。由此而造成了翻译者们不知所措、犹豫不决的局面,尤其是在处理古老文献时更为显得棘手。人们惟一可以依赖的原则是文献的背景和前后文，而且这种语言非常喜欢用两三个词来表达同一意义，其中一个词具体阐明另一个词的词义和语法结构。

由藏文发明者们所创立的拼写规则与西藏中部地区方言的现代发音(尤其是拉萨的官方语言)之间的差异甚为明显。随着音调的出现,藏语变化的结果是逐渐丧失了所有的前后缀,而且还导致了某些辅音和元音的变化。所以,藏文 ü 字现代就写作 dbus,ne 写作 gnas,chang 写作 bzang,thi 写作 khri,如此等等,不乏其例。在许

① 羌:指古南诏国的主体民族白族。——译者

多靠近边界地区的方言中,如安多和拉达克方言中,其发音与古典的缀字法最为近似,但这并不意味着完全相同。所以我不禁要问,当时的拼写法是否真正代表了藏文创立时代的发音。我们手头所掌握的最为早期的真实文献是敦煌写本,但它们肯定也比西藏文字的创立晚一两个世纪。然而,我却从中发现了令人困惑的拼写法的不稳定性:在同一篇文章仅相隔数行的地方,同一个字则以多种不同的方式写出。这里毋需强调翻译工作是何等困难,尤其是因为这些文书中的古老词汇大部分都不见于我们当代的辞典,其特殊的句法至今尚无人进行透彻的研究。在西藏历史的另一极——近代,对于方言中的活语言以及用这种方言所表达的口头文学等这一切,我们尚很少接触,也不容易懂。大部分方言还无人进行深入探讨,其中的大部分词汇尚不为我们所知,只有拉萨方言例外。只是在近 20 年来,藏语口语的教学才得以真正发展,由于有可能接触到一些流亡的西藏人,所以才有了藏语口语实践的机会。

在某些非常熟悉西藏情况者们的帮助下,许多口头文学作品已经录音(史诗和故事,尤其是有关神奇死尸的故事集《说不完的故事》)。但这些资料尚未被人充分使用。时至今日,我也只能通过某些少见的写本而了解西藏口碑文学和民间文学,而这些写本又是一些学识疏浅的抄写者们缮写的,因而经常充满着拼写错误。

如果说我所得到的大部分资料都是成文的,那也并不是说它们所代表的文学作品也完全是成文的。事实完全相反,这类文学作品常常是口头流传的。我所了解到的一些一鳞半爪的情况,仅仅是一种对事实的程度不同的忠实反映。由于西藏的教育仅仅为宗教人士所享受,所以这种文学也仅仅是由他们所确定的。无论他们如何企图使之最为接近口传史料,他们的干预也总难免会使其内容僵化和遭到篡改。在指出这一点之后,也不要忘记口头创作在许多情况下的重要性和口碑对文学表达的重要贡献。这种观点并不是仅仅针对史诗,其中也包括有传说和歌谣的古今文献(有关尸语的故事和谜歌)的特点。

不仅传记中的许多段落是口语直接引语,而且大部分文学作品(某些传记和戏剧作品等)为了具有口碑文学和成文文学的特点,也都是以近似口语的语言而写成的,甚至是以叙述的方法着笔

图 101　由民宅环绕的寺院平面图

图 102　代表瑜伽行者帕丹玛的仪轨画

的。另外,某些历史学或哲学著作,也似乎常常是由作者向其弟子口述,由弟子执笔记录成文的。因而才由于同音异义而发生许多错误。所以要有许多“校订者”重读已写成的著作,以纠正其中谬抄之处。

在此问题上,还应该补充论述一下文学作品的传授问题。尽管要强迫正确地诵读和藏族人具有超群的记忆力,但口头传授难免会出现某些不同的说法和诸说纷纭的现象。至于以文字传授,则必须遵守一定的规则,我于上文已经谈到了这一点(第3章),尤其是要反复抄写原文。其中使用的手写体字母与印刷体字母是不同的,而西藏人又习惯于把几个字压缩成缩写词,所有这一切都使得笔传更加不大可靠了,尤其是当抄写员不是机械地工作和在不明白原文的时候更容易出现这样的谬误。

### 文学体裁

西藏文学作品确实是浩如烟海,我远远没有掌握其完整的书目。笼统而言,我们一般可以将之分为两部分。一方面是两大经典,即《甘珠尔》和《丹珠尔》。前者包括一些被看作是佛陀用语言所表达的著作,后者是一些疏注文、论著、仪轨书和歌谣。这些文献几乎完全是自梵文译来,或者是用一种不自然的语言写成的,不仅在词汇方面忠实地以梵文为楷模,而且在文体句法中也是亦步亦趋。其中所论述的当然几乎是清一色的宗教和哲学方面的内容,除了某些有关传统科学的论著例外,如文法学、音韵学、天文学和医学等。因此,我们这里所研究的并不是那种没有西藏特点的文献。我们仅仅指出,在很早之前就已经有人编纂了很详细的目录(公元800年左右),组成经典集的那些作品首先是于13世纪汇集起来的,后来在14世纪中叶又由布顿及其他许多人所整理。从18世纪起,各个寺庙(那塘寺、德格、卓尼、北京)都发行了数量庞大的刊本,同样还存在着一些蒙古文和满文的译本。《甘珠尔》一般应包括100或108卷、《丹珠尔》一般应包括225卷,二者共包括4569卷经文。

苯教徒们同样也有自己的《甘珠尔》和《丹珠尔》(分别包括175和131卷),但很少有著作提及它们。那些排斥在《丹珠尔》和《甘珠尔》之外的著作,以及那些晚期所作,或在晚期方为人们所熟悉的著作,同样也发表在其他大合集本中了,如《古密教经典》(宁玛巴经典总集)的合集本和宁玛巴的“伏藏”(《宝藏之库》)。编辑合集本的习惯也推广到了其他领域。所有的喇嘛教大作家们都有自己的《全集》。如同其他大合集本一样,它们一般都包括有目录以及指出合集本中各部著作的全部叶数。

这些作家们一般都是多题材学者，他们的学问如同百科全书一般。他们首先所研究的是哲学、宗教学和伦理学。在前两项内容中,常常仅仅是一些经文的疏注文。藏族人很快又创作了一大批新颖的哲学著作和新仪轨书，但他们也把自己的精力投注于历史著作、语法和音韵学著作、辞书(梵藏语辞典或专门术语集及古词辞书)、年代计算(历法)论著、天文学、占卜和医学作品、书目学、舆地学著作、取经朝圣指南、游记(真正的或传奇式的)、施政艺术(甚至还包括爱的艺术),各种技术(农业、雕塑、瓷器、制茶)等等之中。我们还可以发现一些大官吏们向其同僚及国王们所写的书函，在宫廷中所作的笔记,和某些大师们的讲义。

这些文献所反映的科学价值明显优胜于纯文学价值，我无法于此进行详细探讨。但这并不是说其中根本就不存在写作艺术和诗歌创作,在那些教益匪浅的大量教说中就已经表现出了这一点。甚至某些仪轨书也成了真正的戏剧创作。另一方面,许多著作(包括一些编年纪或传记)都是以经过点缀的华丽笔调写成的,一般都仿拟了印度的“庄严修辞”(alamkāra)。如果我们认为这种风格确实有点浮夸,并且由于其句子的冗长致使翻译家感到不知所措的话,那就说明藏族人肯定非常讲究文风笔调。

我通过歌谣和诗歌大合集本而接触到了西藏的真正文学,同时还有赞歌、诗文祈祷、戏剧和某些具有小说风格的传记,尤其是史诗和故事集。但必须立即指出,所有这些体裁,甚至包括那些我开始将之归于世俗文学的作品,也都是宗教人士所作,全文浸透在一片宗教气氛之中,甚至是护教性的著作。至少现今知道的所有著作的情况都是这样的,其成书时间不可能追溯到12世纪之前。但数以千万计的敦煌藏文写本的情况则例外,自从敦煌石窟从11世纪初封闭以来,它们就一直藏在洞中,沉睡了几个世纪。

在这些写本中间，我发现了一些自梵文译来的经文、《罗摩衍那》的译文或改写文、一篇根据汉人模式而逐年编写的大事年表、包括许多歌谣的史诗性编年史著作、有关先祖的传说、苯教徒仪轨书、占卜著作、医学图解、大量行政与通商(书函、契约)和法律著作、以诗歌和格言形式而出现的伦理格言警句集、印度文和汉文故事的改编本、汉文经典著作的译文或改写文、汉藏两种语言对照词汇,最后是些用藏文所转写的外来语言(汉语和突厥语)文书。



### 古代诗歌

敦煌文书中所使用的语言是非常古老的,不为人们所熟识,以至于译文常常是权宜的或暂时性的。当涉及到诗歌、歌谣,或者是以节奏很紧凑、具有强烈的生活气息和使用象声字为特点的某些特殊散文时,翻译基本上是束手无策的。其中除了缺乏其他诗歌中的那种惯用作法(脚韵或头韵)之外,其节奏和结构就是构成诗歌之美的全部内容。然而,法文中音节的数目始终太大,难以适应这种脚韵。另外,在诗歌和散文中,人们一般都喜欢使用双重音节,或者是一些没有具体词义的音节, 与仅仅用来描写声音的象声字相似,这些音节也用来描述某些特定的状况或体态。这种表达方式与古代中国的轮唱(见《诗经》)相似。在西藏的史诗和适用于低级神仙的仪轨书中,这种方式一直沿用到今天。它每次都要引起一种易动感情的或富于戏剧性的局面,其特点是脚韵的紧凑。

至今还没有任何一部系统的著作研究这种令人赏心悦目的诗歌表达方式。我尚不知道,在各种情况下,联想是如何决定为多种背景而确定的固定表达方式。这种用法在古老写本中更为含糊,而由于上下文的关系,在史诗中则比较容易确定。所以 kyi-li-li 用作指一位女子的媚眼秋波、彩虹和雷电,kyu-ru-ru 用以指笑语歌声,khyi-li-li 用以指风暴和由此而掀起的巨浪,khra-la-la 指木鞋的响声,tha-ra-ra 指已集合起来的士兵们的“阴影”和黑色毒药,me-re-re 指非常密集的一群人、海洋和星辰(肯定系指群星)等等,不再一一列举(有关这些象声字一览表见书末所附参考书目中第 111 条,石泰安:《林地喇嘛教版本的西藏格萨尔史诗》和第 225 条, 埃尔菲:《西藏格萨尔史诗中的唱词》)。

在古文献中(在近代有关焚香的仪轨书中也有残存),长短格中紧凑的韵律由虚词 hi 而得到了加强,而 hi 字又如同一种在每首诗中都于同一地方重复出现的顿挫，一般是为了强调其逻辑上的主题。有一件事是非常奇怪的,这种用法与中国古代神秘诗歌(《楚辞》)中的虚词“兮”相同。这些诗歌的韵律则使它们具有了一种以舞步相伴的特征。人们曾试图在当代西藏的某些圆舞曲中发现这一特征。在这种舞蹈中,边跺脚边成圆圈形旋转。另外,在许多情况下，两句相对应诗的相似又使人联想到了我们在古代谜歌和近代婚歌中所发现的那种合唱形式。

西藏诗歌中的对称原则非常明显，以至于使用同一个句子一般要重复两次,其中一次要带有形容词,而另一次则不带形容词。

“他割下了敌人的心脏,他割下了野牦牛噶尔瓦的心脏。他为一位同族人报了仇,他为伊吉·当恰木兄弟报了仇”。

更有甚者,有时甚至把一个名字(它一般具有一种具体意义,至少部分地带有一个形容词)分解成两部分,而各部分又分别用到同一个句子的两部分中去。所以,人们曾这样来称呼琼保氏族的邦色苏则:

“琼保邦色贡献了……苏则很忠诚”,这里似乎是指两个人。在谈到噶尔氏的赞聂东布大相时，也曾做过这样的记载:“赞聂大相前往突厥人地区,东布前往墀雪湖(库库诺尔湖)参观市场”。

当然,使用这种结构主要是为了结合和对比种隐喻或联想。所以,由顿挫词 hi 组成了这两个句子,我于下文将根据法文的音节数目而分别译作“是”或“啊！是啊”:

用大口,是啊！他用大口吃草;用长长的脖子,是啊！他用长长的脖子喝水。

如果他活着,啊！是啊！国土将开放;如果他死了,啊！是啊！坟墓将开放！[304]

现在,我再举一些有关这些诗歌的例证。我被迫在译文中放弃长短短格,但我试图以类似的韵律进行翻译,并尽最大的可能性来保持原句子的结构:

更为接近一些,啊！是啊！继续再接近一些,雄尔巴，是啊！与天相近，天上的星辰，是啊！悉利利(si–li–li)。
更为接近一些，啊！是啊！继续再接近一些，
拉噶尔，是啊！与山崖相近，
岩石的星辰，是啊！悉利利。
都瓦，是啊！与江河相近，
活泼的水獭，是啊！巧拉拉(Pro–la–la。
年噶尔，是啊！与土地相近。
大量果实，是啊！悉利利。
墨竹，是啊！与陇接近。
犀利的风，是啊！普鲁鲁(spu–ru–ru)。[305]

这些歌词中有一部分肯定是临场即兴演唱的，它是根据使用了大量格言和隐喻的一些内容和模式的变化而决定变化的。甚至在其风格中也受这些歌词产生的背景之影响，也就是一些空泛议论，在一唱一答之中进行自我颂扬、自我陶醉或自我吹嘘。正如一部相当古老的编年纪[306]记载9世纪初大相们在桑耶寺聚会情形时所告诉我们的那样，这是一次互相挑战和吹嘘的机会："每个人都在其中吹捧他自己的伟大和骄傲"。一些取笑和讽刺挖苦的话与表示顺从和忠实的颂歌轮番出现。我们可以在一卷敦煌写本中读到：

人类之首领，是啊！他是强大的国王，
比绿玉，更具有魅力。
牲畜之首领，是啊！它是公种马，
比羊毛(？)，是啊！它比羊毛还要轻。
外族人，是啊！他们是突厥—汉人，
比金棒，是啊！他们比金棒更沉重[307]。

诡谲、随机应变的思想，隐晦、迂回地阐述真理的艺术，和影射某些不好的现象，所有这一切在这类著作中均起过巨大作用。下面是引自敦煌大事年表中的一段文字，它可以清楚地说明，一种相同的内容可以根据演唱者的性格和立场不同而相继以两种不同的方式进行表演。当时正好是在某些附庸归附之后，赞普取得了我上文

(第 3 章)所介绍的那次伟大胜利之时。

“当赞普和国王为其臣子(附庸)举行一次欢宴的时候,琼保邦色重新唱了一支歌,其歌词如下:

这是苏则,是啊!他杀死了它。
尸体献于赞普之手。
洛埃,是啊!他受到了嘉奖。

之上,是啊!在藏地城堡之上。
它长有白腹,在附近飞翔。
这是苏则,是啊!他杀死了它。
双翅进奉到赞普之手。
洛埃,是啊!他受到了嘉奖。

从前,是啊!在过去的日子里,
从底斯山,是啊!从冰山开始,
野驴,啊!是啊!与鹿开始外逃,
逃向了,啊!是啊!逃向了香波山。

今天,是啊!今天和今后,
在香波山,是啊!在神仙的脚下,
野驴和鹿不怕炎暑。
野驴和鹿,如果它们害怕炎热,
底斯山的雪便会融化。

从前的日子,是啊!在过去,
从玛法木错湖,是啊!从玛法木错湖畔,
鸭子,啊!是啊!鸭子和鹅逃走了。
逃向了,是啊!逃向了当高湖。

今天,是啊!今天和今后,
在当高湖,是啊!在这一神仙之湖,

鸭鹅不怕炎热。
如果鸭鹅怕热，
就在玛法木错浸湿自己。

洛埃族在彭地得到了发展(？)
色琼族定居(？)在彭地。
(赞普)从前很软弱，
现在其视野辽阔。
谁，在开始时，……(？)
牦牛最终被包围。
苏则，是啊！他受到了嘉奖。

"以上就是他的歌词，而赞普却在心中思忖：'我希望洛埃族的某人，如一位大相，能够给予回答'。但却没有任何人回答，那里有尚囊，尚囊属于为赞普个人服务的人和负责秘密玉玺。(赞普)对他说：'你是作为我的近心者(忠实者、忠诚者)父亲的一位儿子，难道你不会歌唱吗？'"他便下了命令：'让尚囊发表一场演讲！'尚囊唱道：

啊！过去，是啊！从前，
在河的那边，啊！是啊！在河的那边，
在彼岸，啊！是啊！在雅尔古江的彼岸，
古日，是啊！一位骄傲的国王，
从腱部开始被碎尸万段，
又从小段化为乌有。

从几曲河，是啊！他从几曲河钓鱼吗？
这就是，是啊！这就是义策旁多日。
在陇地，啊！是啊！谁在那里截流？
他是，是啊！他是增库闷多日。

围篱，啊！是啊！围篱和堤坝建起来了，

土地,啊！是啊！他分配土地；
这是邦松,一位客人。

唐古拉山峰被腰斩,
香波山耕地(？)也增加。
一旦当宇那城堡陷落,
秦达宫就要增高。
从前,是啊！此塔从前就已很高,
现在,它已摩天际。

岩波峰被腰斩,
野摩,是啊！野摩被接受为农奴,
从前,是啊！从前他就已经很大了,
现在,他的视野已经辽阔。

洛埃族通过彭地而发展,
董东定居于彭地。
(赞普)从前很弱小,
现在目光已望得很远。

从前,是啊！在从前,
帕玛的牦牛(在北方)被杀。
南方之木——竹子获胜,
但只要铁尚未被撕开,
竹子也不能穿透(影射射箭),
若无雄鹰(羽毛)之饰,
牦牛本身也不会被射穿。

岩波地区,是啊！岩波是牡羊之国,
孔则的刺猬是胜利者。
然而,只要刺未扎透,
筋腱就不会被扎穿。

如果不扯筋腱，
孔则自己就不会罢休。

“这就是他的歌词。赞普很喜欢这些歌词，便敕封娘尚囊为其大相。作了大相之后，赞普又以‘小银盔甲胄’的称号来犒赏娘尚囊。”[308]。

如果第一段歌词使赞普感到不悦的话，那肯定是由于其中过分地赞扬了某些附庸及其功勋。如果赞普更为喜欢第二段歌词的话，那是因为其中似乎更多的是赞颂了赞普本人。我觉得其中的隐喻明显是含糊不清的，但也完全可以说明其内容。我被迫放弃而引用其他那些可以加强这一印象的例证。虽然无法表达其中的叠韵和节律的特征，但我至少可以了解一下表达思想的方式。古人在格言方面的才能，尤其是一大批隐喻在其中起了巨大作用。这些隐喻一般都是用于神秘的誓喻，我们可以认为这种艺术属于谜歌表演者的传统范畴。

同样的比喻和谚语艺术也表现在一些格言集中，这一切肯定属于古人的传说范畴。到了晚期，这种传说又被称为“人间宗教”。与我刚才所读过的和那些可供演唱的诗不同，这些格言一般都是以散文的形式写成的。下文就是保存在敦煌写本中的一卷文书的几段摘录，题目为：《苏毗族人的书籍之母，作为典范而留给后代的格言》[309]，其中共有110节。一种思想常常是以相平行的两种陈述组成的，第二种陈述是作为第一种的比较形象而使用的。

“(1)一位贤者的思想，即使在天上也会出现文字；如同快马疾驰一般，即使面临深渊断崖，它也能沉得住气”。

“(4)一位贤者，长期与之交往，就会得到他的友谊；如同一根金棒，如果把它延长，那就会变重”。

“(5)生子不教，这就是愚昧的基础；生育是没有任何意义的，实际上是对衣食的重大浪费”。

“(15)恶人口出恶语只会以害己而告终；火最早是产生于木洞中的①，但最后却会烧毁木头”。

“(30)凶恶的看门狗可以保护整座村庄，一位恶妇甚至可以使

① 指钻木取火。——译者

同一个家庭的成员和朋友们老死不相往来”。

“(34)贤者和骏马在外面显示自己时才会出名，女子和古玉只有藏在家中才会有好名声”。

“(53)当贤者吹捧贤者时，就如同在天之尖塔的柱子上一般；当小人诋毁小人时，如同在地的九层之下一般”。

虽然它们都是古文献，但我们仍然可以看到，其中已经仿效了我们在汉地所发现的伦理学和佛教学观念。从文体观点和使用隐喻方面来看，它们都保持了明显的吐蕃特点，尽管越来越多地与佛教成分同化，但它却一直维持到今天。

**新的道路**

五六个音节的长短短格肯定不是我在敦煌写本中发现的诗中所使用的惟一格律。但毫无疑问，这是吐蕃时代最为典型的形式，而且也是最为常用的形式。其他形式仅仅是零星地出现过，没有明确的规则。

然而，一旦离开文书而把注意力转向经典文献，那就会出现巨大变化。一些来源于印度的精巧格律代替了长短短格。早在《罗摩衍那》的古译文中就已经出现了这种现象。我不打算于此再过多地讨论这一复杂的和相当烦人的音韵。我可以发现一些分别为7、8、9、10、11或17音节的诗。但是，最为常见的形式，从诗人米拉日巴一直到史诗和明显具有民间特点的婚歌，则始终是长短短格律。我于下文将举例说明这种文体的诗。

我可以在崇拜(香火)地神的赞歌中追踪从旧格律过渡到新格律的过程，因为这种赞歌最为完善地保留了古代歌谣的气派和风度。在古文献中只要加入一个指示代词de就可以实现这种变化。由虚词hi而造成的非常明显的顿挫节律也维持下来了，有时甚至还要插入到某一专用名词中间，因而将之分为两部分：

“这一雅拉，是啊！香波山；这一俄带，是啊！工甲……色菇，是啊！毒湖；东札，是啊！黑湖”。以上就是近代一部仪轨书中的记载。在敦煌写本中一卷类似的仪轨书里，我们可以读到：“从国中，是啊！到正中；两位圣者，是啊！向我们示意”[310]。

长短格韵律后来代替了长短短格。有时候，一个单音节的词以独立的地位而处于诗句之前,并不包括在所需要韵脚数目中(例如kye,如同"啊!"一般,或者是一个逻辑主语)。在敦煌写本中也已经发现了这种做法,我们已经遇到过一个例证。下面就是米拉日巴的一个例证。

"啊!如果我不再重新唱一遍,其意不会传入心田。"

米拉日巴在印度密宗信徒们神秘歌谣的藏译文中就已经发现了其诗韵和其歌宗教内容的例证。但是,他与其教派(噶举巴)的其他许多宗教诗人们的不同之处,使他成为最伟大的诗人之一和使他非常出名的原因就在于此,即他融合和改编了这一与本地土著歌谣不同的外来模式。他在这样做时肯定是出于自己的爱好,但也考虑到了使佛教思想通俗化,更为大众化和可以导入民歌之中。利用耕地的机会进行隐喻歌曲比赛时,我发现他为一位农夫作歌[311],我已经知道了他模仿苯教徒们仪轨歌的做法(见上文第4章)。在米拉日巴的歌词中,我发现其中已经提到了仍然是近代民歌之特点的自然界各种典型的动物:冰川地带的长绿玉色尾巴的白母狮,栖在山崖上的"鸟中之王"雄鹰,森林中"斑斓"猛虎,湖中的"金眼"鱼"[312]。同时,米拉日巴当时"就已经使用了作为当代民歌、史诗和戏剧特点的其他修辞作法。其中的某些作法在敦煌写本中就已经出现了,尤其是描述性的三音节、隐喻和形容词等。所以,米拉日巴处于一连接点上,以确保古今史诗的过渡转变。下面是他歌词中的几段引文,虽然在翻译中不可同时表现出其诗意和诗风,但多少也总可以说明他的笔调[313]。

上部,南方的白云飘浮,
下部,一条清河碧波荡漾,
二者之间有雄鹰翱翔。
各种野草杂生,
大树翩翩起舞。
蜜蜂在歌唱,khor-ro-ro。
鲜花发出芬芳,chili-li-li,
鸟儿啁啾鸣叫,kyru-ru-ru。
……

向镇伏四魔的父亲，
向译师玛尔巴致敬！
对于自身，我无言可讲，
我（实际上）是冰川白雌虎的儿子。
早在母亲胎中，完整的“三倍之力”已经形成。
童年时代的所有日月，我安寝在巢中。
青春时代的所有日月，我精心看守巢门。
但一旦成年，我便游荡冰川上空。
即使在风暴中，我也毫不犹豫。
即使无底深渊，也不会使我胆战心惊。

对于自身，我无言可讲，
我（实际上）是鸟中之王雄鹰之子。
早在卵中，我的双翅就已经完全散伸。
幼年时代的所有日月，我安寝在巢中。
青春时代的所有日月，我精心看守巢门。
一旦变成雄鹰，我便飞跃天空。
面对无垠天际，我也毫不犹豫。
飞向狭窄的地带，我也毫不畏惧。

对于自身，我无言可讲，
我（实际上）是“颤动的巨浪”大鱼的儿子。
早在母亲胎中，我的圆“金眼”就已形成。
幼年时代的所有日月，我安寝在巢中。
青春时代的所有日月，我始终在滩头。
在成年后，终于变成一条大鱼，我便在大洋中遨游。
在风头浪尖，我也不犹豫，
渔网也不会使我害怕。

对于自身，我无言可讲，
我（实际上）是口头传说中古如世系的儿子。
早在母亲胎中，就已经产生了自信之心。

幼年时代的所有日月,我遁入了教门。
青春时代的所有日月,我完成了学业。
最终成年,变成了大静修人,经常前往山间修行。
面对魔鬼,我也不会犹豫,
魔术也不会使我害怕。

这首诗很长,但这段摘录文就已经足够了。我还需要浏览前文已经讲过的其他表达方式。在米拉日巴的歌中,有些表达方式未曾出现过,但却在他的老师玛尔巴著作中出现,尤其是在大圣僧、诗人珠巴衮雷(16 世纪初叶,见书末所附参考书目第 273 条,石泰安:《瑜伽行者珠巴衮雷的生平和道歌》)的身上表现得更为突出。

图 104　雅鲁藏布江上的渡船　马头、船尾是插着旗帜的树枝

在史诗中如同在戏剧中一样,以散文形式所叙述的故事很短,都可以流利地朗诵。它仅仅能够把一些主要的道歌联系起来。这些道歌一般都是二重唱。所以,那些主要表演者们首先是以这样的方式自我介绍的:“如果你不认识我,我就是××人”。紧接着是介绍事

件发生的地点以及一切值得以专有名词相称呼的东西：盔甲、刀剑和马匹。这种表达方式与同类的另一种表达方式几乎是始终都共同使用："请听位于这一边的我。"这两种表达方式使人想起了一种挑衅和决斗的气氛。米拉日巴也曾使用过[314]这种表达方式：

一个漂亮的幼童，
欲知者请听下文！
对于我，对于我这个人，你认识我吗？
如果你不认识我这个人，
我是贡塘的米拉日巴。

正如在史诗中一样，歌谣一般也是以一句口头禅而告结束的："如果你明白此歌，那很好；否则，那就算你倒霉。"所以，米拉日巴在一首歌谣的末尾指出：

如果你明白此歌，那是你所遇到的第一次；
如果你不懂，我只有溜之大吉。

传记中还补充说："这就是他进行挑逗的歌词。"但令人遗憾的是我无法同时保留诗中的意义和格律。如果意欲保留这一切并了解一下诗歌中遣词造句的顺序，那么严格地来说，我便可以提出这样的建议：

此歌一旦唱出之后，你懂吗？
如果不懂，那么瑜伽行者前往其他地方去。

大诗人、史诗和戏剧的第二大共同特点是通过模仿哼唱而把无词旋律引入歌谣，这又使我想起了前文所提出的 tra-la-la 这一短语。我在米拉日巴的著作中没有发现例证，但在同一教派其他诗人的著作中却已出现。例如：a-la-la，或者是 shō-ni la-yi sho-o la-yi sho-O，la-yo la-mo lā-yō-ya。我们在史诗中也可以发现："歌谣是 tha-la tha-la-la-mo la-ling;tha-la la-ma la-la"[316]。

我们已经看到,如果其中指的确实是诗,那么其目的肯定是为了演唱而作的。所以有时又要指出几乎在所有史诗演唱时都应遵循的那些著名曲子。米拉日巴是根据这样的曲子演唱的:“雄鹰展翅翱翔”。我在史诗中也发现过这样的曲调,或者是根据“闪光的瀑布”的曲调而演唱。这一习惯很古老了。编年史向我们介绍了一些曲调的名称。9 世纪时,当在桑耶寺举行节日庆祝活动时所赋的诗就是按照这种曲调演唱的[317]。

最后,在这些因素中还应补充一些形容词,其用法也要追溯到古老时代,并且由各位神圣诗人承袭,一直保留在近代的史诗、戏剧和歌谣中。很早之前,如在米拉日巴的诗中,使用某些印度文的形容词就已经成为司空见惯的现象了,诸如用“含水的”指云。但其中的大部分形容词(数量肯定很庞大)仅仅在诗中和在由那些造诣很深的学者们所作的修饰得很美的散文中使用。我于本文中不准备介绍这种文学。尽管藏族学者们肯定对它很感兴趣,但它却没有任何典型的西藏内容,仅仅是对印度文体的一种移用。但是,地道的藏文形容词也具有非常明显特点,它们肯定与“谜歌”的风格有着千丝万缕的联系。其原因无疑是当时的人们喜欢不以真正的和常用的名称来称呼事物和人,或是出于礼貌,或是由于宗教原因。那些既受到民间诗的影响,又受到密宗教徒们神秘歌谣启发的神圣诗人可能对此产生了兴趣。在这些密教歌中,作者也使用了一些隐晦的和神秘的语言以掩饰某些事实,这就是“故意使用的语言”,或者是“女仙的秘密语言”。在藏文诗中,这些形容词在主语之前用以表达某种感情,一共分两大类。其中一类可以翻译出来,另一类则没有任何已知的词义。因此,甚似一种行话或秘密的暗语。例如,在第一类中,我发现用“蓝色”指天,用“方形”来指地或位置,用“狭窄的”来指地,用“白嘴巴”来指野驴,用“白胸脯”来指鹰,用“斑色小东西”来指眼睛,用“三倍力”来指幼虎,用“六倍微笑”来指老虎或一个强者的身体,这样的例子不胜枚举。上述形容词有时作为同位语还附带有普通的字,但最为常见的还是它经常独自来修饰所叙述的对象,那些不了解这种含蓄语言的人是无法理解言中之意的。这一点当然更为适合那些无法翻译的形容词,这或是由于我无法理解其义(可能是那些方言或外来词),或者是由于它们从来就

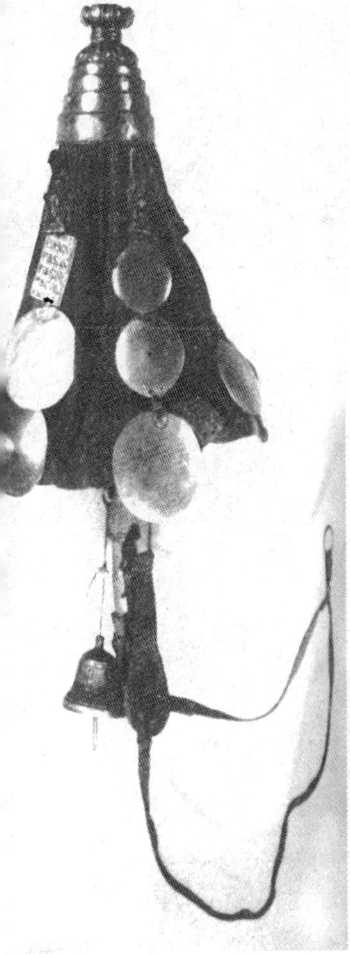

图 105　还阳的说唱艺人使用的法器

图 106　还阳的说唱艺人

图 107　说唱格萨尔史诗的艺人

图 108　流浪说唱艺人,棍子用于指点画面

未曾有过具体意义，从一开始就仅仅是一些修饰词。我于下面就可以举出一些例证来：tshe-tshe 指山羊，bre-se 指野牦牛，sa-le 指奶牦牛，mdo-ba 或'do-ba 指骏马（在史诗中之意，但在敦煌写本中，此字既指马，又指牦牛），de-bo 指公鸡，co-rong 指毛驴。

**同化作用**

后来的情况发生了什么变化呢？如果广大民众始终坚持发展歌谣和空泛议论的传统，尤其是在盛大节日，当各个集团互相对立和进行竞技比赛的时候，那么西藏那种完全属于口传的艺术当然就不会为我们今天所知了，除非一些近代的艺术例外。我现在所得到的用文字写成的仅有的古代诗词著作均出自宗教者之手，因为当时仅仅在这一领域中施教。

然而，某些宗教家曾认为在民众中传播佛教的最好办法是将它纳入自己的文学、散文和诗的范围。我们已经看到，古代赞普们就已经注意保留土著传说。可以这样说，其目的是为了把这一切作为一个楷模，然后再从中加入一些有关新教的观念。在一卷敦煌写本中（巴黎国立图书馆所藏伯希和敦煌写本第 239 号），为了进行“功德转移”对一种苯教仪轨进行了佛教解释[318]。

我没有掌握有关轮唱歌曲和谜歌传播方式的资料。我仅仅发现在婚歌和闲谈中残存有轮唱和谜歌的标记，同时还可以认为它们在比喻和形容词的使用中也留下了痕迹，在间接语言、有节奏的轮唱和寒暄术语中也有所表现。我上文已经指出，宗教诗人可以使形容词与密教歌谣中的秘密语言同在或结合在一起。有一点是肯定的，这就是歌谣或诗歌和戏剧的作者都是宗教人士。他们利用对土著人言行的象征性解释所提供的可能性，把佛教的教义塞进了这些人民大众可以接受的著作中。同一个字(Brda)的意义则分别为“标志”、“动作”、“象征”和“词”。所以，在象征性解释中经常反复使用此字以及“标志”(rtags)一词。在噶玛巴的一首歌谣中[319]，把野兔说成是瑜伽行者，我们可以从中读到：

“由于它有两只长耳朵，这是‘方便’与‘智’神秘结合的形象，标志着（或象征着）它已走上了拯救解脱之路。”在史诗中，对“标志”一词同样的象征性解释以及同样的用法却是指说唱艺人的帽

子,他长有两只长长的驴耳朵。米拉日巴以类似的方式解释了他的帽子和木棒。他在对自然界的描写中也曾使用过同样的办法:

冈底斯山是名声赫赫的雪山,
其头顶以雪覆盖,这一切
使它变成了白色,佛陀的宗教。

同一噶举巴教派的另一位诗人(因为该教派中有着高深的歌舞修养)叫作高茂巴,他也以同样的方式为藏布江上的一只舟船画了画。

但是,在有关故事和格言的文学中,改编工作才得以顺利进行。我记忆犹新,在古代赞普统治年间,可能编纂了一些故事、歌谣和譬喻集子。这些集本当然可以作为宗教人士从中加入印度故事的模型。早在11世纪时,古老故事还产生了一种有关逸话和道德格言的大有裨益的文学,这种文学的名字与古代故事合集本完全相同:《小牛的瓮》、《牛犊的乳房》、《犊瓶》(be'u-bum),此字指各种合集本。其中之一是有关医学的,在14世纪时曾有人将之归于莲花生上师(见书末所附参考书目第139条:《大臣遗教》第259~445页)。另外一个合集本[320]中囊括了有关日常生活的小部仪轨著作,标题中就追述了其"启发顿根"的作用。人们还谈论毗沙门天(Vaisravana北方多闻天王神)的《小牛的乳房》的合集本,其中介绍了此神的起源[321]。这部著作也可能是与毗沙门天和白哈尔斗争的史诗(《白哈尔传承史》,见书末所附参考书目第121条:《西藏画卷》,第735页)有关。但最著名的故事集是噶当巴的,在该合集本中,把故事的教诲作用与"心的清净"联系起来了,这种修持的目的是为了发展自身的"菩提心"。这一教派的创始人尊者阿底峡(982~1054年,1042年到达吐蕃)曾鼓励传播印度文合集本《起尸鬼的25个故事》(也就是《说不完的故事》)。这一合集本的故事梗概最早是由婆罗门教性质改为佛教性质(这一过程在印度可能就已经完成了),其中的主要角色是密教徒龙树,传统上把许多文学著作(戏剧等)都归于此人。后来,在数世纪的岁月中,印度传说越来越受到排挤,均以西藏传说所取代。玛桑的土著故事现代已形成了藏文和蒙古文版本中的第3套故事,而从前则是独立存在的[332]。噶当巴的历代弟子们都在继续文学创作。在11世纪时,博多巴写成了其《格言集》(Dpe-Chos,《隐喻宗教》)。这一短文后来又有了一些疏注文,它们解释了对故事的隐喻,做了完整的介绍,自称倚仗"口头传说"。在12世纪初,尚·巴曹尼玛札翻译和改写了印度的一些《论》;他的弟子秀冈巴则翻译了一些故事,当代已改编成了戏剧。在同一时代,博多巴的学生多尔巴制订了第一个版本的《蓝牛的乳房》(《蓝色经典》[犊瓶]),它曾产生过巨大影响。有关本生事一类的其他故事则载于噶当巴的一部大著作(见书末所附参考书目第171条:《父法、子法》)中,其中提到了阿底峡及其弟子仲敦巴(13世纪末到14世纪初)的说法和生活情况。其他教派也为这类传说的传播做了贡献。在12世纪时,止贡巴使用了其中的大批传说以解释或证明神学问题,但止贡巴在这些问题上则与其同时代人的看法(《止贡派教法史》,见书末所附参考书目第295条)不相吻合。在13世纪时,著名的宁玛巴上师古如·管旺(1212~1273年)也是一位伟大的"伏藏发现者",他在年轻时曾学过一些有关歌舞的《论》、王统世系和有关岱族世系的先祖传说[323]。然而,人们也认为他曾为那些流浪说唱艺人们写过假面具舞蹈的剧本。

在同一时代或接近同一时代,萨迦班智达(1182~1251年)用诗写了一篇伦理格言集,后来许多人都群起而仿效之,并且还译成了蒙古文。此著附有一部疏注文,其中详细解释了诗节中仅仅简单暗示过的故事或轶事。由于萨迦班智达主要是一学识渊博的作家而不是诗人,而且还深受印度传统的影响,虽然这部著作在西藏流传很广并被反复引用,但它没有噶举巴和噶玛巴诗人们的那种风格,后者与民间传统更为接近一些[324]。

(29)既不为赞扬所陶醉,也不为诅咒所悲伤的人,
安然置身于知识中的人,
才堪称为上师,这就是一个标志。
(36)一个大人物的建议,在努力中得到实施,
顷刻间被坏人所毁。
在一年间进行耕种的农田,

图 109　合作的隐喻　小鸟带来了树种，兔子以其粪而为之施肥，猕猴为之灌水……大象获得了树阴，每一方都为另一方做出了巨大功德

一瞬间就会被冰雹摧毁。
(37)自己的过失如同一群邪恶之人，
向他人放债，无论他们是谁。
其喙伸入尘芥之中，
小嘴乌鸦用一净物将之拭净。

这里所使用的韵律始终是三脚半长短格，也就是说一共有 7 个音节，其中有四句诗形成了一节。萨迦班智达在韵律和内容方面所依据的模式都是龙树的诗集，此书从 9 世纪起就译成了藏文(见本书所附参考书目第 10 条：龙树所著的《智慧树》)。这类有关伦理学的诗得到了继承和发展，例如在九世班禅喇嘛(1882~1937 年)的《水论》(又叫《水的格言》)和十一世达赖喇嘛(1838~1855 年)的《猴鸟的故事》(《行事法则宝》)中便是这样。然而，在后一部著作中，这些诗书则出自于各位对话者之口，这些用诗进行的对话是用以散

文写成的故事联结起来的，完全如同戏剧中的情节一样。在18世纪末，这是对西藏人（鸟）和廓尔喀人（猕猴）之间战争的讽喻。智慧格言的传统在其中与有关动物（智慧和狡兔等）的寓言结合在一起了。在同类的其他著作中，韵律是不同的，如在《喀切帕雷》（伊斯兰教训）中就使用了四脚半的长短格韵律。最后，在某些此类论中，对话是用散文写成，如在《茶女神与酒女神之争》中一样。其中茶酒女神各自吹捧饮用自己的良效，而互相指责对方会产生恶果。但我仅仅通过最新的一种版本才得以了解这部著作，它过去可能是以轮唱歌曲的形式出现的，各段歌词之间以散文联结起来。同一内容还由一篇唐代的汉语变文所论述，这类变文系用口语所写，已经在敦煌写本中发现。在拉卜楞寺大学者——喇嘛贡塘登贝卓美（1762~1823年）的著作（共11卷）中，我们可以发现一些小论著（例如有关烟草的危害），一篇有关木头的论（《树的格言》），另外一篇有关水的论，有关戏剧的第3篇论（《舞剧》）和一卷有关起尸鬼故事的残卷（《说不完的故事》）。有关戏剧的《论》实际上是4个和尚之间进行的宗教性对话，4个和尚中有一个印度人、一个吐蕃人、一个蒙古人和一个汉人，他们每个人都用自己的语言讲话，这一对话是通过转写文和译文而进行的。

那些有学问的喇嘛深受印度模式的影响，他们始终在一切领域中把自己大量活动中的一部分用于诗歌著作。陇饮巴（无垢光，1308~1363年）是宁玛巴和大圆满派的第二位大祖师（继莲花生之后），他以印度的譬喻为楷模而写了一个教化人的故事，如《智慧雄兔的故事》。在格鲁巴教派，有一部全凭想像而杜撰的著作叫作《无比青年的故事》[①]，它是一部用古典语言所写的教诲人的“小说”。此书如同一场戏一般而将散文和诗文混合在一起了，系由才仁旺杰（1697~1763年）所作。才仁旺杰是颇罗鼐“王爷”的大相，也是一部藏梵大辞典的才华横溢的作者，他同时还撰写了这位王爷的传记（《颇罗鼐传》），从书中可以看出他对华丽的印度风格了解得非常透彻，这种风格内容臃肿和难于阅读。另外一个格鲁巴成员叫作洛桑登巴坚参，他是达摩法师的化身，于1737年写成了一部著名的史著，其中改编了一些古老的佛教故事。这些故事可以说明死者的

① 又叫做《青年达美的故事》。——译者

灵魂转移到一个人或一只鸟的新鲜尸体上的技术问题。这就是《青颈鸟传奇》(《千眼千臂观世音菩萨陀罗尼神咒经》)。写书的目的是为了歌颂观世音菩萨(见书末所附参考书目第5条:《松赞干布赞普与唐朝和亲考》,第62~71页)。此书后来被译成蒙古文。从一些口头流传资料来看,它是与阿底峡传同时以戏剧的方式而出现的。它后来又成了另一部假想著作的模式,即《飞鸟的教法》(《行事法则宝》,见书末所附参考书目第214a号:《有关鸟的佛法》)。该书认为观音菩萨是杜鹃鸟的化身,而杜鹃鸟被称为"鸟中之王",向其他鸟布教。

就我现在所掌握的知识情况来看,更为确切地说,自从11和12世纪改编时代以来,就没有得到多少发展和革新。从这一时代起,我们所发现的同时存在的更为接近土著传说的文学形式,尽管进行了改编,但仍是另外一种更为有学问和受印度影响的学究气十足的著作。

萨迦班智达的《格言集》在传统上确实是古代谚语智慧的大合集本,在风格上模仿了龙树的笔调。但是,除了这类著作之外,有关格言的古代传说也维持在更为通俗化和土著化的领域内。史诗式的一部编年史[325]肯定成书于1400年左右,其中提到了一系列的辞令,人们将之看作是"人间宗教"的教义。集团中的上师在某次会议期间宣讲了这些教义,而在举行这些会议时,"巧嘴"或"利舌"和善于巧辩的人都惯于进行空泛议论。这些辞令的韵律再也不是古代的长短短格了,但它也不是一成不变的那种三脚半的长短格。首先是使一系列的三脚诗与平行的一组两脚半诗对立起来,韵律又变得紧凑和比较活泼了。同时,它又通过疑问方式在第一组中指出回答的问题;在第二组中,使用了命令式。只是到了最后,作为结论才出现了三脚半的诗:

khe-pa rang-yang e-yin?
dün-ma e khe tö!
dün-ma sü-la ma-tong,
mi-yi sam tsö
rang-la
yö-na

图 110　罗列赫收藏的有关格萨尔史诗的水彩画

图 111　米拉日巴画

di-nam gö
yi-la zung-dang khor-ba yong。

如果我试图对之进行翻译的话,那就可以这样来进行:

请看一下善人是如何行动的吧?
他真是一位上师吗?请看他在会议上是否是一名贤士!
他真能言善辩吗?他真是一位富翁吗?愿在发言之后人们
不会感到遗憾!

提出这种格言的宁玛巴教派的一位上师得出结论认为:

如果您声称如此这般,那您就必须这样做。
请看一下!我,我将离开前往游荡,
即刻,我将变换住处。

我们还应该记得,米拉日巴也曾以同一方式来结束他的一首歌谣。

三脚韵诗明显比三脚半韵诗更具有大众化的风格。我在一些有关“白鬼”的象征性歌谣中也发现过这样的情况。“白鬼”是一种小丑,他戴有瑜伽行者的假面具,并且在新年之间演唱吉祥的祝愿歌:“鼻子上挂有一个贝壳币,这就是山羊的方式。”一位大作家在一些情歌中又重复了这句诗,而情歌则肯定具有民间的影响。六世达赖喇嘛以明显的放荡行为而著名。西藏人自己也都接受了这种生活方式,并且将之解释为密宗教徒的生活方式,因为密宗教徒们懂得有关性关系方面的技术:

一只母鹅爱上了沼泽地,
它想在那里稍作停留。
但在湖中结了冰,
其精神状态则是表现得垂头丧气[326]。

令人感到奇怪和值得指出的是，作家们在西藏得到了理解并受到爱戴。在有学问的宗教人士这一有限的范围之外，他们表现为一个很特殊的上师级别。他们那些奇怪的和超出常规的异行可能毫不费力地与民间传说的活史料结合起来，并且为变成其发言人而作了准备。我已经追述了他们的某些情况，发现他们仍在从事诗歌创造活动。这些上师属于未经改革的古旧派，尤其是在宁玛巴和噶举巴中更为如此。现在，我们将要看到，他们在诗歌创作中是以什么样的角色出现的。

**幻觉见神者、诗、诗人**

米拉日巴、珠巴衮雷和噶举巴教派中的其他宗教诗人被说成是歌唱者，他们的右手放到了耳朵上。当把史诗中的英雄说成是说唱艺人和当他获得神启的时候，同样的做法形成了史诗中英雄的特点。在上师中的情况也如此，这种作法表达了在宗教和诗歌方面的灵感，同时也象征着口头流传。他们有时也穿白衣、戴白帽和携带装饰有多种物品的手杖，他们在歌谣中对此作了象征性解释。当史诗中的主人翁作为说唱艺人或杂耍表演者时，他们也与英雄完全一样。如同当代的真正说唱艺人一样。他们头戴一项三角白帽，上面插有羽毛和装饰着各种象征物品。三角帽中的两角代表着宝驹的两只长耳朵，其中用马匹代替了野驴(在羌人中)和驴。白衣白帽以及帽子上的羽毛在苯教徒和宁玛巴上师中也出现过，宁玛巴被看作“发掘宝藏者”，即发掘伏藏的专家。我们尚可记得，苯教祖师就具有出神入化的本领和可受魔鬼传授，其特点就是长有一对驴耳朵，掩藏在头巾之中。

如果我们想到这些事实，那是由于这些象征的意义与那些具有亲缘关系人物的宗教和诗歌灵感有关。事实上，他们那些特殊种类的“马匹”是一种千里驹，它可以驮上见神人和诗人在他们神秘的远足中驰骋。苯教徒们的“马匹”是他们所骑的鼓，他们边奔驰边敲带铃的鼓。史诗中英雄和说唱艺人的马匹是他的手杖或儿童游戏用的马。这种儿童游戏马不再仅仅是装饰一只马头了，而且帽子上长有马耳。另外，在街头卖艺者、流浪歌手或戏剧表演家中，有一种带有一颗马头(有时又变成龙头或水族摩羯罗大相的头，因为这些动物与马匹具有相似性)的弦乐乐器,它就相当于作为苯教徒马匹的鼓。然而,他们这一教派中的高僧并非他人,正是诗人和歌手米拉日巴。米拉日巴以及史诗中的其他宗教诗人或说唱艺人在表演中是不用乐器伴奏的。但他们确实进行过演唱,这些歌谣所依据的曲子即被称为他们的"马"。我经常发现珠巴衮雷模仿民间歌曲,并且"骑着旋律之马"。这些歌曲都是某一地区的,例如宗喀或工布。某一天,当别人要求他们演唱祈祷神仙的歌曲时,"他也以鼓伴奏而歌,胯下所骑的是苯教徒的马"。[327]

这些描述可以逼真地说明诗歌创作和神秘灵感之间的相似性或同时性,正如人们在亚洲东北部萨满教徒中所发现的那样。人们已经指出(前文第4章),史诗中的说唱艺人会进入神鬼附身状态,这种状态也是通过观想修持召神或使神仙"成为色界"而引起和构成的。一尊神仙或史诗中的英雄可以通过作为通灵人的说唱艺人之口而讲话,或者是说唱艺人在他们所居住的一个独特世界,能看到他们的形象或听到他们的声音,他们可能是处在时间和空间之外的。

在喇嘛教中,这种特殊的世界种类如同一个不净藏的宝库,人们可以伺机从中得到各种表象,有的已经为人们所知和古典化,其余则是根据需要而新出现的。人称之为"天仓"(空虚库)或"思想中的宝藏"。人们通过观想修持,进入失神状态和对诗的陶醉之中而得到的并非它物,正是心的创造、见神和诗创作的目的。如果我们经常显现普通万神殿中所熟识的和已形成体系的表象,那么,见神者米贝多吉(17世纪)"从宝库中获得了"一些尚不为人们所熟悉的字母,如乌苌国的字母[328],然后又将之发表在他的著作中。他根据自己目击到的情况转抄了(如果我可以这样说的话)这些字母。他还作了无数的梦,产生了幻觉,或取得了观想的成功。他从中得到了一些未能公开刊布的仪轨书,这同样也是一些文字创作。我们将会看到,同一现象还出现在绘画之中。我已经遇到了另外一位"掘藏师",而且还更为著名。这就是古如·管旺,他是一部假面具舞蹈歌剧脚本和流浪说唱艺人们许多故事的作家。其他人也曾作过同样的工作,我知道他们的大名。然而,他们对伏藏的"发掘"仅仅是为了世俗者,因为后者到那时一直不知道他们所揭示的形象。实际上，他们在莲花生的“极乐世界”中曾发现过处于完善状态的形象。他们在梦中、失神时，或在观想修持中到过这一“极乐世界”，并且发现此地遍地皆是舞蹈竞技者。

另外，“思想中的宝藏”并不是“掘藏师”们的惟一源泉。他们也曾发现过以写本形式而出现的真正的伏藏，原来都藏在石窟之中，其“黄纸卷轴”的外观与在敦煌石窟中所发现的古老写本完全一样。其中某些文献被认为是从前由莲华生或一位神仙所写或发现的。他们二者可能把这些写本掩藏了起来，以等待某一位预定的作家前来“发掘”之。那些批判史学家们认为，这实际上是一些伪经，由某些作家撰写、掩藏和故意重新发现的，因为他们希望为自己的著作增加宗教光辉。但是，以这种方式也确实可以发掘一些真正的古写本，因为掘藏师非常喜欢在山洞和其他隐蔽处进行发掘，后来又按照现代风格对这类写本进行了整理。为土地神而举行的宗教仪轨(神香供奉)的著作恰恰被认为是由莲花生发现的。然而，我们已经看到它们是如何保留了真正敦煌古写本的特点。

在西藏，藏文文献中某些最为杰出的和大家最为熟悉的著作被认为是“伏藏”。其中有一些著作，尤其是《五部遗教》和《莲花生遗教》，它们都歌颂了莲花生和他那个时代的生活，但都是用非常含糊不清的诗所作。这些著作中肯定包括一些最为古老的内容，这类内容已经在16世纪的“伏藏”之前早就存在了，尽管后来也遭到了修改和变得含糊不清了。这样一来，我们可以从中窥视到古典文学创作的来源之一。那些具有典型西藏特点著作的作家们都以某种方式与活生生的地方土著传统保持着接触。《五部遗教》之一《王后遗教》中不仅包括许多歌谣和史诗内容(如马匹在离开主人时的痛苦场面)，而且还包括布蒂帕尔的全部故事。王后钟情于圣僧毗卢遮那，把他拉到了自己家中，但上师拒绝她的挑逗。王后大怒，声称自己被圣师强暴了，谋得了赞普令圣师远去的王诰。但上师使用魔力报了仇，使她患了麻风病，必须把上师召回才能治愈她的病。这类“伏藏”的另一部著作是《嘛呢宝训传》，其中包含有关松赞干布与唐朝和尼婆罗的两位公主联姻的故事和噶尔大相冒险的情况，这一故事中的许多情节也可以在史诗中发现。

宗教诗人与“掘藏师”噶举巴和宁玛巴，由于他们在对待教派

图 112 金刚橛

问题上的不肯因循守旧、异行状态和流浪生活而与其他那些有学问的作家们不同。他们自称"疯子",民间正是以这一名称而了解他们和热爱他们的。我已经有机会指出他们的诙谐性格,他们对那些大人物们的弊端所采取的批判态度和讽刺挖苦（见上文第 3 章)。这种态度解释了我刚才所讲的那种文学的两种来源：一方面是他们受那些能够接触到"思想中的宝藏"的"疯子"们的陶醉和启发,另一方面是他们了解民众的传统、歌谣和诗歌,而且也喜欢介入民众的生活。

史诗可能是由宁玛巴的一位宗教人士某日在酩酊大醉之后,一气呵成和唱成的。戏剧《诺桑王子》的作者在剧本跋文中自称为丁青的"疯子"才仁旺堆,他还补充说自己仅仅是讲了一些无意识的玩笑话。发现《五部遗教》的掘藏师是伍金林巴。据该书的跋文指出,此人以"宝藏的疯子"之名而著称。如果"疯子"米拉日巴成了演员和街头流浪卖艺者们的保护人，那么保护戏剧之神则是宁玛巴的唐东杰保（15 世纪)，人们也称之为"空国的疯子"(陇东疯子)[329]。有一件非常引人注目的事实,米拉日巴和玛尔巴传记的作者一般是以"游荡于坟地的瑜伽行者"的笔名来掩饰自己,他真名叫黑茹迦,又称藏地的“疯子”(15 世纪))[330]。然而,这两部传记特别出名,受到了西藏大众的热爱。它们与其他许多相当令人厌烦和迂腐气十足的传记不同,这不仅是由于它们所使用的语言接近于口语,其风格很活泼,尤其是因为它们关心真实生活的许多详细情节。这位宗教“疯子”确实是利用一些受民间启发的资料,从而变成了西藏文学的最伟大的创作者[331]。

### 哑剧、戏曲和史诗

假面具舞蹈中没有台词,实际上是以音乐伴奏的哑剧。尽管它们完全是仪轨性的,但仍不愧是名副其实的艺术创作,甚至还是舞台上和舞谱中的代表作。舞步中在最细微的情节上也有规定,舞蹈团由一名作为舞师的僧侣指挥:他站在舞圈的中央,他的标志是一根缠有饰带的木棒。在舞蹈脚本中明确地指出了人物登场的顺序、舞步和舞姿以及仪轨书中有关哑剧各个时辰的段落等。一些大宗教家们也都写过这样的哑剧,如五世达赖喇嘛和米贝多吉等人。除了真正的仪轨性舞蹈之外,有人也排演米拉日巴一生的片断,如使猎人接受皈依一段,或者是对神学家们争论的讽刺挖苦。幕间的插曲是即兴表演的许多小丑。

戏剧本身完全是消遣娱乐性的, 虽然其主题几乎始终是宗教性和感化性的。但是,我们已经知道,舞蹈表演本身就具有宗教意义,它可以取悦于地神以确保丰年。在“舞台”的中央要祭戏神,在那里建起一个周围以树环绕的祭坛。这尊神是一位白须飘然的老翁,即上师唐东杰布。根据有关他的传说来看,他一出娘胎便是老朽,因为在母亲腹内度过了 60 年、500 年或 800 年。诞生到人世间以来,他的作用是制服“九积恶”和带来“十积善”。人们认为他是舞台表演的祖师,因为他制服了一位关在大石下的魔怪,而且其他方式也格外奇特。他身穿“疯子”的奇装异服 6 次出现在市场上。他表演了一场滑稽剧,因而把一些老翁吸引到市场上来了,他们个个骑着作为游戏马的木杖前来看戏。一场节目的整个表演都是以 6 位“幸福祈愿歌手”之舞而开始的。他们头戴“猎人”的三角假面具。虽然它们的名字如此,但却代表着一位滑稽的瑜伽行者。此外,这个“猎人”是一位说书人,他通过对故事脉络的叙说而把唱词联系起

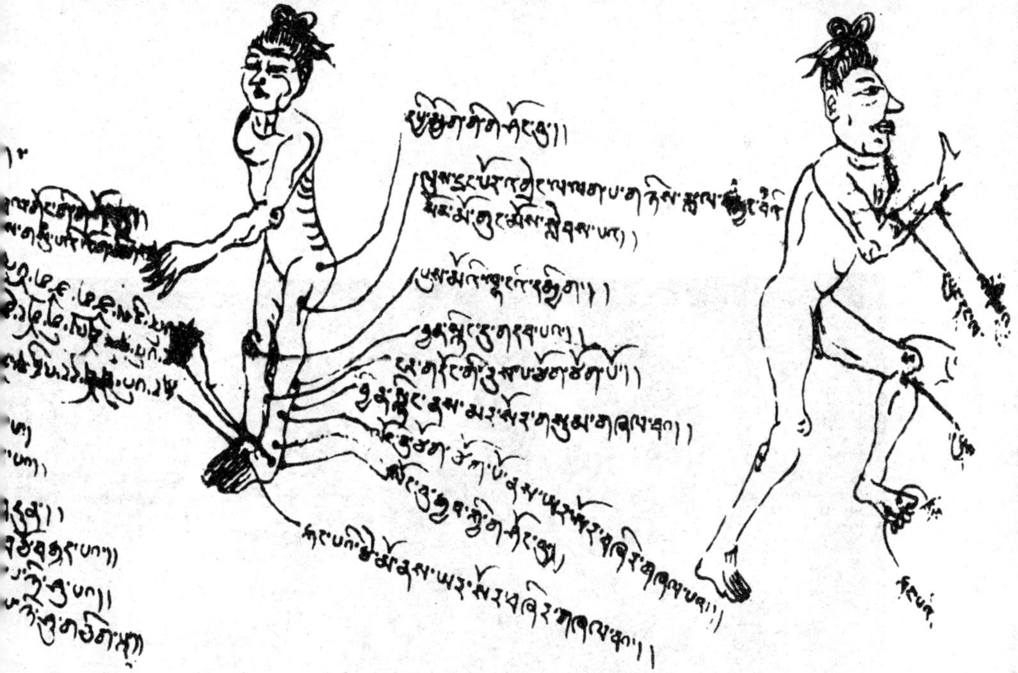

图 113　敦煌写本中的针灸穴位图

来。他有时也作小丑表演，而故事讲演者可能是一位普通的僧侣。此人的名字来自《诺桑王子》一剧（由《须大本生事》[①]改编而来。按："其中的这位"猎人"或者更可能是"渔夫"，他是密迹金刚菩萨的化身，从女龙神那里得到了一块宝贝，或者是逮住了一位女天神。女天神是由一个女演员或舞蹈家扮演，她戴有一顶有五片花瓣组成的花冠，耳朵上戴着玫瑰花结，从而产生了一种大众性的戏剧"姊妹女神"。第三个人物不戴假面具，而是戴有奇怪的黄帽子，一般要加入前两者的行列，但其作用尚不太清楚。这三人各自都有自己的传记，类似一种有关起源的故事，一般在正式表演之前必须演唱。但这三类演员都不属于真正剧目的演员，他们常常组成一帮流浪的街头卖艺者。在一场真正的戏剧演出中，他们的表演仅仅是属于开场白。

在西藏，戏剧作品一般被称为"身世"或"传记"。正如在史诗中一般，各种事件都是以散文的形式述说的。主角出场并开始演唱：这就是道白中加入的诗。

---

① 《须大本生事》改编成藏剧《赤美更登》，这里是石泰安先生仅仅按照写名发生的误解。——译者

图 114　罗盘，中间是“八字”

已经有人指出了近一打的戏剧节目（见书末所附参考书目第2、2a、24、24a、234 和 245 条）。其内容大部分都与流浪说书人所讲的相同，如同市场上的略有价值的老歌手一般，在指着他们那画面上某一情节的同时唱述着这些故事。某些剧目仅仅是对著名人物的本生事（毗输安怛罗或须大）的改编，其中的故事被移用到了西藏。某些著作还介绍了大圣人（见书未参考书目第 209 条：《白马文巴的一生》）和喇嘛（第 245 条：《藏戏幼弟东夭》）。另一出戏《文成公主和尼婆罗公主》中歌颂了松赞干布与唐朝和尼婆罗两公主和亲的事。这一故事引自《嘛呢宝训集》中的一段（见书末所附参考书目第 167 条）和一部编年纪（第 179 条：《西藏王统世系明鉴》）。《诺桑王子》一剧的作者是丁青的某一位"疯子"。白马文巴（见书末所附参考书目第 209 条：《白马文巴的一生》）一剧的作者则被认为是14 世纪宁玛巴一位著名的掘藏师。对于撰写时间及作者的具体生卒年月，我则几乎一无所知。在戏剧史问题上，我仅仅知道：在噶玛巴第七世活佛（1454~1506 年）时代，每逢新年便在寺院内演出戏剧，其中要上演佛陀本生故事，大术士（成就者）们的历史、转轮圣王、大国（汉地、西藏、霍尔）君主、天神、非天和因陀罗与四方守护神的斗争[332]。

藏剧的结构似乎是起源于印度：节目开始时的祝福仪式，引导演员上场，和用散文形式介绍插入歌曲背景的解说者（梵文为 sutradhāra，藏文为 mdo-'dzin-pa）。但其唱词的风格、脸谱、动作程式及一般配角演员似乎都接近于汉地歌剧。

史诗与戏剧具有某些相似性，尤其是在风格方面更为明显，其主要特点是以诗的韵律写成的唱词一般都非常冗长。相反，以散文形式出现的道白却始终都很精练，这些道白仅仅是为唱词定场。在手稿中，这两部分内容都以不同的草书字体加以区别。在道白时，叙述文都是用单调的语调迅速的朗诵，而唱词却是根据少数旋律而抑扬的。我已经指出了这些旋律的名称。旋律似乎有时是为了确定各个不同人物的特点，有时是为了形容当时的形势和人物感情（愤怒、欢乐、胜利、痛苦等等）。我一共知道了两种唱派，即康地和霍尔地两派，同一首歌可以用这两种方式之一进行演唱。我们已经有机会指出其中的文体表现形式：比喻、对戏台功夫或物品的象征性解释，以“你认识我吗？”这样的方式所表达的自我介绍以及谚语等等。这些表现方法是各种民间诗歌作品内容共有的特点。它们可以允许我们根据某些特定内容而具有一定程度的自由性。这样一种借助于陈词滥调而进行的创作，说明组成史诗的大量章节和故事都是以一种统一的和一致的方式撰写的，以致于使我们根本无法根据笔调特点而进行分类和断定其时代。然而，我清楚地知道，其中经常增加新的章节。时至今日，依然如故。现在所知道的25章(或更多一些)却代表着原手稿的1万多页，而每页仅有8~12行。史诗中原有的核心是什么呢？我不得而知，正如我对于写成第一稿的作者和时间全然不知一般。

事实上，史诗形成了一部与其他文学作品均有区别的著作。它确实是一部统一的作品，系由一位作者或编纂者所作。当然，甚至也包括了各种在此书创作之前就已经存在的和已被其他作者使用过的内容。后者之中有时仅仅是一些简单的轮廓，有时又是一些在其他完全不同的背景下发现的完整内容和故事。但有关史诗中的主角英雄及其地区的全部历史则确实是统一的，在其他任何地方都没有出现过。最为原始的活动地区肯定位于康地之北和安多地区，它在15世纪初和14世纪末似乎独立存在过，当时尚没有纳入由一位宗教界人士撰写的视野更为广阔的著作之中。实际上，我们已经知道，英雄格萨尔诞生的林地至少从14世纪末以来就确实存在于康区和安多，甚至其时间还可能在此之前。我也已经知道，在近代，该地区的土司们都自称是格萨尔同父异母兄弟的后裔。有一组篇幅有限的史诗后来又可能增补了该地区的先祖或贵族先祖传说的某些情节。现今史诗中的主要英雄们的名字以及他们魔物的某些名字在朗氏家中就已经提到，而《朗氏家族史·灵犀宝卷》的最终成书时间为1400年左右，但其中的内容肯定是比较古老的(见书末所附参考节目第271a条：《有关西藏史诗历史的一种古老史料：〈朗氏家族史·灵犀宝卷〉》)。

英雄名字的本身以及现今史诗中的中心内容则来自另一组史诗，其时代更为古老，但其发生地尚无法确定，我仅仅掌握一些片断。它从10世纪起就已经出现了，尤其是在米拉日巴的一首歌谣中讲得更清楚。这是对四天子古老佛教观念的虚构，四天子即亚洲社会中四大国的君主或代表人物：中国、印度、伊朗和北部蒙昧人。格萨尔是冲木地区的国王，是北部和军队的代表。然而，可以肯定的是格萨尔(Gesar)一名系由恺撒(César)这一尊号演变而来，而冲木(Phrom)系由拜占庭人的东罗马(Rum)或安纳托利亚(近东的古罗马国)演变而来。该地位于西部，在一卷敦煌写本中就已经同其他3个地名而同时出现了(见书末所附参考书目第239a条：《论四天子理论在吐蕃的传播》)。我尚不知道这组古诗如何得以同康区的林地以及当地的一组古诗挂上钩的。但有一点是可以肯定的，那就是在史诗中，我们可以把林(Ling)这一地名理解为泛指世界的一个简称："瞻部洲"(藏文为'Dzam-Gling，梵文为Jambu-dvipa)，史诗中的英雄就是该地区之主。下面就是其历史梗概。

由于人间没有首领，所以大地上的一切都陷入了混乱。人类迫使一尊天神派遣他的一个儿子下界人主人间，这才使人间得到了首领。天神这样作，是因为当时一位长老曾帮助天神与魔鬼斗争，英雄奇妙地受孕和诞生是由于其父母的原因：因为父亲既是天神又是神山，母亲是地下水神(龙神)。在吐蕃有关先祖的各种传说中，都出现过所有这些内容。在有关赞普和大氏族(如朗氏家族)的传说中，或者是在诸如玛桑王子这样的古代故事中，也曾出现过此类内容。在这些传说中起过作用的原始部族同史诗中的部族完全相同。在史诗中，英雄的一生共分成了两个阶段，所有差异均由此而开始。这两部分内容相当悬殊，以至于其中的主人翁也各自有一个不同的名字。他在年轻时代的乳名叫作觉如，是一个长相丑陋的男童，拖着鼻涕，十分淘气，以至于达到惹人厌恶的程度。他喜欢大吵大闹，但却具有神性和超自然的神力。他的最大对手是其舅父，后者胆小如鼠、虚荣心强并自命不凡，他所希望的是称雄天下。英雄与其母亲一道被驱逐了出来，但他的流浪生活却使他具有一种潜在的力量。他的坐骑也与他分享了共同的命运和他那丑陋的外表。在一次赛马中，他的坐骑确保他获得了胜利，因为胜者将会成为该地的国王。英雄的青年时代到此就结束了(13岁或15岁)，同时对于他的考验磨炼也告结束。从此之后，他成了一位骄傲的国王和戴盔披甲的军人。从此时此刻起，他便以格萨尔一名相称，既是国王，又称为世界的"巨狮"。这也是英雄一生第二个阶段的开始，即征服各种魔怪和位于世界四方的国王。

至于时间问题，第一个可以肯定的时间是该书的蒙文版于1716年刊印于北京。在18世纪时,这一史诗已经在西藏和蒙古地区传播开了。许多版本的跋文里提到的某些编纂者似乎都是17世纪的人。在现今所具有的形式中,虽然有许多不同之处,但基本轮廓仍然如旧。这一史诗可能是于15和17世纪之间写成的。全诗肯定由一位宁玛巴或噶举巴喇嘛所作,但为了这样作,他肯定使用了一些口头传说。

## 二、艺　术

当代人对于西藏绘画和雕刻品非常关心，其原因肯定既是由于其宗教内容,又是由于其美学价值。事实上,我们所知道的西藏艺术几乎完全是宗教性的。宗教对艺术的渗透比对文学的渗透更为严重。绘画和雕刻品常常也是宗教性的,在藏文中用以指从事这些工作人员的名字则是Lha-'bri-pa(意为"天神的画家")和Lha-bzo-ba(意为"神的制造者")。他们自认为是微不足道的匠人,而不是具有个性的创造者。除了某些不仅在艺术上,而且在其他方面也出名的宗教界人士之外,15世纪的壁画中只为我们保留了一些并不太杰出的人物。西藏史学家们确实提到了艺术风格及其创作者们的名字，但没有向我们指出归于他们的任何著名而又为人所熟知的作品。这些绘画和雕刻从来(或者是几乎)都不附署名。艺术家们几乎始终是宗教人士，他们在自己的作家生涯中又增加了绘画工作。据介绍,十世噶玛巴(1604~1674)早在8岁时就是一位优秀的画家和雕刻家。他在藏地学会了噶拉巴的绘画图案模式,而噶拉巴正是香巴拉神秘地区的都城。著名的宗教出家人帕木珠巴在1119年左右也绘制过许多画作[333]。

### 仪轨方面的要求

尽管这些艺人自认卑贱和主要关心之处仍为宗教，但这绝不是说他们的作品并不是艺术品。当然,西藏人对于某一作品质量的好坏或者是成功与否也是很敏感的。但是,毫无疑问,他们最为关心的事仍是宗教内容。所以,如果我在西藏艺术品中发现其构思和色彩并不是由画家自由选择的,而是仪轨书所要求的,那样我们就会误解西藏人绘画(至少是某些画)的意图。例如,曼陀罗以及它们那漂亮的城市规划图的布局和对称的组成,这一切肯定会在欧洲观众中引起一种研究艺术风格的感觉,一种美学的激动情绪,而艺术家本来却是不希望这一切的,西藏观众们自己也不会产生这样的感觉。在各尊神像的色彩、姿态和附属物问题上的情况也基本如此,这一切均由仪轨书严格规定。

图像从属仪轨书的原因是一种宗教行为,如同在观想修持中的思想创作一般。我于前文已经通过所介绍的表象而了解了主题的真实存在情况。与古代汉地的"天问"(一般是放在绘画前的)有些相似。我们发现八世噶玛巴也向绘在墙壁上的文殊师利像提问……并且还可以得到回答,而这些回答本身就是天谕或神谕[334]。

正如说唱艺人在诗歌创作中一般,在作画之前也首先要以说唱艺人而召来神(除非是事先在梦中曾见过这尊神),然后再根据其外表而绘制图像。大伏藏师("发现宝藏者")米贝多吉就是采用这种方法而准确地描画了(如同他所作的叙述一般)他在梦境中见到的一尊神的秘密传授,或者是笔录了神的口述。这一过程解释了同一有关主人翁的图像变种的多种不同形式[335]。观想创造从本质上来说是形形色色的,在诗歌或艺术创造中也可以反映出来。

根据仪轨法典(通过观想而产生)所希望的那样来造神,完全可以作为这些艺术品特点的现实主义之基础,而且还是一种在任何情况下都不会变化的现实主义。神像都穿戴和装饰有真正的宝石。在神的意义和作用需要的时候,要特别明显地标示出其性器官,如同对阎罗和荼伽女的处理那样。这种把现实主义发展到如此地步的愿望,肯定是非常典型的。因为,在印度和尼泊尔的模式中,也有表示神母神秘交合和某种性行为的场面(见前文第4章),其中把姬妾画得坐在神仙的左大腿上,因此仅仅是含蓄的暗示。西藏人的描绘则特别逼真,可以明显地看到男性性器官进入女性性器官中的全过程。某些神像是以活动的两部分拼接在一起的,而且二者拼接时严丝合缝。这些神像经常遮隐于帷幔后面的作法则始终未变，而且一直沿存下来了。即使当这些神像不是专门供人欣赏的时候，细节部位也画得非常明确具体，其目的是为了确保存在的真实性。这种现实主义主宰了所有神像或魔像的创作过程，无论是绘画、雕刻，还是所戴的面具都是这样。即使当我觉得那些滑稽怪诞或令人望而生畏的人物，似乎具有印象主义色彩的时候也是这样。这里实际上仅仅是指一种系统化的图像，它一劳永逸地确定了万神殿中各种神像的真实面貌。

**风格和形式**

然而，在这种肖像学中，艺术风格甚至影响到了对面部相貌、服饰、所持物和作为衬托背景的风景之勾勒。只是所有这一切表现得非常少。19 世纪的一位多题材作家[336]把各种分散的资料汇拢成了各不同绘画派别之间的集合观点。一直到 15 世纪，这一模式被简单地说成是“尼泊尔”式的。对于西部西藏来说，又称为“克什米尔”式的。15 世纪初叶，在其他地方从来未曾出现过的某位艺术家创立新学派的先例，其中就已经出现了汉人的影响。在 16 和 17 世纪的时候，这一学派的两个分支就已经形成，而且在其中的一个分支中汉人的影响明显增加。另外一个也是于 16 世纪创立的学派的代表人物则是萨迦和俄尔。汉族艺术影响的增长并不是一种偶然的现象。这种影响是随着自元代（蒙古人）到明代、清代以来天朝中央政府对西藏的政治管辖而平行发展的[337]。虽然人们也曾提到过其他学派，但直到现今为止，我还没有发现可以归于其中某一学派的绘画。

无论如何，确实存在有一种典型的西藏艺术。但其中所指的主要不是某些著名大师的个人创作，而是指在西藏延存下来的外来艺术风格。这种风格有时是孤立的，有时又是综合性的。当提到印度风格（包括其变种，即尼泊尔和克什米尔风格）、西域的于阗风格和汉人风格时，那就是提到了所有可能性。艺术作品越是古老，它们就越与印度风格近似。汉人影响一般则是占有优势的，至少在近几个世纪中，它是与其他两种艺术风格结合在一起的。

各种不同艺术风格的混合或简单的并存从来没有冒犯和触怒西藏人。甚至有人试图（至少在开始阶段是这样的）把西藏各大近

图 115　大昭寺门楣上的雕刻

图 116　同上

邻的风格与西藏风格结合起来。西藏人很注意借鉴这些近邻的文化,正如人们曾鼓励把佛教故事与土著传统结合起来一样。在修建桑耶寺时,其内部布置装饰是吐蕃式的,其中部是一个汉地式的屋顶,其上部是一个印度的穹顶。汉人式的屋顶可能是无墙无柱式的建筑,我们很难认为这一建筑图案是受到了有关明堂的汉人观念之影响。同一传说还认为,木笛赞普在桑耶寺东南所修造的一个大殿共有9个尖顶和3层。其底层为吐蕃式的,第一层的两个于阗式房顶可能是由于阗木匠建造,第二层汉式的建筑是汉族木工的杰作(共3个屋顶),第3层印度式的建筑则是印度木匠的作品(也有3个屋顶[338]]。这种引自"伏藏"或风格含糊的史著资料似乎是完全不可能的。但应该指出,许多建筑,如拉萨的觉康寺(大昭寺)和布达拉宫,它们把汉式的屋顶与完全是吐蕃式的建筑术巧妙地结合起来了。史著中提到的3种风格的并列,则是最为常见地出现在壁画中。这些壁画装饰了寺庙,特别是表现了举行开光的仪式以及整个人群和主要的地区[339]。另一部史著也明确地谈到了这3种风格,正如布满3层的那些神像的风格一样[340]。这些稍微有些矛盾的故事基础肯定是一种相当古老的资料[341]。据这一史著记载,首先是指创造度母或圣阿波罗(Aryāpolo寺的塑像。菩萨大师,也就是寂护(' Santarak' sita),声称采纳了印度风格,但赞普更为喜欢吐蕃风格。当时就把库族的一个人当作是圣阿波罗的原形,把属庐氏两位美人当作是天后和度母塑像的原形。其风格是否像其原形那样完全是吐蕃式的呢?我对此尚无所知,但随后又向我们介绍了以吐蕃、汉地或印度风格而制成的其他塑像。

另外,史著中还向我们介绍了许多艺术家,它们是从吐蕃中区别出来的第三种外来风格——西域风格的创作者。为了建筑一艺术寺宇,墀祖德赞赞普邀请了印度、唐朝、尼婆罗、迦湿弥罗、于阗和吐蕃的一些工匠专家。但他主要是听到谈论以"于阗杰作之王"的绰号而著称的工匠。赞普要求于阗国王将此人派来,并且扬言若遭拒绝,就将大兴问罪之师。因此,这个工匠来到了吐蕃,携其三子而同行,并且与尼婆罗的"石匠"一道工作[342]。

这一于阗艺术派别的传统维持下来了,吐蕃人对此一直是很清楚的。在藏地的伊旺,15世纪的一些艺术家们发现了某些碑铭题

图 117 霍尔巴的手工艺品,火镰袋

118 卡伦堡的马头琴

图 119 大吉岭的水怪头琴(下图)

识承袭了于阗的方式[343]。松赞干布(有时甚至是莲花生)画像的国王特征,面庞中装饰以波浪形的小胡子,这也可能是源出于同一史料。我在敦煌绘画毗沙门天王的形象中也发现了这一风格。毗沙门天王是于阗的保护神,也是战神。9世纪前半叶(吐蕃人控制了唐朝的于阗地区)的某些敦煌壁画和幡幢中也说明了一种既是汉式的又是吐蕃—尼婆罗式的风格,而且作者也似乎是同一人——一位吐蕃僧侣[344]。吐蕃绘画中有一种非常特殊的风格,即以一种俯视的方法来表示城墙环绕的宫殿,这似乎也是受到了敦煌模式的启发。

西藏学者,16世纪的白玛噶布(白莲)和18世纪的晋美林巴都传播了一些有关金属雕刻及其风格的具体资料,特别是关于一些实用材料(青铜、黄铜、“漂亮的金属”响铜)。他们共区别出了多种印度的(东部、南部等)、吐蕃的(君权时代,蒙古人时代等)和汉地的(唐代和明代等,见书末所附参考书目第277条:《从风格看佛教图像的西藏分类法》)风格。

※ ※ ※

这样看来,尽管仪轨的规定非常严格,艺术的风格甚至在宗教图像问题上留下了自己的标志。更何况,创作活动在反映其他体裁方面是可以自由行动的。在那些假面具中,代表着印度的瑜伽行者(阿折罗)的小丑们的假面具是可以自由处理的,其种类形形色色,不胜枚举。藏族人特有的幽默诙谐和善良淳朴的性格使他们具有了特殊的魅力,他们对于外来上师的崇仰、尊重、热爱是隐蔽在由其滑稽的外貌而引起的诙谐语言和笑声中的。另外,在绘画中,对于自然界和牲畜的热爱使许多歌和诗受到了启发。这种热爱在形成于位于画面中央的大图像背景的风景中也可以表现出来,或者常常是在环绕这一背景的各种场面中表现出来。正如在我们西方14或15世纪那些大师们的画面中所看到的一样,许多小画面非常幽默。这样一来,我们就拥有了许多套绘画,这些可以说明大师和上人、佛陀、辛饶、米拉日巴、格萨尔、84位大成就者、宗喀巴、各世相继的高僧化身(如达赖喇嘛和班禅喇嘛的一代化身)的绘画。这些画同时也是一系列故事、佛陀和辛饶的本生事、戏剧内容等等。这类绘画的目的是为了配合赞歌或唱诗,故事说唱以一根小棒依次指点绘画中的场面。这种根据图像而朗诵的技术在西藏传播之

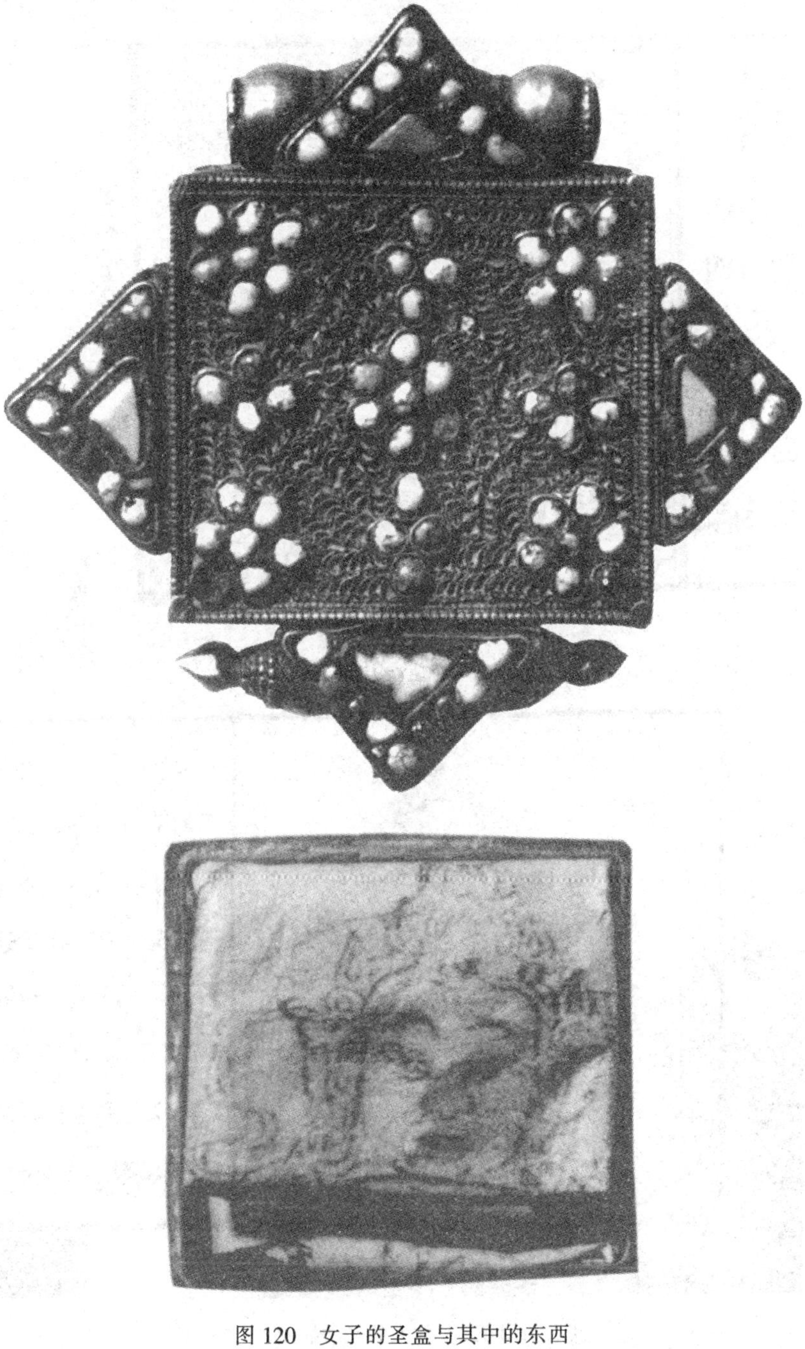

图 120 女子的圣盒与其中的东西

图 121 放大的经卷插图

前，曾被印度、汉地和日本的宗教界人士们利用过。完全如同在后一些地区一样，即画像被绘制成壁画或可以携带的画卷。在吐蕃，14 世纪的那些说明须大（已改编成戏剧的一个故事中的主人翁）、罗汉和萨迦派喇嘛的壁画已由图齐先生在拉孜附近的羌地发现。一些表示《贤愚经》场面的壁画曾由八世噶玛巴作过描述。这些绘画的文学或故事性的特点也可以由一些有时很长的故事的存在得以表明，而传说故事则是以每个画面的形式而出现的，可以利用它们来考证其中的人物和场面，它们经常复述带有对照编号的相应图解文字。

只有在著名人物的形象中，才最容易从已规定的法典中得到启示。当然，甚至在这一领域中，在画像人物的面相和态度方面，仍然具有最大的统一性。个人人格肯定表现得不如法典所规定的上师那样明显强烈。所以某些细节常常是象征性的，例如面部表情的和蔼或愤怒，或者是身体的颜色（典型的瑜伽行者是深蓝色的）。但是，我有时也会遇到一些真正的个人形象，尤其是在雕像中更为如此。如果我对此了解得格外肤浅，那也是由于常常缺乏照片资料的缘故。近期在西藏拍摄的一些照片都说明，某些意想不到的发现仍然是可能的。

**古老的回忆**

在佛教之前或在 7~10 世纪最早同化时代的真正吐蕃艺术到底是个什么样子呢？我对此基本是一无所知，但某些传说和某些工艺品可以使我对此稍有了解。

据某些传统的年代纪记载，早在松赞干布赞普时代，可能已经把一些说唱艺人、歌唱家和苯教徒的古老传统作了形象的描绘，如雕刻和绘画、拉萨“圣殿”（大昭寺）的柱子檐头、栋梁和墙面，都是这种艺术的寄寓处。当时还可能编纂过一本图集或绘画集，叫作《先祖雌牛的犊瓶》，意为《先祖故事集》，后来可能存入档案中了[345]。五世达赖喇嘛在他于 1645~1646 年所写的《大昭寺志》[346]中也谈到了这一情况，似乎这些壁画和雕刻品在当时尚保存完好。在此问题上弥漫着一片疑云，即同一位达赖喇嘛对寺庙所作的修复，有可能或者甚至肯定导致了在风格上的变化。近期在西藏拍摄了一些照片(直到那时为止,一直禁止拍摄的该寺庙的细部图案,首次拍成了),照片则以令人意想不到的方式而突然说明了这一问题。沃德尔(Waddell)于1904年曾参观过此寺庙,并对某些雕刻有神龛的木柱与8~9世纪的印度石窟寺庙的风格做了比较。1948年,图齐认为那些带有柱头的柱子出自尼婆罗工匠之手，他认为这些柱子比寺庙的其他部分更古老。曾经拍摄过照片的中国作家们[347]则发现,那些圆形大柱子(一共有20多根)和木柱头是罗马式的,其时代为唐代，而第一层回廊中的某些残损严重的绘画则是唐代汉族风格的。这些印象肯定没有多大价值,但它们可以使我们了解以上雕刻品格外异常的特点。当我在一幅照片中发现了檐下柱头上的一系列圆雕刻品的时候,简直惊呆了。这些图案中都是卧狮,长有人类或动物的头,人们认为这是由于受到了古代伊朗的影响。我在尼泊尔加德满都河流域的古老城市中和在不丹也发现过类似的艺术。我们还记得,“人间宗教”的传说是与一头狮子身体的各部分密切相连的,而有关狮子的宗教民歌肯定是来自伊朗。未来的研究在将来某一天，也可能会说明这些印象画实际上到底相当于什么。

近期另一惊人的新发现同样也提出了新问题。这是由3个大塑像组成的一塑像群(似乎是以夯土垒成的),它们代表着松赞干布赞普及唐朝和尼婆罗的两位王妃。现存两种稍有不同的例证,其一在拉萨大“圣殿”大昭寺内,其二在布达拉宫中。这两个例证,尤其是布达拉宫一例表现得更具有欧洲的民族学风格而不是远东式。它们的风格也没有在任何其他西藏雕刻和绘画品中发现例证。它们既不像是汉式的,也不像是印度式的,而更可能是“希腊—佛教”式的,至少其中的一个女像奇怪地与欧洲中世纪末叶的雕刻品相似。如果有机会在原物面前欣赏一下,那么这一个印象就会变得更加强烈起来,因为其眼睛是蓝色的(塑像的表面涂有一层金)。这些塑像的奇异特点使西藏人感到莫名其妙。对于他们来说,这组塑像要追溯到7世纪,但却不是人类(而是天精)工匠的作品。他们对于金面孔和蓝眼睛的解释是某人进入佛陀状态之后的典型标志。

另外一种非常特殊的风格也应当引起我们的注意。这种艺术风格的区域已经考证清楚。其中的外来影响也是不容置疑的,尽管我尚不知道接受这种外来因素的时间及方式。我仅仅通过近代的一些日用品才得以了解这种艺术风格。大部分工艺品(如雕刻盆、罐等)的装饰图案都是汉式的(龙、阴阳、花草交织)或克什米尔式的。但是,那些火镰袋、马蹬和刀鞘主要是霍尔巴人的常用物品,大部分都是在霍尔人地区和德格制造的,上面装饰有动物图案。它不禁使人想起了鄂尔多斯的青铜器和人们一般称之为“草原艺术”、动物风格或“斯基泰”艺术:动物面面相对、背转了过去、头转向后等,这都是一些很难考证的奇特动物。现今我们可以得到的这种艺术的作品一般都制造得十分粗糙,其中的传统也仅仅是一种残余了。现在很难得到有关真正古物的资料。但是,我对于吐蕃东北部古代居民分布情况的了解,可以使我们窥见这种非常古老的动物艺术是如何得以维持下来的。我们在此问题上不难记起,这一地区曾存在过“小月氏”(印度—斯基泰人的残余)和羌民的混合民族,保存有吐蕃、匈奴、斯基泰和北部其他民族的共同文明特点,尤其是用头颅制成喝水杯子。中国近期对公元前最后两个世纪的古代滇王国(位于云南昆明湖畔)古墓葬群发掘的结果证明,这种艺术当时在那里就已经高度发达了[348]。然而,这一王国与分散在汉藏走廊地区,即库库诺尔湖一直到云南的土著居民有着密切关系。西藏动物艺术问题确实是错综复杂的,某些图案,尤其是双头鸟(可能系指鹰)的装饰图案也已经在西藏西部所发掘到的物品中发现,西藏人认为这是一些“天墓”[349]。所以这一切仍若明若暗,但它可以告诉我们,早在佛教传入之前,各种因素就已经把吐蕃文明推进到一种发达的程度了。

# 跋

许多旅行家和作家在描述西藏时,都使用了“中世纪”和“封建制”等术语。这种术语常常是一种非常含糊的表达方式,甚至有时是贬义的。至于我个人,从来也没有任何这样做的念头。一种文明是客观事实,一位历史学家没有任何理由,更没有任何力量对此进行评论,尤其是不要根据自己的现代文明的假想“标准”来进行判断。文明也是一个完整的整体,如同一个完整机体一般,其各个组成部分都是彼此之间互相依赖的,人们也不能根据价值标准而对各部分划分等级。你们没有见过动物学家吗?他们满怀鄙意地谈论毒蛇的毒汁,而一位生理学家则会对自己排泄出的粪便感到不快。

在强调了这一切之后,最好还是深入研究一下西藏文明在制度和思想方面的许多特点与欧洲中世纪的相似性。当然,名词术语本身就是很含糊的,就“封建制”这一名词来说,一位中世纪的研究者肯定会对此进行挑剔。但在中世纪(如果人们愿意的话,也可以称之为“文艺复兴”)的始末,处在典型的封建制度结构和晚期的制度(它们可能是前者的残余)之间,有足够的余地可以与西藏的情况进行比较。西藏的情况也如此,它在数世纪的年代中也是分成许多阶段,在这段漫长的历史中肯定也有所变化。无论如何,阅读赫祺嘉(Huiainga)、布洛克(Mac Bloch )或费佛尔(Lucien Febvre)的著作之后便会清楚,西藏学家都必然会随时在这些著作的正文页码边缘上指出相对应的西藏事实;在一部西藏社会学论著中,相对应的西藏事实可以载满该书的每一页。为此目的,只要替换一下名称就行了,当然也可以不必考虑时代。以上仅仅是一种印象,我们希望有朝一日,这些印象也可以用一些两方面的资料都很扎实可靠和具体明确的著作相代替。

这并不是说西藏文明仅仅是作为另一种样板,或者是以一种人们已经很熟悉的制度的新例证,才会出现在我们面前。其意义正在于人们所看惯了的欧洲外形态的社会制度又出现在远东的社会背景中了，并且因此而具有了特殊的面貌。当然，我们也可以在远东的其他大文明中研究这种类型的结构，如在中国内地、日本或印度，已经有人这样做了。我们希望这一本小书可以引起人们对于西藏的关切，特别是了解这一地区在人类通史中的特殊意义。

如果我认为“封建制”一词能够适应于西藏，那并不是说它在现代语言中经常具有贬义的用法，而是利用了其专门意义。“封建制”一词是在10世纪发明的，其目的是为了描述自中世纪以来所残存的社会制度。至于社会制度，最近有人（指科尔布恩［R·Colbourn］）将之归纳为五条：主要关系是君主和臣民的关系；政治活动取决于为数有限的人之间的个人关系，政权被看作是一种私人财产；各种职务（军事、法律等）之间的区别相对不大；贵族中明显的等级差别；领地一般是君主为犒赏某些人的效劳而赏赐的土地。

笼统而言，这些定义也完全适应于西藏，特别是当考虑到各个时代之间明显的差异，尤其是古代赞普和达赖喇嘛之间的差异现象时，更为如此。问题仅仅是，在西藏的具体情况下，这些封建性的制度却为其他结构所抵消，而这类结构可以概括为某些集团统一的、不可分割的原则和部落或村社组织。

但是，把7~20世纪的西藏与10~16世纪的欧洲进行比较的可能性已经从政权和所有制方面扩展到了其他领域。在文化、学术和艺术方面，这种比较更为必要，尤其是在宗教的巨大作用方面。这一点恰恰与中国中原地区不同，与印度也肯定有所区别。与西藏文明最为接近的远东文明可能就是日本文明。中国中原地区的某些时代也可以与西藏文明相比较，但仅仅是一些孤立的时代。在日本，这两大文明的比较可以扩大到整个历史发展过程中。当然，只有近代例外，因为此时的差异已经很大了。在日本迅速地学会适应现代世界时，也保留了自己的传统；西藏没有能够这样做，却导向突然决裂，这一点对于其传统来说却是致命的。

在文化方面的情况也是这样。很明显，如果社会制度很相似，但形态不完全一样，那么西藏研究的意义就恰恰正在于此。从两方面来讲，它们都采纳了一种系统化的大宗教，并且与土著制度迭合了。但是基督教和佛教之间的区别、远东和欧洲宗教基础的差异，这一切当然就决定了各自特殊的形态。

我们不试图于此列一张相似点对照表。熟悉欧洲历史的读者们自己会这样做,我自己有时也要指出这一点。但是,作为结论,我准备对前文所未曾提到过的一种情况再赘言几句, 虽然这一问题也颇难解释清楚。这就是人及人性问题。那些不曾有缘在西藏生活过的作家们该会如何讲呢?因为他们仅仅是通过在西藏之外接触几个西藏人的办法而了解西藏人的。另外,如何把西藏人同中世纪人或文艺复兴时代的人进行比较呢?对于后者,人们仅仅是通过几部著作而了解一个梗概。然而,这种愿望是非常强烈的,当涉及到同类型特点的时候,该会引起人们多大兴趣啊! 当然,这里并不是指把个人性格的多样性归纳为一句简单的术语。但是,某些特点仍是十分惹人注目的。

最为引人注目的地方,似乎是一种凝缩力或集中力,即一种完整的性格,但由此也常常出现夸张。有人声称感情和思想是不能削弱、冲淡或分散的,而是集中性的。当某人沉湎于一种感情时是会坚持到底的,会毫不犹豫,而且具有一种顽固性和简单性。他既可能很温和也可能很粗暴,既可能很忠诚又可能奸诈狡猾。有人情绪欢乐、能说善歌和擅长于开玩笑, 但同时也会有人固执地保持缄默,善于自我反省和拒绝生活在某一个社会的众人之中,而且还拒绝承认社会的现实。当他坚信某一事物时,其信仰则是深奥的、完全的、简单的和专心致志的。

以许多人为基础而确定人的性格是很困难的, 我们可以试图在某人所崇仰的大圣人中间来理解这一性格, 因为他们可以代表一种理想中的典型。在这些圣人之中,人们可以区别出两三类来:其中有的人是严肃和刻板的,而另一些则是和蔼可亲的。前者都是一些思想家、学者或伦理学家,后者则是神秘学家和术士。事实上,笑也有两种方式:一方面是微笑和调皮的笑,另一方面则是威胁恐吓性的笑。前者是米拉日巴的特点,而后者则是莲花生的特征,他们是两位典型的大圣人。所以一部分人如同佛经中所说的那样是全神贯注于“圣者的沉默”之中,另一部分人则表现出了他们的高贵、绝对自由、通过一种开玩笑的办法(这种办法中又混合以善良与淘气的双重性),摆脱一切束缚的特点。最后,后者通过深入心理深处世界而得到了一种冷酷无情的愿望和紧张的勇气, 他们用一阵阵高傲的笑声来表达这一切，我们可以把这种笑声比作马嘶声或战士们的胜利欢呼声。

以上淡淡几笔就勾画出了藏族人的相貌。藏族人所代表的那种文明也是饶有趣味的。它现在是一种最后的活标本,还没有多大变化。它可以使我们回忆起和使我们更加接近代表欧洲和远东其他大文明的人类。现在虽然为时不晚,但已经迫在眉睫了,应该关心这一标本和搜集有关资料。

木雕的小丑面具

# 注　　释*

## 第一章

[1]150,p189b—190a。

[2]同上,p193b。

[3]142,卷13,p107。

[4]同上,卷13,p226b,65b。

[5]同上,卷13,猪:p127b—128a;口头传说和马匹:99,p497。

[6]6,p106。在11世纪初叶,强秋俄曾暗示过饲养猪狗及其肮脏性的问题(151,Ⅱ,P393;302,1,p441)。

[7]59,p208,注[117]。

[8]24,p10;196上,p27;对于工布的情况,见口头资料。

[9]193,p186;203下,p15a。

[10]192,《太祖实录》,洪武七年七月。有关酒的情况,德希德里(1716~1721年在拉萨)曾具体指出:应该将酒煮沸以利贮存,西藏人不懂得制酒也不饮酒(87,卷9,p33)。

[11]64,p13。

[12]177,p92a。

[13]135,p68a。

[14]203下,194下。

[15]90,p90—92。

[16]115,p82—84

[17]115,p27、32、48。

[18]据山口瑞凤认为,应该对这些名词作以区别。松巴(Sumpa)位于吐蕃东部,距"东女国"不远,朗氏大家族即属该部族。苏毗相当于一个县的名称Sum-ru,位于西北部,似乎曾属于象雄(290和291)。

[19]197b,pal;191上,p18a。山口瑞凤曾把"吐蕃"解释为Lho-phya(意为南部的恰族人,见《东方学报》第58卷,第3~4期,1977年号,第56和61页)。参阅本书中有关"恰"一名。在822年在汉藏两种语言的文献中,汉文中的"吐"确实转写成了藏文中的Lho(南)。

[20]121,p6,737。

[21]127,注[34]。

[22]191a,p7b和28b。

[23]143,p97。

[24]179,p57—58。

[25]177,p58-59;114,p249。

[26]142,卷7,p20b。

[27]120,卷6,1,p59。

[28]165,p46。

[29]174=117,1,p78—83。这一术语已经在一卷敦煌写本(公元1000年之前)和古史《拔协》(见书末所附参考书目第183条)一书中出现。

[30]178,p15。

[31]6,p81。

[32]187,Ⅱ,50a—b。

[33]141,p11b。

[34]152a,p30a。

## 第二章

[35]一古代(8~10世纪)故事谈到了幸运的黄金时代、灾祸时代和新的幸运时代的相继问题。

---

* 注:第一个数字指书末所附《参考书目》中的书目编写,下面的数字依次指卷、页数。

但它与有关殡葬仪礼的一先例有关，这一先例可以解释马匹与牦牛的对立以及马匹与人类的结盟(274，p485～491)。然而，在其他相类似的记载中，这一系列的时代中甚至还包括暗示中原和突厥人的地方，可以用人类是否信仰了“善教”和遵循了“善俗”这一事实来对此作出解释(240，p357～366)。

[36]139，p225a～b；六种谷物是年噶尔地区的特点。参阅6，p116。

[37]177，p18a(=56a)。

[38]177，p56a。

[39]63，N0126，2～N016，p34a。

[40]142，卷7，6b。

[41]同上，p7a。

[41a]参阅114，p419～423。

[42]175，p110～111a。

[43]142，卷7，p9a。

[44]178，p40；《吉祥夏尔喀文集》，写本，才旺诺布(1698～1755年)曾引用了写本中的一些摘录。

[45]142，卷7，18a。其中提到了《大诰》。

[46]6，p161。

[47]175，如同注[7]一样。保存得很不好的内乌班智达的古代史(298)把这些发明都归于七世贤者：“他把房屋从高山迁到了谷底；他在悬崖绝壁上建立了一些宫殿，在田旁修造了一些房屋。从前，人们曾占据过山顶”。

[48]141，p45b。

[49]经过歪曲后的《时轮》中包含有许多名字：默罕穆德、摩西、耶稣、摩尼等(226a)。参阅下文注(52)。

[50]23，p187～188；197a，p2b；201，640年二月和641年正月；142，卷16，p11a，其中的根据是汉文史料。

[51]人们怀疑它的历史存在(281)。

[51a]见西蒙松(N. Simonsson)：《印度—西藏研究》，1957年乌普萨拉版。

[52]183，p10；292，p19。这里肯定是指《道德经》，皇帝本人曾为此经写过一篇疏注文。但也可以将之看作是《老子化胡经》。书中提到，老子在以佛陀和摩尼的面貌出现化“胡”之前曾经路过于阗。此书成了佛教徒(禅)和道教徒之间一场正式争讼的目标，曾一度受禁(705～710年)。但它还是被保留下来了(800年左右的敦煌写本)。732年的一道敕旨曾暗示此书，其中鞭笞了摩尼外道，因为后者错误地盗用了佛教之名。吐蕃人知道此经。在归于墀松德赞赞普的一部著作(其时间无论如何也是公元800年左右的)中，批判了“波斯大骗子摩尼”的教理(北京版本《丹珠尔》，N05839，p112－1)。

[53]6，p41～42。

[54]142，卷17，p46a。

[55]115，p380。

[56]197b下，p1b；200，p8a。

[57]142，卷7，p25b～33b，70a～b，1986，183，p46。

[58]142，卷7，p65b～67b；6，p14。

[59]142，卷7，p70a。

[60]183，p44。

[61]117，p80～84(敦煌写本，藏文和汉译文，9世纪上半叶)；122，p47，52。

[62]177，p58a。

[63]183，p73。

[64]183，p77；《蕃地王统记》，由123，p311，314引用。

[65]166，p211a～b，13年。

[66]141，p46d；在由蔡巴·衮噶多

吉所著的《红史》(14 世纪中叶)中就已经出现了同样的资料和时间。

[67]151,达斯(Das)版本,p177~178 和《年表》;183,p87~88。

[68]151 达斯版本 p393。

[69]99,Ⅱ,p1,000;50,p703;146;p129b。

[70]51,木刻本,p275b;89;142,$V_0$ 116,p17~18。

[71]142,卷 16,p21a;143,p160~172;132,p39b~88a;95;142,卷 16,p17b~37a。

[72]这一时间不肯定。我们还可以发现:诞生于 1361 年或 1421 年,卒于 1459 或 1519 年之后(G. 施密施和考证)。

[73]克瓦恩(P. Kvaerne)指出,在同一时代,苯教徒也有他们自己的改革家,后者也创建了一大寺庙,此人就是辛饶嘉错(1356~1415 年)。

[74]162,卷 22,p19b;121,p134。

## 第三章

[75]152b,Ⅰ,p25b。

[76]180,p41a。

[77]52,p166~169。

[78]273,p334;296,p162b。

[79]154,有关条目;124,戴琼(De Jong)版本,p55,第 3 行。

[80]201,641 年。

[81]99,p610。

[82]94,1,Ⅰ,p48 和Ⅱp5,注[15];142,卷 7,p98b;183,p46。

[83]150,p189b~190a。

[84]170,p113b。

[85]199;200。

[86]12,p20,47,注[77],102;60,卷 2,4,p43(铲霍概观);《甘孜县土地人民调查录》,载《边政》杂志,第 3 期,第 130 页;希腊皮埃(Pierre)国王殿下口头叙述。

[87]142,卷 7,p6b;6,p108。

[88]142,卷 17,p14a。

[89]135a,p30a~b。

[90]167,1,p163b,227~230;162,卷 30,p7a;170,g113b。

[91]183,p68~69。

[92]186,p116。

[93]99,p427;143,p144a;151,达斯版本,Ⅱ,p364。

[94]142,卷 13,p190a~b。

[95]188,p725C;其传记(也请参阅 146,第二部分,p165a 和 154,p17a~b)。

[96]150,p191a;153。

[97]99,p890~894。

[98]253a。

[99]185,p12a。

[100]94,Ⅱ,p2 和注[2];183,p69。

[101]12,$p^0$。

[102]162,卷 23,p46;139,CHXX。

[103]162,卷 23,p13b 和 5a(=121,p251)。

[104]121,p665。

[105]135,p665。

[106]142,卷 7,p18b 以下,126,p77~90。

[107]6,p119,121,译文 p168;93,p30;94,Ⅱ,p3,92,p62。

[108]183,p25。

[109]183,p69,67。

[110]154,p18a。

[111]94,1,1,p20 以下,Zhe~Shas,tsho 一词指仆从,139,p224b。

[112]Mkhar Lcags-rtse=铁刃城或石堡城;117,卷 3,p42~43;6,p51,117;202,卷 962,p15b。

[113]197b,p3~4。

[114]142,卷 13 和 132。

[115]177,p55b~55a(=17b~18a)。

[116]135a,p106b(九层碉楼);参阅

下文有关米拉日巴在洛札为玛尔巴所修造的九层碉堡一段。
[117]180,附录。
[118]99,p118;121,p685;也请参阅13b,p96,管译师库巴拉则的弟子;母系的四根柱子,教义的八根栋、懂得经典者们的大梁和小梁。
[119]180,p37b。
[120]142,卷15,p7。
[121]154,p36b。
[122]161,p1-6。
[123]100,p151。
[124]在王权时代就已经出现了同样的局面(212)。
[125]121,p667,668。
[126]131,p146a(译文273,p365)。
[127]180,p38b。
[128]183,p68~69;286,p117b。
[129]139,p254b。
[130]200,p8a;199,p69b。
[131]139,p230a。
[132]197b,p1b;197a,p1b;177,p73b。
[133]29。
[134]190上,p25b。
[135]139,p230a。
[136]94,1,p20。
[137]93,p26~31。也请参阅工布石刻(黎吉生:《公元9世纪的工布石刻》,载《亚洲皇家学会会刊》,1954年10月)。
[138]142,卷7,p68a。
[139]183,p70。
[140]141,p120b;有关在安多的另一次大夺权,见《安多政教史》p100a。
[141]126,卷22,p19b;181。
[142]196,上,p24。
[143]121,p69。
[144]195,p271b。
[145]一位喇嘛可以为一位僧人解除其誓言。
[146]183,p51,53~54。
[147]202,卷981;183,p63。
[148]142,卷7,p122b。
[149]92,p60(楚浦石刻),p56(迦琼石刻第49行)。
[150]《拉达克王统记》,弗兰格版本,p33~34;183,p74。
[151]170,p114b。
[152]183,p51。
[153]183,p76。
[154]99,p874。
[155]142,卷12,p37a。
[156]99,p986,997。
[157]142,卷13,p195以下,p223以下;132,p169~178。
[158]133,p3~5,26以下。
[159]99,p404。
[160]99,p884。
[161]p393=木刻板248b;302,卷1,p275~277;99,p245,248。
[162]158,p61b,p146。
[163]139,p229a。
[164]134a,p192a~196a。
[165]131,p66b~67b(译文273,p181~184)。
[166]182,p5b。
[167]152b,Ⅱ,p30。
[168]186,p133b,135b。
[169]99,p878。
[170]167,Ⅰ,p244b;177,p116a(=92a);162,卷22,p33a。
[171]99,p997。
[172]99,p1075。
[173]82,p141~142。
[174]158,p48a。
[175]99,p883。
[176]达若那塔(Taranatha):《印度佛教史》,由A·谢菲内(Schiefner)翻译成俄文、德文发表,1869年圣彼得堡版,p102—105,译文p132—134。
[177]183,p37。

## 第四章

[178] 在哲学文献中,"自性"(svabhāva)可能是"真如"(Tathatā)的同义词(见铃木:《楞伽经研究》,p456)。在瑜伽行者中间,人们有时也会提到"法"是"事物存在的真实方式"(化生—真如),或者是"固有的绝对本性"(圆成、自性)。拉摩特(Et · Lamotte):《大智度论》卷 4,1976 年版,第 1859 页。"这种""自性"仅仅是一种"空",仅仅是在它们熄灭(进入涅槃,48,p1)之后才适用于"色"。然而,这一词汇则是比较含糊的。除"法身"(dharmakaya)之外,还增入了一种更加"超验性",人们正确地称之为 Svabhāvkāya,一位非常熟悉情况的行家曾将之译作"绝对存在的身体"(奥贝米莱[Qbermiller]:《解脱大乘的最高学问》,载《东方学报》第 9 卷,1931 年,p109,其中是根据无著的《上怛特罗》而作)。

如果将此看作是一种本身存在的事,即某种积极的或主动的东西,具有独立和永远存在性,那就可能是一种外道。但这种态度是很难避免的,而且也确实由觉囊巴(14 ~ 16 世纪)所采纳,后来却受到了格鲁巴的政权的谴责(260,p153;261,p453 以下;261a,索引)。

然而,在所有的教派中,一旦所涉及的不是哲学,而是观想和仪轨的时候,"本性"和所有相同的术语就具有神圣存在的一种平面的积极姿态。当在本身中创出了空性以从中显示出一种神时,那就要念一种咒:Sūnyata jūana-vajra-svabhāva-ātmako ' ham,意为"我是金刚杵('法')的本性,本体的状态"。

[179] 166,卷 13,p181 ~ 192。

[180] 佛教学家们根据一些梵文经文都普遍认为是 Cargātantra(行怛特罗),而藏族人(至少是宁玛巴教派)则更为喜欢 upa 或 upāya—tantra(方便怛特罗,如 166,卷 13;142,卷 10,37b;151,Ⅱ,p384 和 389)。这种习惯在公元 800 年左右译师拜则的著作中就已经出现了(北京版本《丹珠尔》,NO. 5843,p128 ~ 2),在 10 世纪的一卷敦煌写本中也已经出现[J · 哈京(Hackin):《10 世纪时的梵—藏文文集》,1924 年巴黎版,p31 ~ 32]。据冈瑟(220,Ⅰ,p284)认为,其中所使用的范例并不是 upāya(方便度),而是 ubhaya,因为这些密教经文把仪轨与观想结合在一起了。

[181] 151,p388;木刻版 p245a。

[182] 142,卷 12,p28b;参阅 30,p87 ~ 90。

[183] 133,p50a。

[184] 133,p266,140a,73a,75b,76b。

[185] 99,p888。

[186] 99,p881。

[187] 这种选择是由仪轨问题在"模仿"过程中所决定的。弟子蒙住双眼,向曼陀罗投掷一束花,许多神集中于曼陀罗中。被花投中的神就被选择为地区的保护神。

[188] 157,p26b。

[189]144,卷6,p7a~b。

[190]138,p100b~101a 和19a。

[191]131,卷7,p165b;译文273,p414。

[192]这类比较有时也会变化。参阅299,Ⅰ,p350~356,口头传说和《晶鉴》卷5,p170。

[193]183,p47。

[194]133,p88b~89a。

[195]138,p19a。

[196]144,卷6,p12a~b。

[197]183,p36以下;179,p85

[198]154,p17a。

[199]33,p63和注[487];300,p182~184。

[200]142,卷12,p128a。

[201]131,p56a;译文273,p156。

[202]113,p21~25。

[203]139,p245a。

[204]北京版本《丹珠尔》,N$^{0}$5820,p2~4(人间教法)。龙树在《论风俗》(N$^{0}$5822,p9~2)中抱怨佛教的衰微。在赞扬“人间宗教”时,他曾想使那些没有接受“白教”(指佛教)的人变得具有道德。藏文译文起始于公元800年左右。在同一时代的一卷敦煌写本(伦敦所藏,370.5号)中,曾赞颂把佛教传入吐蕃的赞普们的功德。他们那些充满“善俗”的臣民就可以这样既尊重“神教”,又尊重“人教”。在另一卷敦煌写本中(63,N$^{0}$992),一位和尚宣布在把这两种宗教结合起来之后就可以使一切都成功。一些完全属于伦理性的格言在其他写本(63,N$^{0}$2111和1238)中被称为“人间宗教”。16条伦理条例在吉祥音和尚致吐蕃赞普的信(8世纪末;280,p142)中就已经提到了。同样,佛陀笈夏在致同一位赞普的信中也提到了“人间宗教”(即智慧的格言)和“神仙宗教”(佛教),见《丹珠尔》。

[205]84,p570;118,p93,140。

[206]118,p46,第10行。

[207]240和211。这些作者认为Tsu(祖)是一种非常有组织的宗教,其中包括了宗教思想的所有领域,并作为王权的基础。参阅本书注[35]。

[208]139,p279b+244a(卷XV)。

[209]142,卷7,p8b~9a。

[210]156卷12,p114a。

[211]183,p53。

[212]114,p437~466;271a,p90~96。

[213]157,p167a。

[214]157,p168b(其中提到了295,卷Ⅰ,p154、204、255~252、322)。

[215]139,p230a。

[216]36,p48~50;藏文原文p14~15;同样也请参阅《参考书目》第264条。

[217]172,p2b;17b,p11a。

[218]118;240,p358~365;274。

[219]197a;197b。

[220]202,卷981,p9a;204,续辑,6,p5a。一尊佛像可以被称为“神”(183,p3)。

[221]170,p104a;译文119,p244。

[222]183,p74。

[223]达斯:《藏英大辞典》,p244b。

[224]6,p109;147,p25b;183,p740。也请参阅63,N$^{0}$992,p4和N$^{0}$1134第90~91行。

[225]35,p187。

[226]《太平广记》,卷480,p24a~b。

[227]122,p2;177,p77a~b。在敦煌写本的仪轨书中,也出现了代表死者的记载(118,卷4;

224,p374;272,p170)。

[228]197b,卷216上,p1b和卷216下;202,卷961,p15b。

[229]224,p380~397。我们发现了一些诸如"天山"、"神山"、"祖"等名词。有关gtsu一词,我们在赞普的名字中也发现过。

[230]99,p458。

[231]202,卷961,p2a;参阅阿尔丹(Altheim):《亚历山大和亚洲》,1954年巴黎版,p94、95、283。

[232]32,p169,195。

[233]187,Ⅱ,p62a~b。

[234]159,p132a,142b。

[235]177,p77a。

[236]187,p27;122,p5;160,p13b。

[237]124,p115~119,156和图版X,XI。

[238]156,卷16,p46a。

[239]149,有关章节;131,p80a,石泰安译文,p214。

[240]152b,Ⅲ,p53b。

[241]62,p56。

[241a]114,p465。

[242]131,p80a~b,石泰安译文,p214~217。

[243]114,p449~470。

[243a]石泰安:《住宅、社会和人类集团》,载1957年《亚细亚学报》,见p54~60。

[244]152b,Ⅲ,p107a。

[245]115,p57~62;240,p305(有时也作dmu和rmu)。木(mu)和恰(phya)这两字也是氏族的名称。从9世纪初开始,恰就指一位工匠大师(见《翻译名义大集》)。从12世纪起,著名止贡巴大学者(参阅注[214])就认为苯教徒们所说的"恰"与湿婆教中的创造者自在(I' svara。)相同。在14世纪时,手捧世界的甘布恰在图像中又被称为什巴(上帝),此人被考记成"大自在"(Mahesvara)。见170;译文119,p32。

[246]178,p6;156,卷E。藏地的两种仪轨书;264,p334~335;297,356;57;p99;84,p324~325;231a,注[81]。

[247]156,卷vom,p280b。

[248]63,N⁰1040和1194。

[248a]240,p304。

[249]赫梅尔(Hummel):《拉萨新年联欢会的舞蹈》,载《东方和西方》,第12卷,第1期,1961年;第13卷,第1期,1962年和第14卷,第1~2期,1962~1965年。同样也请参阅上引杂志第24卷,第3~4期,1974年。

[250]8,p127中描述了其功绩,并且带有一幅照片;129,p397~398和128,p505;304,p18a。在日喀则也进行这样的仪轨(沃德尔:《拉萨和西藏中部旅行记》,p77~78),其时间为每年十月二十五日的节日(宗喀巴逝世日)。这一仪轨同样也出现在克什米尔(同上)和拉达克(在一幅壁画,120,Ⅲ,Ⅱ,p153)。

[251]在34,p269~290中可以详细观察,其中附有照片和速描。罗克(J·F·Rach)于1928年11月《全国地理杂志》(卷54,p5)中也对此有所记载。

[252]189,卷下p17b;198,卷4,p14a;96,p209~212。18~20世纪的其他汉文史籍称这种仪轨为打"牛魔王"。这一仪轨的时间实际上是每年十月末(304,22a~b,见麦克唐纳夫人所研究的许多藏文文

献)。但近代的许多目击者却将此节与每年正月末的庆祝活动混淆了。这一节日是由五世达赖喇嘛或者是其“摄政王”所创立的。十三世达赖参照了一种古老的习惯,又增加了一位“恶果王”(242,p156~157)。前者被驱逐到了桑耶寺,后者被驱赶到了彭域。请参阅大卫—妮尔(David-Neel):《替罪羊》,载《法国信使报》(15,Ⅻ,1924;128,p512;227a)。

[253]24;60,卷5,Ⅰ,p61。

[254]36,p28~31。

[255]177,p57b。

[256]186,p135a。

[257]275,p246~247。

[258]6,p119,6,p113 和 254,p31;240,p320。

[259]墀德祖赞(704~755 年执政)、墀祖德赞(815~831 年执政)。其中的“德”(Lde)系指一种神。同一词在被看作是大山的王陵名字中也曾出现过(见上文注[229])。

[260]142,卷7,p7b。赫梅尔在《西藏人肩膀上所画的神像》,载《东方研究杂志》,第 34 卷,1959 年;124,p63;113;p17~20。

[261]187,Ⅱ,p8b(=322b);124,p34,70,187,Ⅰ,p194b。

[262]173,卷12,p28b;同前,p35a~b;一篇由两页组成的无名氏所作小祈祷经文:《杜鹃鸟》。

[263]134a,p324a。这一时间并不肯定,因为这些歌词是在很晚的时候才记载下来的。

[264]149,p803,在持明以下。

[265]187,p27;萨囊彻辰(施密特版本):《蒙古源流》829 年,p22。

[266]168,p24~26;155,p7b;也请参看道教徒们通过踵部而呼吸的情况(庄子)。

[267]30,p155;169。

[268]152b,Ⅲ,p107a,洛林(Lho—gling)写本,图齐文,p275~276。

[269]113,p8~10,33~36。

[270]187,Ⅱ,p213。

[271]64,p359,《说不完的故事》,第三个故事,麦克唐纳文本和译文,241,Ⅰ,p61,65。

[271a]卡脱的宁玛巴大学者才旺诺布(1698~1755 年)掌握了许多资料,以至于可以转抄王权时代的碑文。他也曾提到过战神(Dgra—bal,原文如此)的仪轨书,这是康地的一种神,即拉达克的“三位兄弟首领”中的另一位(《作品集》,1976~1977 年达尔湖西版,卷 5,第 146 和 153 号著作)。

[272]181,p93a~b,98b;99,p624;160,p18b~19a。

[273]152c,p10b。

[274]99,p980。

[275]178,p9。

[276]142,卷7,p66,10a。

[277]托玛斯:《藏汉词汇和短语集》,载《非洲和东方研究院通报》,1948 年版。

[278]186,p61b。

[279]142,卷7,p6;177,p57b;142,卷7,b7a;121,p65b;(可能为14 世纪)最为古老的史著提出了一些不同的说法:在鹘提悉补野(支贡的儿子)时代,“从位于粟特人(印度的蒙古人)和大食人(伊兰、阿拉伯人)边境的古尔那巴特那地区,来了一位叫作谢布且的人,他是一位很像是舞蹈家的苯教徒,描述了一些外道者们的情况。他为生者向神祈祷,

为死者降魔”。

[280]141,p11b;157,p165以下,其中逐字逐句地提到了止贡巴(参阅注[214];63,N⁰992)。

[281]186,p39a。

[282]142,卷7,p86;157,p165(重复了止贡巴)。

[283]141,p13b;142,卷7,p11a;141,p27a;142,卷7,p44a~b。

[284]167,Ⅰ,p244b。

[285]170,卷67,p114b;183,p28。

[283]141,p48a;103,p216,15,p49;参阅达斯辞典,Sham—thab Sngon-pocan=Tirthika(外道师),有关阿育王的情况,见《底毗阿波陀那》(Divgadana)卷28,布努夫:《印度佛教史导论》,第1卷1848年巴黎版,p416~417。

[287]39,p37。

[288]65,卷118;未公开发表的伯希和敦煌藏文写本《善秘史》。

[289]64;63,1042条。

[290]272和274(有关辛饶:p501、520、522);211。

[291]134a,p113以下;56,p279以下。

[292]134a,p312~313。

[293]157,卷8末。

[294]231,p177。

[295]57,p77~90;208,p34~40。

[296]178,p19~20,23。

[297]120,卷Ⅱ,p53~56。土丹班登:《拉达克寺庙、城堡和佛教史导论》,1976年列城版(藏文版),p56。

[298]139,卷22。

[299]139,卷10,p223b,234a。

[300]163,卷12,p101~102。

[301]163,卷8,p38b(北京版本,p62a)。

[302]63,第1060条,第57行。

[303]有关同苯教神话,见231,p193~195。

## 第5章

[304]6,p106,15;118,文献A,78、84、86行。

[305]b,p116(下面)。

[306]183,p49。

[307]63,第1196号。

[308]6,p107~108(译文p141~142)。已经有人提出了不同的译法(240,p240~246;284)。我也由此而受到了启发,但译文把握性不大,目的仅仅是为了提出风格问题的一个梗概。

[309]63,第992号;118。p109~110。

[310]176,p13a;1,p44b。

[311]134a,p87b~88a。

[312]134a,p297,308,333。

[313]134a,p4~5。

[314]134a,p72a。

[315]134a,p120b。

[316]137,p81a;137a,p88b;131,p118a=273,p299,152,霍尔文写本(噶仑堡藏卷),p13a。

[317]137a,p35b;40a;179,p91a;177,卷11;68,p130~133。

[318]272。《内库》(N⁰30)中提到了苯教徒一例,见疏注文p7。

[319]132,p213b。

[320]原写本中为pan-chen Na'-bza,—pa chen-pos mdzad-pa'i Be'u-bum blo-rmongs gsal-byed(伟大的大智班达那萨巴,他所作经典智铠明开)。

[321]162,卷24,p7b~8a。

[322]《说不完的故事》,原文及译文,241;171,卷2,p397,第20章;147,卷7,p8b~9a。

[323]162,卷25,p2a~b;162,卷22,

p3b～4a;142,卷10,p55。
[324]164(=11,212a)。
[325]180,p33a;参阅272,p90。
[326]130,p60～61。
[327]用专门术语来讲,dbyang(旋律)是很慢的,rta(马)倒更为快一些。第三种行为(dur,即“奔驰”)则非常快;参阅225。
[328]156,卷11,p55a。
[329]135,p36b。
[330]133,跋文。
[331]144,p490～508。
[332]142,卷13,p122b。
[333]132,p69b和172b;142,卷12,p38b。
[334]142,卷13,p912a。
[335]156,卷16,p97a,107b,97b和91a。
[336]268,p39～52。
[337]228。
[338]177,p66b,71a;177,p72b。
[339]177,p696～72a;183,p48边49。
[340]179,p87。
[341]183,p31、32、35。
[342]183,p71。
[343]120,卷4,Ⅰ,p33。
[344]228,p8～14。
[345]179,p65;141,p27a;142,卷7,p44a～b。
[346]47a,p50。
[347]78。
[348]毕梅雪(Pirozzoli～t'Stersevens):《汉代滇王国文明》,法兰西远东学院丛刊,第44卷,1974年巴黎版)。
[349]图齐:《在西藏西部发现的某些青铜器》,载《亚洲艺术》,第5卷,第2～4期,第105页。

# 参考书目

## Ⅰ. 近代人的作品


1. 巴科:《闪电预光一览表》,载《亚细亚学报》,1931年3～4月号。
2.《西藏的三种奥义书》,巴黎1921年版。
2a.《苏吉尼玛》(原文和译文),载《亚细亚学会丛书》,巴黎1957年版。
3.《西藏诗人米拉日巴》,巴黎1975年版。
4.《松赞干布赞普与唐朝和亲考》,载《汉语和佛教论丛》第3卷,1934～1935。
5.《译师玛尔巴传》,巴黎1937年版。
6. 巴科、托玛斯和图散:《敦煌吐蕃历史文书》,巴黎1940年版。
7. 毕尔:《西藏民族》,牛津大学1928年版。
8.《西藏宗教》,牛津大学1931年版。
9. 布列施登纳:《黄教》,维也纳1937年版(巴黎1937年出版了法译文)。
10. 坎普贝尔:《龙树菩萨的〈智慧树〉》,原文和译文,加尔各答1919年版。
11.《萨迦格言》,载《东方学报》,1925年第2期。
12. 卡拉斯科:《西藏的地区和政治》,西雅图1959年版。
13. 孔柏:《西藏人论西藏》,伦敦1962年版。
14. 达斯:《雪国的印度班智达》,加

尔各答 1958 年版。
15.《阿底峡传》,载《孟加拉亚洲学会会刊》,第 60 卷,第 1—3 期,1891 年版。
16.《西藏的婚姻习俗》,同上刊物,第 62 卷,第 3 期,1893 年。
17.《拉萨和中藏行记》,伦敦 1902 年版。
18. 达斯古普达:《密教研究导论》,加尔各答 1958 年版。
19. 大卫—妮尔:《西藏的奥义和巫师》,巴黎 1929 年版。
20.《林地格萨尔的非凡生平》,巴黎 1931 年版。
21.《未刊布的藏文文献》,巴黎 1952 年版。
21a.《喇嘛教的奥义传授》,巴黎 1957 年第 3 版。
22. 戴琼:《中观宗之法的问题》,载《哲学评论》,1950 年 7—9 月。
23. 戴密微:《吐蕃僧诤记》,第 1 卷,巴黎 1952 年版。
24. 邓肯:《西藏的庆丰收戏剧》,香港 1955 年版。
24a.《再论西藏的庆丰收戏剧》,伦敦 1967 年版。
25. 埃布拉尔:《中国边陲地区的文化和聚落》,莱敦 1942 年版。
26. 埃克瓦尔:《西藏的地平线》,伦敦 1952 年版。
27.《蔽天的帐篷》,巴黎 1954 年版。
28.《西藏的土地所有权和使用权之间的细微差距》,载《汉学杂志》新编第 4 卷,第 1 期,柏林 1954 年版。
29.《人价,西藏的生命赔偿习惯》,载《汉学杂志》新编第 4 卷,第 2 期,柏林 1954 年版。
30. 伊凡—温茨:《西藏的大瑜伽行者米拉日巴》,1951 年伦敦第 2 版。
31.《有关大解脱的藏文著作》,伦敦 1954 年版。
32.《西藏的度亡经》,1957 年伦敦第 3 版。
33. 费拉丽和伯戴克:《智悲著〈卫藏圣迹志〉》,罗马 1958 年版。
34. 费尔克纳和温克里格:《塔尔寺,十万化身大慈洲》,1933 年莱比锡版。
35. 费兰格:《西藏西部的历史》,伦敦 1907 年版。
36.《西藏的古代歌曲》,1923 年哈根和达姆斯特塔德版;藏文著作《一种买歌的标志》,列城 1904 年版。
37.《西藏苯教史〈金钥〉》,原文和译文。载《大亚细亚学报》(《极东》杂志),第 1 卷,1924 年;新编第 1 卷,1940 年。
38. 杰蒂:《北方佛教的偶像》,牛津大学 1928 年版。
39. 格茨:《哈珠拉霍大佛寺的历史背景》,载《亚洲艺术》,第 5 卷,第 1 期,1958 年版。
40. 戈登:《西藏宗教艺术》,纽约 1952 年底。
41.《西藏喇嘛教的图像》,1959 年拉特兰—东京版。
42. 戈文达:《西藏神秘奥义的创立》,伦敦 1959 年版。
43. 格纳尔德:《西藏的地区和居民》,巴黎 1909 年版。
44. 格隆维德尔:《西藏和蒙古的佛教神话》,莱比锡 1900 年版(法译本,同上)。
45.《莲花生及其同族》,载《贝埃斯勒档案》第 3 卷,第 1 期,1914 年柏林版。
46.《香巴拉之路》,1915 年慕尼黑版(《巴伐利亚科学院论丛》)。
47.《84 位巫师史》,载《贝埃斯勒档案》第 5 卷,第 4—5 期,1916 年。
47a.《拉萨的寺院》,海德堡 1919 年版(这是五世达赖喇嘛的《大昭寺志》的原文转写和译文)。

48. 冈瑟:《冈保巴,有关解脱的宝石装饰》,1959 年伦敦版。
49. 啥干:《西藏喇嘛教的神话》,载《亚洲神话图志》,巴黎 1928 年版。
50. 羽田野:《康地甘丹派佛教的影响》(日文),载《文化》第 20 卷,第 4 期,1956 年 7 月。
51. 哈勒:《我的西藏概念》,1953 年塞布鲁克版。
52. 赫尔曼:《西藏的传说》,载《辅仁学志》第 13 卷,1948 年版。
53.《西藏人的创世和起源学说》,载《人类学杂志》第 41 ~ 44 卷,1946 ~ 1949 年版。
54.《西藏的游牧主》,维也纳 1949 年版。
55.《西藏安多人的家族》,弗赖堡—慕尼黑 1959 年版。
56. 霍夫曼:《西藏苯教源流史》,威斯巴登 1950 年版。
57.《西藏宗教》,弗赖堡—慕尼黑 1956 年版。
58. 赫梅尔:《西藏艺术史》,莱比锡 1953 年版。
59.《有关西藏苯教的欧亚传说》,载《民族学论丛》,第 50 卷,1959 年比罗萨克拉版。
60.《康导月刊》,西康汉文期刊。
61. 河口慧海:《旅藏三年》,米德拉斯 1909 年版。
62. 葛赤峰:《藏边采风记》,1945 年重庆版。
63. 拉露:《国立图书馆所藏敦煌藏文写本目录》,第 1 ~ 3 卷,巴黎 1939、1950 和 1961 年版。
64.《王家苯教殡葬仪轨书》,载《亚细亚学报》,1952 年版。
65.《封地、毒药和医生》,同上,1958 年版。
65a.《西藏的宗教》,巴黎 1957 年版。
66. 劳佛尔:《西藏苯教史文献》,载《通报》第 2 卷,第 1 期,1901 年。
67. 劳佛尔:《论小勃律的语言及莲华生的历史地位》,同上刊物,1908 年。
68.《有关藏王的文学著作》(《王后遗教》),莱比锡 1911 年版。
69.《米拉日巴传,藏文文献》,哈根和达姆斯塔德 1922 年版。
70. 瓦累・普散:《中观宗》,载《汉语和佛学论丛》,第 2 卷,1933 年。
71. 列辛:《喇嘛教宗教活动中的建筑与思想》,载《东方自然和民族史资料集》,东京版,1936 年,第 40 卷。
72.《喇嘛教仪轨书的特点和象征》(斯文赫定档案),1935 年斯德哥尔摩版。
73. 列维:《研究唯识宗的资料》,巴黎 1932 年版。
74. 李安宅:《喇嘛教中的萨迦派》,载《华西边疆研究丛刊》,1945 版。
75.《喇嘛教中的宁玛巴古旧派》,载《亚洲皇家学会会刊》,1948 年。
76.《喇嘛教中的噶举巴》,载《美国东方学会会刊》第 69 卷,第 2 期,1949 年。
77. 李方桂:《821 ~ 822 年的唐蕃会盟碑》,载《通报》第 44 卷,第 1 ~ 3 期。
78. 刘艺斯:《西藏佛教艺术》,1957 年北京版。
79. 麦克唐纳:《西藏人的风俗习惯》,巴黎 1930 年版。
80.《西藏的传奇故事》,载《民俗学》第 42 卷,1931 年版。
81. 莫诺—布鲁尔:《西藏绘画》,巴黎 1954 年版。
82. 长尾雅人:《蒙古学问寺》,1937 年京都版。
83.《西藏佛教研究》(日文,附英文提要),1954 年东京版。

84. 聂伯斯基—沃热科维茨:《西藏的神灵与鬼怪》,1956年海牙版。
85. 奥贝米莱:《布顿佛教史》,2卷本,1931~1932年海德耳堡版。
86. 伯戴克:《拉达克史研究》,1939年加尔各答版。
87.《18世纪的中原与西藏》,莱敦1950年版。
88.《在西藏和尼泊尔的意大利传教士》,7卷,罗马1952~1956年版。
89. 拉切聂夫斯基:《蒙古大汗和佛教教团》,载《亚洲研究》纪念韦勒专刊号。
90. 拉韦尔蒂:《西藏过去的365年》,载《孟加拉亚洲学会会刊》第54卷,第1期,1896年。
91. 里巴克:《卓巴南杰,西藏的生活》,慕尼黑1940年版。
92. 黎吉生:《西藏三篇古碑文》,载《孟加拉皇家亚洲学会会刊》第15卷,第1期,1949年。
93.《拉萨的古王诰》,伦敦1952年版。
94.《西藏谐拉康碑》,载《皇家亚洲学会会刊》,1952年10月和1953年4月。
95.《噶玛巴派》,同上,1958年10月和1959年4月。
96. 柔克义:《从汉文史料看西藏的地理、民族和历史概况》,同上,1891年。
97.《1644~1908年拉萨的达赖喇嘛及其与大清皇帝的关系》,载《通报》第11卷,1910年。
98. 罗列赫:《西藏北部游牧部族中的动物风格》,载《火花》杂志第3卷,布拉格1930年版。
99.《青史》第1和第2卷,1949年和1953年版。
100.《安多方言》,1958年罗马版。
101. 罗纳·塔斯:《敦煌吐蕃纪年中赏单内的几个社会术语》,载《匈牙利东方学报》第5卷,第3期,1955年。
102. 桑德伯格:《西藏和西藏人》,伦敦1906年版。
103. 桑特克尔迪亚亚纳:《佛教研究》第1卷:《大乘的起源》;第2卷:《金刚乘的起源和84名悉达》,载《亚细亚学报》,1934年10月~12月。
104. 施密德:《布衣米拉,绘画中的西藏诗人—上师的生平》,斯德哥尔摩1952年版。
105.《85名悉达》,1958年斯德哥尔摩版。
106. 舒勒曼:《达赖喇嘛史》,1958年莱比锡第2版。
107. 谢尔顿:《西藏的民间故事》,圣路易斯1925年版。
108. 沈宗濂和柳升祺:《西藏和西藏人》,1953年斯坦福版。
109. 斯奈尔格洛夫:《喜马拉雅山区的佛教》,牛津1957年版。
110.《佛说大悲空智金刚大教王仪轨经》,2卷本,1959年伦敦版(原文和译文)。
111. 石泰安:《林地喇嘛教版本的西藏格萨尔史诗》,1956年巴黎版(《吉美博物馆年鉴》,《人类学文库》第61卷)。
112.《有关格萨尔生平的西藏绘画》,载《亚洲艺术》第5卷,1958年。
113.《喇嘛教假面具舞蹈中的身相崇拜和灵魂的理论》,载《印度中国研究》第5卷,第3~4期,1957年。
114.《西藏史诗和说唱艺人的研究》,1959年巴黎版。
115.《汉藏走廊古部族》,载《汉学研究所文库》,巴黎1961年版。
116. 斯图贝尔:《美乌蕃族,甘肃的藏族部落》,纽黑文1958年版。
117. 托玛斯:《新疆藏文文书资料

集》第1卷,伦敦1953年版。
118.《西藏东北族的古代民间文学》,柏林1957年版。
119. 图散:《莲花生遗教》译注本,巴黎1953年版。
120. 图齐:《印度—西藏资料集》,7卷本,罗马1932~1941年版。
121.《西藏画卷》,3卷本,罗马1949年版。
122.《藏王陵墓考》,罗马1950年版。
123.《论西藏历史传说的真实性》,载《亚洲艺术》,1947年。
124.《西藏民歌集》,阿斯科纳1949年版,《亚洲艺术》增刊号第7卷。
125.《拉萨及其郊区》,罗马1952年版。
126.《尼泊尔科学考察的初步报告》,罗马1956年版。
127. 乌瑞:《古藏文王统纪年中卫藏地区的四角》,载《匈牙利东方学报》第10卷,第1期,1960年。
128. 沃德尔:《西藏的佛教和喇嘛教》,1895年伦敦版。
129.《拉萨及其秘密》,伦敦1906年版。
130. 于道泉:《第六辈达赖喇嘛仓央嘉错情歌》(汉译文和英译文,原文和注释),载《中央研究院历史语言研究所集刊》,北平1930年版。

## Ⅱ.藏文史料

131.《珠巴衮雷自传》(据施密德认为是1455~1529年),木刻本,1892年不丹刊本。
132.《噶玛巴传》,木刻本,236页,1891年作于楚浦。
133.《玛尔巴传》(1012~1097年),彭塘木刻本,共104页,由后藏疯僧黑茹伽作(据麦克纳夫人认为写于1488年)。
134.《米拉日巴传》(1040~1123年),北京木刻本共342页,由与上条同一作者所作,戴琼于1959年在海牙翻刻本。
134a.《米拉日巴证道歌》,北京本刻版本。由同一位作者所著(?)。其中部分歌曲已由恩宗·顿巴江秋杰保(又叫觉天王,16世纪中叶或17世纪初叶)注释和汇集。
135.《唐东杰布传》(14~15世纪),德格木刻本,共174页,写于1609或1588年。
135a.《医生老宇妥传》,德格木刻本,共141页。
136.《三世班禅喇嘛传》,木刻本,共376页。
137.《噶举歌海》,木刻本,共96本,19世纪作品。
137a.《噶举派大师金刚道歌妙音》,木刻本,92页,18世纪作品。
138.《大圆满教谕极深宝集》,锡金木刻本。102页。
139.《大臣遗教》(《五部遗教》之一),德格木刻本,共218页,第2版。1347年发现。
140.《布顿教法史》,德格木刻本,共203页,写于1322年。
141. 五世达赖喇嘛:《西藏王臣记》,木刻本,共113页,写于1643年。
142. 巴俄祖拉陈瓦:《贤者喜宴》,洛札木刻本,写于1545~1565年。
143.《白莲史》,彭塘木刻本,共189页,16世纪作品。
144. 章嘉戎金刚(1717~1786):《正字法,贤者之源》,北京版本。
145. 才旦夏茸:《正字法,通米意饰》(又名《汉藏词汇》),2卷本,青海1957年版。
146.《正法之源》,德格木刻本,共

228 页。其中第 1 部分第 1 ~ 128 页是 16 世纪的,第 2 部分是 18 世纪的。
147.《白史》,格西更登曲佩(卒于 1951 年)著。
148.《青史》,木刻本,共 486 页。管氏熏奴贝(童祥)著,写于 1476 ~1478 年。罗列赫译文,见第 99 条参考书目。
149.《曲扎藏文辞典》,拉萨 1949 年版。汉文本叫《藏文字典》,北京 1957 年版。
150. 卓尼版《丹珠尔目录》,拉卜楞寺本,写于 1776 年。
151.《如意宝树史》,木刻本,共 316 页。达斯翻印本,加尔各答 1908 年版,1748 年松巴堪市益西贝觉著。
152.《格萨尔史诗》。
152a. 巴科抄本《格萨尔史诗》。
152b. 林地木刻本《格萨尔史诗》(石泰安刊布,见第 111 条目)。
152c. 江孜木刻本《格萨尔史诗》。
153.《德格土司世系》,木刻本,共 56 页,写于 1828 年。
154.《霍尔甘孜世系》,木刻本写于 1849 年。
155.《断法灌顶简明宝鬘》,木刻本,共 15 页。
156.《天法》,米居多吉的多卷本著作,17 世纪末作品,白玉本,第 16 卷,上师传。
157.《宗派源流晶鉴史》,德格版本刻本,由三世土观(1737—1802 年)著。
158.《随听录,奥义虚空圆满所讲随记》,木刻本共 50 页,苯教著作,由聂尊萨直著。
159.《经录集》,木刻本共 27 页。朗琼多吉著,18 世纪作品。
160.《拉萨指南》(《大昭寺志》),木刻本,共 21 页,五世达赖喇嘛 1645 年著(译文见第 47a 条书目。)
161.《世礼俗论》第 4 卷,已由达斯发表,加尔各答 1890 年版。
162.《隆多喇嘛全集》(1979 ~ 1805 年的著作)。
163.《十万龙经》(苯教经典),北京木刻版共 152 页,德格版本共 459 页。
164.《格言注释》(《萨迦格言注释》),木刻本,97 页。由仁钦贝著。
165.《神鬼遗教》(见第 139 条)。
166.《译师智者遗教》(见第 139 条)。
167.《嘛呢宝训集》,木刻 2 卷本(瓦密版);德格版本为 342 和 269 页。于 17 世纪末掘藏。
168.《虚空瑜伽舞蹈之王戏念生出之伪法》,木刻本,共 33 页。
169.《开天门法稿》,北京木刻本,4 页,隆多喇嘛 18 世纪著。
170.《莲花生遗教》,德格版本,共 220 页。1352 年掘藏,译文见第 119 条目。
171.《父法,子法》(噶当派教法),木刻 2 卷本,那尔塘版本为 361 和 423 页。有关仲敦巴的传说,11 世纪。
172.《宝鬘宝王仪轨》,木刻本共 30 页。白玛赤来于 17 世纪著。
173.《米庞愿文》,米庞(1846 ~ 1912 年,即江白·喜金刚)全集的第 12 卷,德格版本。
174.《于阗授记和于阗教法史》,载《丹珠尔》中,译文见第 117 条目。
175.《汉藏史集》,写于 1434 年,抄本。
176.《神香胜者之酬》,木刻本,共 49 页,无名氏作。
177.《国王遗教》(参看第 139 条)。
178.《苯教源流史》,达斯版本,加尔各答 1915 年版。写于 1439 年。

179.《西藏王统世系明鉴》，德格木刻本，第104页。琐南嘉错1508年（图齐的观点）或1373年（麦克唐纳夫人的观点）著。
180.《朗氏家族史·灵犀宝卷》，抄本。
181.《耳中珍秘》，木刻本，共110页，桑结嘉错1696年著。
182.《地神忏罪集》，木刻本，第17页。无名氏著。
183.《拔协》，抄本（石泰安刊布，巴黎大学汉学研究所，巴黎1961年版）。
184.《秘境白马观志》，无名氏抄本。
185.《忏悔金刀》，木刻本15页，大昭寺版。
186.《什巴续部口诀大传》，抄本，巴黎国立图书馆第493号，共199页。苯教史。
187.《白琉璃》，德格木刻2卷本，分别为314和321页。桑结嘉错1669、1688和1687年作。

### Ⅲ．汉文史料（188～204）

188.《佛祖历代通载》（《大正新修大藏经》第2036号），1341年念常作。
189.《康輶纪行》（《中复堂全集》版本），姚莹作（1844～1846年的考察）。
190.《理塘志略》，手稿，19世纪陈秋坪所作。
191.《龙筋凤髓伴》（《学津讨源》版本），700年左右张鷟著。
192.《明实录》（《明代西藏史料》）本，田村实造、佐藤长编，1959年京都版。
193.《西藏考》（《鹤斋丛书》版本），清代作品，作者不详。
194.《西藏记》（《龙威秘书》，第9集），18世纪作品，作者不详。
195.《西藏喇嘛溯源》（《续藏经》本，下编，第1帙，第23套），1802年之后不久，守一作。
196.《西藏新志》（1911年上海版），许光世、蔡晋成共著。
197.《旧唐书》卷196上，941～945年间成书，《图书集成》版本。
197b.《新唐书》卷216上，1045～1060年成书，版本同上。
198.《竺国纪游》，周蔼联作，1804年作序，1913年版本。
199.《通志》卷195，1160年左右成书，上海鸿宝书局版本。
200.《通典》卷190，766～801年左右成书，上海鸿宝书局版本。
201.《盗治通鉴》，1085年成书，世界书局版本。
202.《册府元龟》，1013年成书。
203.《卫藏图识》，1792年马揭、盛绳祖共著。
204.《酉阳杂俎》，860年左右，段成式著。

# 第2版参考书目

### Ⅰ．近代作者的作品

205. 阿赫玛德：《17世纪的汉藏关系史》，罗马1970年版。
206. 贝叶：《对度母的崇拜，西藏的巫术与仪轨》，加利福尼亚大学出版社1973年版。
206a. 比肖夫：《莲花生创造的金刚橛》，载第217条书中。
207. 布隆多：《西藏人的朝圣进香》，载《东方史料》第3卷，巴黎1960

年版。
208.《神鬼遗教》,载第 217 条书目中。
209.《白马文巴的一生》,由布隆多翻的西藏剧本,1973 年版。
210.《西藏的历史和地理概况》,载第 216 条书目中。
211.《西藏宗教》,载《七星诗社百科全书》的《宗教史》第 3 卷,巴黎 1976 年版。
212. 博格斯洛夫斯基:《论西藏民族史》,译自俄文,巴黎 1972 年版。
212a.《宝贵格言库,萨迦班智达的格言》,海牙 1969 年版。
213. 张澄基:《西藏瑜伽行者的教诲》,纽约 1963 年版。
214.《米拉日巴的 2000 首歌》,纽约 1963 年版。
214a. 康泽:《有关鸟的佛法》,牛津大学 1963 年版。
214b. 达尔杰:《西藏密教的起源》,德里 1977 年版。
215. 诺尔布·策旺:《西藏民族的音乐传统》(《东罗马丛书》第 2 卷),1976 年罗马版。
216.《西藏艺术论文集》,麦克唐纳和今枝由郎编,巴黎 1977 年版。
217.《纪念拉露西藏学论文集》(即《拉露纪念文集》),由麦克唐纳夫人主编,巴黎 1971 年版。
218. 伊丹—温茨:《西藏的瑜伽行者和秘密教理》,巴黎 1964 年版。
219. 戈尔斯坦:《西藏打手研究》载《中亚学报》第 9 卷,第 2 期 1964 年。
220. 冈瑟:《慰我灵魂》(译自陇饮巴著作)。
第 1 册:《思想》,埃默里维尔 1975 年版。
第 2 册:《观想》,埃默里维尔 1976 年版。
第 3 册:《奇迹》,埃默里维尔 1976 年版。
221.《那罗巴的生平及说法》,牛津大学 1963 年版。
222.《西藏佛教的非神秘化》,莱敦 1966 年版。
223.《萨哈拉的王歌》,西雅图和伦敦 1969 年版。
224. 哈尔:《雅砻王朝》,哥本哈根版。
224a.《象雄语》,哥本哈根 1968 年版。
225. 赫尔菲尔:《萨迦巴的音乐传统》,载《亚细亚学报》,1976 年,第 3 ~ 4 期。
225a.《西藏格萨尔史诗中的唱词》,日内瓦—巴黎 1977 年版。
226. 霍夫曼:《西藏的神话故事》,1965 年版。
226a.《时轮研究》Ⅰ,《时轮怛特罗中的摩尼教、基督教和伊斯兰教》,载《中亚学报》第 13 卷,第 1 期,1969 年。
227. 今枝由郎:《有关吐蕃僧诤会的藏文资料》,载《亚细亚学报》第 263 卷,第 1—2 期,1975 年。
227a.《从汉文史料看劳工甲布》,载《亚细亚学报》,1978 年。
228. 海德·卡尔梅:《古代的汉—藏艺术》,1975 年沃明斯特版。
229.《公元 7 ~ 11 世纪吐蕃的风俗习惯》,载《西藏艺术论文集》,1977 年巴黎版。
230. 桑木旦·卡尔梅:《大格言宝集,苯教史》,牛津大学出版社 1972 年版。
231.《苯教教理史概论》,载《东洋文库研究部纪要》第 33 期,1975 年京都版。
231a.《在孔夫子和恰神孔子相问中的〈金钥〉成本》,载《东方和非洲研究学院通报》第 38 卷,第 3 期,1975 年版。
232.《有关 10 ~ 13 世纪的大圆满教理的讨论》,载《亚细亚学报》第

263 卷,第 1 ~2 期,1975 年。
233. 卡切夫斯基:《喇嘛教宗喀巴大师洛桑巴扎的生平》,1971 年威斯巴登版(第 1 册是译注文,第 2 册是蒙藏文本)。
234. 卡切夫斯基与策仁:《佛教剧本中的大仙女卓瓦赞摩的生平》,1975 年维也纳版。
235. 克瓦尔内:《苯教研究,观想静修中的阿赤制度》,载《冈底斯山》第 1 卷第 1 期和第 1 卷第 4 期,1973 年。
236.《西藏苯教经典》,载《印度—伊朗研究学报》第 16 卷,第 1—2 册,1974 年。
237. 利辛:《无量寿,有关西藏与汉地长寿仪轨的比较研究》,载《中央研究院历史语言研究所集刊》第 28 册,1957 年台北版。
238. 洛林茨:《包括有 21 个故事的藏文(说不完的故事)集》,载《东方学报》第 21 卷,第 3 期,1968 年版。
239. 麦克唐纳:《西藏的宇宙诞生论》,载《东方史料》第 1 卷,巴黎 1959 年版。
239a.《论四天子理论在吐蕃的传播》,载《亚细亚学报》,1962 年。
240.《伯希和敦煌藏文写本第 1286、1287、1038、1044 和 1290 号释读,兼论松赞干布王家宗教中政治神话的形成和使用》,载《拉露纪念文集》,巴黎 1971 年版。
241. 麦克唐纳:《西藏民间文学研究资料》,巴黎 1967 年第 1 卷,1971 年第 2 卷。
242. 聂伯斯基—沃热科维茨:《有关西藏圣像的论稿》,载《民族学档案》杂志,1950 年第 5 卷。
243.《西藏的神灵和鬼怪》,海牙 1956 年版。
244.《西藏的宗教舞蹈》,海牙 1956 年版。
245. 诺尔布和艾克瓦利:《藏戏幼弟东夭》,布卢明顿 1969 年版。
246. 科诺尔:《西藏的民间神话》,1906 年伦敦版。
247. 奥尔萨克:《古代西藏的神秘艺术》,1973 年伦敦版。
248. 伯戴克:《西藏的达赖喇嘛和摄政,年代学研究》,载《通报》第 47 卷,1959 年。
249.《西藏的贵族和地方政府》(1728—1959 年),罗马 1973 年版。
250. 热振仁波且:《藏医》,伯克利 1973 年版。
251. 黎吉生:《西藏及其历史》,伦敦 1962 年版。
252.《西藏的古代墓地》,载《中亚学报》第 8 卷,第 2 期,1963 年。
253.《墀松德赞的新碑文》,载《大不列颠和爱尔兰皇亚洲学会会刊》,1964 年。
254.《古代西藏资料中的人名和尊号》,载《西藏学报》第 4 卷,第 1 期。
255.《工布石刻》,同上,1972 年。
256.《迦琼石刻》,同上,1973 年。
257.《拉萨清代石刻》,罗马 1974 年版。
258.《拉萨的"大教堂"大昭寺》,载《西藏艺术论文集》,1977 年巴黎版。
259. 罗列赫:《西藏的进香人恰氏译师曲吉贝传》,1959 年巴特纳版。
260. 鲁埃格:《布顿法师传》,罗马 1966 年版。
261.《龙树的法界》,载《拉露纪念文集》,巴黎 1971 年版。
261a.《〈大方广如来秘密藏经〉》与《氏族的理论,佛教的拯救论和认识论研究》,巴黎 1969 年版。
262. 施密德:《人类的拯救者》Ⅱ,《班禅喇嘛和阿弥陀佛的转世形式》,斯德哥尔摩1964年版。
262a.《布衣米拉》,斯德哥尔摩1958年版。
262b.《85名悉达》,1958年斯德哥尔摩版。
263. 舒迪德:《西藏的历法史研究》,威斯巴登1973年版。
264.《西藏百科全书解说》,载1973年出版的为海西希祝寿的《西藏—蒙古论文集》。
265. 夏格巴:《西藏政治史》,纽黑文和伦敦1976年版。
266. 希尔克斯玛:《大圆满,西藏的寺院之争》载《印度—伊朗学报》第8卷,第2期,1964年版。
267. 施密特:《导论》,载《15世纪的学术概要》(藏文),新德里1969年版。
268.《导论》,载《有关印度—西藏文化的孔格图尔百科全书》(藏文),新德里1970年版。
269. 斯奈尔格洛夫:《苯教九乘》,伦敦1967年版。
270. 斯奈尔格夫和黎吉生:《西藏文化史》,伦敦1968年版。
271. 石泰安:《一位西藏神圣诗人》,载《法国信使报》,1964年7—8月。
271a.《有关西藏史诗的一种古文献〈朗氏家族史〉》,载1962年《亚细亚学报》。
272.《有关吐蕃苯教殡葬的一卷古文献》,载1970年《亚细亚学报》。
273.《瑜伽行者珠巴衮雷的生平与道歌》,巴黎1972年版,藏文文本载《中亚研究》第7卷,1973年;词汇,同上,1974年,第8卷。
274.《敦煌藏文写本中的仪轨故事》,载《拉露纪念文集》,巴黎,1971年版。
275.《已形成系统的苯教之象雄语》,载《法兰西远东学院学报》,1971年第58卷。
276. 太田鸟:《十三世达赖喇嘛》,1965年东京版。
277. 图齐:《从风格看佛教图像的西藏分类法》,载《亚洲艺术》,第22卷,第1期,1959年版。
278.《论西藏历史传说的真实性》,载《亚洲艺术》,1974年。
279.《西藏人前往斯瓦特山谷朝圣进香》,加尔各答1940年版。
280.《小部佛典》第2卷:《莲华戒的〈修习次第〉》,罗马1958年版。
281.《松赞干布的王妃》,载《远东》杂志第9卷,第1期,1962年。
282. 图齐和海西希:《西藏和蒙古宗教》,巴黎1973年版。
283. 乌瑞:《〈贤者喜宴〉中古藏文纪年的记事痕迹》,载《华裔学志》,第26卷,1967(1969)年。
284.《古藏文纪年中赛玛嘎王后的歌》,载匈牙利《东方学报》第25卷,第1-3期,1972年。
285.《古代吐蕃的年代纪和牧人须知》,载1975年《亚细亚学报》。
286. 旺多尔:《西藏佛教音乐》,巴黎1976年版。
287. 沃斯特利科夫:《西藏历史文献》,笈多译,加尔各答1970年版。
288. 伊利埃:《从〈世界广说,南瞻部洲〉看西藏的地理学》,1962年罗马版。
289. 山口瑞凤:《吐蕃和唐朝的联姻》,载《东洋文库研究部纪要》,第27卷,东京1969年;第28卷,1970年。
290.《苏毗和松波》,《亚洲文献》第19卷,东京1970年版。
291.《松域的地理位置》,同上,东京,1975年。
292.《西藏佛教和新罗金和尚》,《新罗佛教研究》,1973年。

### Ⅱ. 藏文史料

293. 宁玛巴的辩护书:《宁玛巴教法史》,拉特那林巴著,写于 1458 年(塔希冈 1972 年出版的:《仁钦贝桑保的〈宁玛巴辩护书〉》)。

294.《莲花生大师传》,娘惹·尼玛俄色著(12 世纪),载《掘藏宝库》第Ⅰ卷。

295.《止贡派教法史》,止贡派吉登贡保(1143 ~ 1217 年)的教诲,搜集于 1226 年,无疑是由其弟子辛饶那(1187 ~ 1241 年)搜集,1975 年刊布,两卷本。

296.《说库如意宝》,顿丹木·玛瓦僧格著。阐德拉·罗开什刊布于《15 世纪西藏学术概要》中,新德里 1969 年版。

297.《宝藏之库——苯教史》,衮卓扎巴著,写于 1766 年,手稿。

298. 内乌班智达史:《古谭花鬘》(13 或 14 世纪),手稿,刊布于《蔡邦·萨迦巴藏书中的稀见西藏历史和文学文献》,1974 年新德里版。

299. 宁玛巴史《宝库集》,陇钦赤美俄色著,其时间为 1362 年。刊布于《大智陇饮巴佛法史》,2 卷本,新德里 1976 年版。

300.《萨迦巴教法史》,东道活佛著,写于 1975 年,德里 1977 年版。

301.《内库,苯教史》,忱巴南喀著(1108 年发掘的苯教伏藏),新德里 1966 年版。

302.《索都巴全集》(1552—1624 年),新德里 1975 年版,2 卷本。

303.《黄琉璃除锈》,桑结嘉错著,写于 1687 ~ 1688 年。

### Ⅲ. 汉文史料

304.《西藏赋》,和宁著(1798 年)。

**图书在版编目（CIP）数据**

西藏的文明/（法）石泰安著；耿昇译．—2版．北京：中国藏学出版社，2005.1（2024.11重印）—ISBN 978-7-80253-451-3

Ⅰ．①西…　Ⅱ．①石…②耿…　Ⅲ．①文化史－西藏　Ⅳ．①K297.5

中国版本图书馆CIP数据核字（2012）第020968号

# 西藏的文明

作　　者　[法]石泰安
译　　者　耿昇
审　　定　王尧
出版发行　中国藏学出版社
　　　　　（北京北四环东路131号）
经　　销　新华书店
印　　刷　北京隆昌伟业印刷有限公司
版　　次　2012年第2版　2024年11月第2次印刷
开　　本　640×965毫米　1/16
印　　张　23.25
彩　　插　12页
字　　数　250千字
书　　号　ISBN 978-7-80253-451-3/K·290
定　　价　69.00元

**图书若有质量问题，请与本社联系**
E-mail:dfhw64892902@126.com　　电话:010-64892902